Georg blickte unverwandt auf seine Tochter. Wie er das Kind liebte! Seine ganze Liebe leuchtete ihm aus den Augen.

Aber jetzt sah er auf die Uhr.

„Wir müssen nun wohl gehen, Lisbeth", sagte er. Dann wandte er sich an mich und fügte erklärend hinzu: „Ich habe mich für eine Vormittagsstunde frei gemacht, weil Lisbeth heute Geburtstag hat..."

„Aber Lisbeth!" rief ich. „Du hast Geburtstag? Meinen herzlichsten Glückwunsch! Weißt du was, Georg? Wenn du ins Geschäft mußt, dann könntest du mir doch Lisbeth für eine Weile leihen. Wir machen dann einen kleinen Bummel zusammen und kaufen ein Geburtstagsgeschenk."

Georg schien nicht recht zu wissen, was er antworten sollte.

„Das ist sehr lieb von dir, Steffi – aber du sollst nicht..."

„Sage doch ja, Georg! Es würde mir eine solche Freude machen! Und ich habe heute eigentlich gar nichts zu tun. Ich liefere Lisbeth selbstverständlich selber zu Hause wieder ab. Ich werde mir die Adresse aufschreiben."

„Das ist nicht nötig. Die Adresse kann dir Lisbeth sagen, wenn du sie vergessen solltest. Aber die Sache ist nicht so einfach, wie du denkst. Ich komme erst gegen sechs Uhr nach Hause..."

„Aber das ist ja ausgezeichnet! Da haben Lisbeth und ich einen schönen langen Tag vor uns – übrigens, weißt du was? Du könntest doch von dem Geschäft gleich zu mir kommen – wir essen dann zusammen und plaudern von alten Zeiten – bitte, Georg, sage ja!"

Nach einigem Zögern willigte er ein. Als ich ihm meine Adresse gegeben hatte, reichte er uns die Hand – erst mir, dann Lisbeth.

„Vielen Dank, Vater, für die Limonade und den Kuchen!"

Es klang so merkwürdig erwachsen in dem kleinen Munde.

Ich bestellte für Lisbeth ein Stück Ananastorte, als Georg gegangen war. Man merkte es ihr an, wie gut es ihr schmeckte. Offenbar bekam sie nur selten „etwas Gutes".

„Was hast du denn heute zum Geburtstag bekommen, Lisbeth?"

Ich bereute meine Frage schon, als ich sie kaum geäußert hatte. Vielleicht hatte sie gar nichts Besonderes bekommen.

„Dies hier", sagte Lisbeth, indem sie die häßliche Zelluloidspange leicht mit der Hand berührte. „Und dann einen Regenmantel und eine Kappe. Dort hängen sie!"

Ein kleiner roter Regenmantel und eine rote Kappe hingen an einem Kleiderhaken neben der Tür. Ich mußte unwillkürlich lächeln. Es war leicht zu merken, daß der Regenmantel neu war, da sie ihn bei so strahlendem Sonnenschein trug.

„Ein feines Geschenk, Lisbeth!" sagte ich. Ich wartete einen Augenblick, weil ich dachte, sie würde vielleicht noch mehr erzählen. Aber es war offenbar von keinen weiteren Geschenken zu berichten.

Mit Blitzesschnelle zogen Bilder von meinem siebenten Geburtstag an mir vorüber. Ich erinnerte mich an diesen Tag ganz genau, weil ich an ihm mein erstes Fahrrad bekommen hatte. Wir wohnten damals in Helsinki. So kam es, daß zwanzig finnisch sprechende Kinder unseren Speisesaal mit ihrem munteren Geplauder erfüllten, Schokolade tranken und in die Riesentorte, auf der sieben Lichter brannten, gewaltige Lücken rissen. Und ich hatte unendlich viele Geschenke bekommen. Vater war sehr beliebt gewesen. Daher hatten alle möglichen Menschen dem kleinen mutterlosen Mädchen eine Freundlichkeit erweisen wollen, und jeder meiner zwanzig kleinen Gäste hatte mir eine große Tafel Schokolade mitgebracht.

Lisbeths Geburtstag dagegen wurde am Vormittag in aller Eile bei einem Glase Limonade und zwei Stück Kuchen gefeiert. Und ihre Geschenke bestanden aus einem roten Regenmantel mit Kappe und einer Zelluloidspange. Und wie glücklich war sie darüber!

„Was wünschst du dir von mir, Lisbeth?"

Lisbeth antwortete nicht sofort. Sie dachte nach. Es war gewiß etwas Neues für sie, daß sie sich etwas wünschen durfte und begründete Hoffnung hatte, ihr Wunsch würde auch erfüllt werden.

„Nun, Lisbeth? Soll ich dir helfen? Du mußt doch wissen, was du gern haben möchtest."

Lisbeth krauste die kleine Stirn.

„Weißt du", erklärte sie schließlich mit ernster Miene, „wir wünschen uns eine solche Masse, daß wir wirklich nicht wissen, was wir am liebsten haben möchten."

Da war es wieder! „Wir", sagte Lisbeth. Georg hatte auch immer „wir" gesagt. Die Einzahl existierte für Lisbeth und ihren Vater nicht. Sie gehörten in jeder Hinsicht zusammen.

Ich hatte alles mögliche erwartet: ein neues Kleid, einen Roller, einen Schulranzen, einen Puppenwagen – ja, hätte sie „Fahrrad" gesagt, so fürchte ich, ich wäre auf der Stelle hingegangen und hätte ihr eins gekauft; denn ich war von ihren braunen Augen wie verhext. Den Wunsch aber, den sie schließlich äußerte, hätte ich wahrlich nicht erwartet. Ich fiel beinahe vom Stuhl, als ich ihn hörte.

„Ich glaube, am allermeisten wünschen wir uns eine Kochplatte."

Ich muß vor lauter Überraschung Mund und Nase aufgesperrt haben, wie man sagt. „Eine Ko-ochplatte?"

„Ja. Siehst du: wir haben bloß eine, und die wird nur sehr langsam heiß, und es dauert immer sehr lange, bis das Essen kocht. Und du kannst dir gar nicht denken, wie lange wir warten müssen, bis das Abwaschwasser warm wird."

Ich hatte mich im Laufe meines Lebens schon in mancher ungewöhnlichen Lage befunden, aber niemals in einer so sonderbaren wie jetzt. Ich hatte mich mit fremden Diplomaten auf französisch und spanisch unterhalten, ich hatte mit siebzehn Jahren bei Gesellschaften, die mein Vater geben mußte, die Rolle der Hausfrau übernommen, ich hatte in einem Hotel mit einer leibhaftigen Königlichen Hoheit am selben Tisch gesessen – aber noch nie im Leben hatte ich mich so unterlegen und hilflos gefühlt wie in diesem Augenblick.

„Natürlich kannst du ..." Ich wollte noch mehr sagen, Lisbeth aber ließ mich nicht zu Wort kommen.

„Wir wünschen uns auch einen Teppich", überlegte sie weiter, „aber der ist nicht so dringlich, denn es wird ja bald Sommer, und dann ist der Fußboden nicht mehr so kalt. Vorhänge für das Schlafzimmer wünschen wir uns auch, aber ich glaube, eine Kochplatte wünschen wir uns doch am meisten."

Ich nahm mich gewaltsam zusammen. Hier hatte Lisbeth allein zu entscheiden. Mir stand es nicht zu, ihr da hineinzureden.

Lisbeth zog ihren roten Regenmantel an, und dann gingen wir, nachdem ich bei mir zu Hause angerufen und Erna, meiner Hausgehilfin, wegen des Essens Bescheid gesagt hatte. „Fleischklöße mögen wir am allerliebsten", sagte Lisbeth. Damit war ja das Menü geklärt.

Und nun geschah das Merkwürdige, daß ich für ein siebenjähriges Mädchen zu seinem Geburtstag eine Kochplatte kaufte. Ich ließ sie in meine Wohnung schicken.

„Und was machen wir nun, Lisbeth?"

Lisbeth war es nicht gewohnt, daß sie tun konnte, wozu sie gerade Lust hatte. Sie wußte sich aber schnell in diese neue Lage zu finden.

„Bist du müde, Lisbeth?"

„Aber nein!" Sie schüttelte energisch den Kopf.

„Weißt du, was wir machen? Wir sehen uns ein bißchen die Schaufenster an. Und wenn du etwas entdeckst, was du furchtbar gern haben möchtest, dann sagst du es. Ich meine: etwas für dich selber, etwas für dich allein."

Sie blickte mich verwundert an. Aber zum Glück standen wir gerade vor einem Spielwarengeschäft, und sie war doch noch Kind genug, um sich von dem Schaufenster fesseln zu lassen.

Viel sagte sie nicht. Aber ihre Augen wurden immer größer, und sie starrte sehr lange auf jedes einzelne Spielzeug. Ich hielt ihre Hand in der meinen und störte sie nicht beim Schauen. Wie sie dastand! Winzig und ernsthaft und mit so vielen Sorgen, wie sie sonst nur Erwachsene haben, hinter der kleinen Stirn! Endlich blickte sie zu mir auf.

„Ein Mädchen in unserer Straße hat genauso einen Ball wie den da!"

„Willst du gern einen haben, Lisbeth?"

Sie betrachtete den Ball sehr lange. Dann blickte sie zu mir auf. „Ich glaube, wir sehen uns lieber noch mehr Schaufenster an. Es wäre doch dumm, wenn wir den Ball kauften und ich fände dann hinterher etwas, was ich noch lieber haben möchte."

„Gut!" Wir gingen weiter.

Bald blieben wir vor einem Geschäft mit Sportartikeln stehen, bald vor einem mit Schnittwaren oder Haushaltsachen. Lisbeth betrachtete eingehend Schaufenster um Schaufenster. Merkwürdigerweise langweilte es mich keineswegs, sie zu begleiten. Ich starrte in dieselben

Schaufenster wie sie, sagte aber nichts, sondern bemühte mich, zu erraten, was sie sich wohl wünschen würde.

Schließlich blickte sie auf. Wir standen gerade vor einem Schaufenster mit Kinderkleidern.

„Bist du sehr reich, Steffi?“

Ich mußte lachen.

„Na, so richtig reich bin ich eigentlich nicht. Aber ich habe Geld genug. Du brauchst also keine Angst zu haben, daß es zuviel kostet. Sage nur, was du gern haben möchtest.“

„Aber dann bist du doch reich – wenn du viel Geld hast“, sagte Lisbeth.

„Was hast du dir denn wünschen wollen?“

Ich folgte der Richtung von Lisbeths Blicken. Dort hinten hing ein rotes Samtkleid.

„Glaubst du, das Kleid ist furchtbar teuer?“

„Ach nein, das glaube ich nicht. Komm, wir wollen mal hineingehen.“

„Ja, wenn du wirklich meinst . . .“

Das Kleid war teuer. Konnte Lisbeth aber auch wissen, daß sie vor dem vornehmen Spezialgeschäft für Kinderbekleidung stehengeblieben war?

Aber ihre strahlenden, glücklichen braunen Augen waren das Geld wert. Ich beobachtete Lisbeth. Unsere Blicke begegneten sich im Spiegel. Wir verstanden uns. Wir waren zwei Frauen, die etwas Neues bekommen hatten: Lisbeth ein neues Kleid und ich einen neuen Hut. Wir nickten einander im Spiegel zu.

„Nun, Lisbeth? Gefällt dir das Kleid?“

Plötzlich hörte ich eine fremde Stimme sagen: „Das Kleid paßt Ihrer Tochter, gnädige Frau, als wäre es für sie nach Maß gearbeitet.“

Lisbeth merkte wohl nichts. Und ich hütete mich, die Verkäuferin über ihren Irrtum aufzuklären.

Als wir dann das Geschäft mit dem Kleiderkarton, den Lisbeth durchaus selber hatte tragen wollen, verlassen hatten, umschloß ich ihre Hand fest mit der meinen, und einen kurzen Augenblick hatte ich das Gefühl, als besäße ich eine leibhafte Tochter, für die ich eine große und beglückende Verantwortung trüge.

Dann gingen wir in eine Eiskonditorei. Lisbeth erzählte mir, sie habe schon Eis gegessen. „Solches vom Milchgeschäft, weißt du, in kleinen Kekstüten.“ Aber „solches gelbes Eis mit Eingemachtem darunter und Beeren obendrauf“ hatte sie noch nie gegessen.

Schließlich nahmen wir ein Taxi und fuhren zu mir nach Hause. Ich hatte nur den einen Wunsch: daß dieser Tag für Lisbeth ein richtiger Festtag würde, ein Geburtstag, an den sie noch lange denken sollte.

Lisbeth machte einen untadeligen Knicks vor Erna, die ihr den roten Regenmantel abnahm, und als wir in mein Wohnzimmer getreten waren, reichte sie mir die Hand und sagte, während sie die meine so fest drückte, wie es ihre Gewohnheit war: „Vielen, vielen Dank, Steffi, für alles. Für den Kuchen und die Kochplatte und das Kleid und das Eis. Und daß ich Auto fahren durfte.“

Ich hatte eigentlich ein ganz klein wenig mehr erwartet. Ich hätte mich so gefreut, wenn sie mir nur einen kurzen Augenblick ihre kleinen Arme um den Hals gelegt hätte. Als ich klein war, hielt ich es für die natürlichste Sache von der Welt, daß ich Menschen, die lieb zu mir gewesen waren, an den Hals flog.

Aber Lisbeth war dergleichen nicht gewohnt.

Eigentlich etwas sonderbar. Wo sie und ihr Vater doch so aneinander hingen! Daß sie da nicht etwas mehr aus sich herausging! Etwas unmittelbarer, etwas zärtlicher war! Ein merkwürdiges Kind!

Aber Lisbeth gab mir noch mehr Rätsel auf.

Sie verschwand fast in Vaters großem Lehnstuhl. Sie saß ganz still da und sah sich aufmerksam um. Ich fühlte mich in dieser neuen Lage etwas unsicher. Wir konnten Georg frühestens in ein paar Stunden erwarten.

Womit pflegt man Kinder zu unterhalten? Kleine Kinder, die noch nicht lesen konnten? Das ist im Grunde ein Problem. Ein Problem, das die meisten Erwachsenen auf eine sehr törichte Weise zu lösen suchen, indem sie eine Menge gleichgültiger und aufdringlicher Fragen stellen. „Wie alt bist du?“ – „In welche Klasse gehst du?“ – „Kommst du in der Schule gut mit?“ – Schließlich ist die Schule ja ein schier unerschöpfliches Stoffgebiet – aber Lisbeth ging noch nicht zur Schule! Also nicht einmal dieser Gesprächsgegenstand konnte mir aus der Verlegenheit helfen.

Natürlich gab es eine ganze Menge Dinge, über die ich gern etwas gewußt hätte. Aber ich wollte nicht zudringlich sein – auch nicht einem kleinen Mädchen gegenüber, das aus seinem Matrosenkleidchen herausgewachsen war.

Lisbeths kluge, wachsame Augen warnten mich. Ich fühlte, daß sie eine Taktlosigkeit begreifen und mißbilligen würde.

Da kam mir ein Gedanke.

„Hast du Lust, Bilder anzusehen, Lisbeth? Ich habe eine Menge drolliger Fotos aus der Zeit, da ich noch klein war.“

„Ja, gern“, sagte Lisbeth höflich.

Ich suchte meine alten Alben hervor und setzte mich auf die Lehne von Lisbeths Stuhl. Sie betrachtete jedes Bild sehr eingehend. Und ich erzählte.

„Dies ist eine Aufnahme aus Paris“, erklärte ich. „Hast du schon etwas von Paris gehört?“

Nein, von Paris hatte Lisbeth noch nie etwas gehört.

Da begann ich zu erzählen, und sie hörte interessiert zu. Manchmal stellte sie eine Frage und veranlaßte mich so, noch mehr zu erzählen. Schließlich mußte ich eine Karte von Europa holen und ihr zeigen, wo alle diese Städte lagen, in denen ich gewesen war. Vielleicht sprach ich zu erwachsen, vielleicht war vieles von dem, was ich sagte, für sie zu schwer zu verstehen. Aber mit der Zeit habe ich die Erfahrung gemacht, daß es gar nicht schadet, wenn man etwas sagt, was für ein Kind etwas schwer zu verstehen ist. Denn ist das Kind begabt, so bemüht es sich zu folgen und fühlt sich im Grunde geschmeichelt, weil man sein Fassungsvermögen überschätzt. Nur eins verträgt es nicht: daß man es unterschätzt.

Es zeigte sich, daß Lisbeth die Buchstaben kannte.

„Ich habe sie von Vater gelernt“, sagte sie. Es machte uns beiden riesigen Spaß, die Namen der Städte auf der Karte zu buchstabieren und dann wieder die zugehörigen Bilder zu betrachten. Besonders von einem Foto kam Lisbeth gar nicht los. Es war die Aufnahme aus dem Bois de Boulogne zu Paris mit dem Ponywagen, der Tochter des Gesandtschaftsrats und mir als Gast. Ich war damals acht Jahre alt gewesen.

„Und das Pony gehörte wirklich dem kleinen Mädchen?“

„Ja, denk dir nur: es gehörte wirklich diesem kleinen Mädchen!“

„Und der Wagen auch?“

„Ja. Sie hatte das Pony und den Wagen zum Geburtstag bekommen.“

„Du – die müssen aber reich gewesen sein. Ich meine: der Vater und die Mutter des kleinen Mädchens.“

„O ja. Die waren reich.“

Lisbeth sagte nichts weiter. Sie wurde gleichsam noch winziger in ihrem abgetragenen Matrosenkleidchen.

Ich blätterte weiter und zeigte ihr die Aufnahme vom Gebirge, von den Sommerferien, die ich in den norwegischen Bergen verlebt hatte, und tatsächlich fand sich darunter auch ein Bild von jenem Sommer im Gudbrandstale.

„Sieh dir dieses Bild einmal genau an, Lisbeth! Vielleicht entdeckst du darauf jemand, den du kennst?“

Sie suchte lange. Plötzlich aber ging ein Aufleuchten über ihr Gesicht.

„Das ist Vater! Stimmt es nicht, Steffi?"

„Natürlich stimmt es!"

Ihre Augen strahlten. Vergessen waren Pony und Ponywagen. Jetzt wollte sie alles mögliche über jenen Sommer bei Großonkel Sigurd im Gudbrandstale wissen, und da hörte ich Lisbeth zum ersten Male lachen. Es war ein jubelndes, melodisches Lachen, das immer aufs neue aus ihrer Kehle hervorbrach, während ich ihr von Kusine Nette erzählte, die ihren neuen Strohhut mit Erde gefüllt und Blumen darin gepflanzt, oder von Vetter Johann, der mir einen lebendigen Igel ins Bett gelegt hatte. Wir vergaßen beide Zeit und Stunde, Lisbeth und ich, und kehrten erst in die Gegenwart zurück, als Erna hereinkam, um den Tisch zu decken. Da ging ich mit Lisbeth ins Badezimmer. Ich war nicht im geringsten überrascht, als ich sah, wie selbständig sie war. Ohne erst lange zu fragen, sah sie sich um und fand schnell, was sie brauchte. Als sie sich die Hände gewaschen und das Haar gekämmt hatte, wollte sie gern das neue Kleid anziehen. Sie holte eine Schere, schnitt den Bindfaden durch, mit dem der Karton verschnürt war, nahm vorsichtig den Inhalt heraus, legte das alte Kleid sauber zusammen, tat es in den Karton und zog sich das neue an.

Weder beim Zuknöpfen noch bei dem Reißverschluß brauchte ich ihr zu helfen. Der Reißverschluß entlockte ihr einen Jubelruf: „Sieh, Steffi! Er ist rot! Genau wie das Kleid!"

Als sie schließlich fertig angezogen, frisch gewaschen und gekämmt vor mir stand, mußte ich mich mächtig zusammennehmen, daß ich sie nicht in meine Arme schloß. Aber, wie gesagt, Lisbeth war nicht so; bei ihr ging so etwas nicht.

Endlich kam Georg, bleich, still und verschlossen. Er bedankte sich stockend und etwas verwirrt für Lisbeths Kleid. Aber nach und nach taute er auf. Und als die erste Portion Fleischklöße verzehrt war, gelang es mir wirklich, ihn mit der Erinnerung an dieses oder jenes kleine Erlebnis des Sommers vor zehn Jahren zum Lachen zu bringen.

Lisbeth wurden nach dem Essen die Augen schwer, und sie sträubte sich nicht, als ich sie einlud, sich etwas hinzulegen. Sie verschwand fast ganz in meinem breiten französischen Bett.

Georg und ich tranken Kaffee. Als er ein paar Gläser Cognac getrunken hatte, bekamen seine Wangen Farbe. Er wurde mitteilsamer. Er sprach von Lisbeth. Nur von Lisbeth. Er erzählte Episoden aus ihrem täglichen Leben, sprach von ihrer merkwürdigen Reife, ihrer Fürsorge für ihn, seinem kameradschaftlichen Verhältnis zu ihr, das seinen schönsten Besitz bildete. Wie Lisbeths Augen geleuchtet und gestrahlt hatten, als sie auf der alten Liebhaberaufnahme ihren Vater entdeckt hatte, so leuchteten und strahlten nun Georgs Augen, als ich sagte, ein so entzückendes Kind hätte ich noch nie gesehen, und ich hätte Lisbeth in den wenigen Stunden richtig liebgewonnen.

Ich übertrieb nicht. Ich konnte mich nicht erinnern, seit Jahren einen so schönen Tag wie diesen erlebt zu haben. Ich erzählte Georg von der Kochplatte, die Lisbeth sich gewünscht hatte. Da dankte er mir abermals, stotternd und errötend. Nun suchte ich ihm klarzumachen, daß ich Ursache hätte, dankbar zu sein – ja, ich sagte wohl gar, ich beneidete ihn, weil er doch wüßte, wofür er arbeite, und weil er jemand hätte, der sein ganzes Leben ausfülle.

„Ja ...", sagte Georg bloß und verstummte sofort wieder. Ich hatte den Eindruck, daß es etwas gab, worüber er sich nicht äußern wollte, nämlich seine wirtschaftliche Lage.

Ich kann nicht leugnen, daß ich mich etwas wunderte. Gewiß war die Stellung eines Verkäufers in einer Eisenhandlung nicht gerade so glänzend, daß man dabei reich werden konnte. Aber verschiedene Kleinigkeiten deuteten doch darauf hin, daß Georg und Lisbeth ein mehr als bescheidenes Leben führten. Ich hatte das Gefühl, daß Georg Not litt.

Er wirkte einfach ärmlich.

Natürlich mochte ich nicht fragen. Vielleicht würde ich die Lösung dieses Rätsels eines Tages ganz von selber erfahren.

Als Lisbeth mit roten Backen und blanken Augen aufwachte, schlug ich einen Kinobesuch vor. Ich wußte, wo gerade ein lustiger Zeichentrickfilm lief.

Obwohl Lisbeths Bettzeit längst überschritten war, nahm Georg meine Einladung an. Heute war Lisbeths Tag. Wir mußten in ihn alles hineinpressen, was ihr Freude und Vergnügen bereiten konnte.

Als wir dann in einem Taxi in die Vorstadtstraße

fuhren, von der ich nie in meinem Leben etwas gehört hatte, schlief Lisbeth, den Kopf an meine Schulter geschmiegt.

Ein Freund und ein Auto

Der Fernsprecher läutete.

„Kann ich Fräulein Sagen sprechen?"

„Ist am Apparat."

„Mein Name ist Carl Lövold. Man hat Sie mir als Dolmetscherin empfohlen. Könnten Sie sich einen Tag für mich freihalten?"

„Ja ...", antwortete ich zögernd. „Gewiß könnte ich das. Aber um was ..."

„Die Sache ist die, daß ich Besuch eines Geschäftsfreundes erwarte. Er ist Portugiese und spricht außer seiner Muttersprache nur noch etwas Französisch. Ich selber muß gestehen, daß meine französischen Sprachkenntnisse äußerst gering sind. Portugiesisch verstehe ich überhaupt nicht. Ich habe mit meinem Geschäftsfreund einige Verhandlungen zu führen und werde ihn wahrscheinlich einladen müssen, irgendwo mit mir zu essen. Könnten Sie als Dolmetscherin dabeisein?" Ich mußte lächeln. Was für merkwürdige Aufträge man doch bisweilen bekam! Aber weshalb nicht? Herrn Lövolds Stimme klang ungewöhnlich sympathisch. Und es war doch schließlich eine kleine Abwechslung. Auf der

Schreibmaschine tippen konnte ich immer noch mehr als genug. Und vielleicht fand sich eine Gelegenheit zu einer kleinen privaten Plauderei mit dem Portugiesen. Wie lustig, wenn wir am Ende gar gemeinsame Bekannte hatten!

Ich suchte meiner Stimme einen geschäftsmäßigen Klang zu verleihen.

„Jawohl. Das ließe sich machen. Wann soll ich kommen und wohin?"

Wir vereinbarten Zeit, Ort und Honorar. Ich nannte eine hübsche runde Summe, als er mich fragte, wieviel ich verlange. Er sollte das Gefühl haben, daß meine Zeit kostbar wäre.

Er schien sich über meine kecke Forderung gar nicht zu wundern. Er sagte nur: „Einverstanden!" und wiederholte dann: „Also um eins."

Ich war in einem neuen weißen Kostüm und mit dem Bananenhut auf dem Kopf pünktlich zur Stelle.

Ich hatte ein leichtes Herzklopfen, als ich auf das Grandhotel zuschritt, wo ich Herrn Lövold treffen sollte. Angenommen, er war ein ekelhafter alter Fettkloß, der nur deshalb bei mir angerufen hatte, weil ihm irgendwie zu Ohren gekommen war, ich wäre jung und mache eine gute Figur, und weil er auf seinen Geschäftsfreund mit einer jungen, gut aussehenden Begleiterin Eindruck machen wollte!

Ich hätte mir das Herzklopfen sparen können. Herr Lövold machte einen so guten Eindruck, daß man sich überall mit ihm zusammen sehen lassen konnte. Er mochte Anfang der Dreißiger sein und war ziemlich groß, breitschultrig und tadellos angezogen. Er hatte vollendete Umgangsformen und eine Stimme, die ohne die leichte Verfälschung durch den Fernsprecher noch sympathischer klang.

Er machte keinen Versuch, mir irgendwelche Artigkeiten zu sagen, während wir auf den Portugiesen warteten. Er war höflich und liebenswürdig, aber völlig sachlich. Er gefiel mir.

Und dann kam der kleine, schwarzäugige Portugiese. Die beiden Herren tauschten in einem höchst mangelhaften Französisch ein paar allgemeine Bemerkungen aus, worauf ich mich einschaltete und ihnen über alle Schwierigkeiten hinweghalf.

Herr Lövold besaß in Bergen ein größeres Geschäft, das sich mit der Ausfuhr von getrockneten Fischen befaßte. Die beiden Herren verhandelten über grauenhaft langweilige Dinge.

Ich gewann einen tiefen Einblick in das Geheimnis des Großhandels mit getrockneten Fischen, und sehr schnell ging es mir auf, daß Herr Lövold auf diesem Gebiet ein mächtiger Mann war. Er schien sehr wohlhabend und ein tüchtiger Geschäftsmann zu sein.

Als die Verhandlungen abgeschlossen waren, lud er den Portugiesen zum Essen ein. Nun wurde die Unterhaltung lebhafter, wozu die auserlesenen Speisen und vortrefflichen Weine wohl nicht wenig beitrugen. Plötzlich schienen die beiden Herren die Entdeckung zu machen, daß ich nicht nur eine Art Sprechautomat, sondern auch eine ganz annehmbare Vertreterin des schwachen Geschlechts war. Ich bekam sowohl auf norwegisch wie auf portugiesisch allerlei Artigkeiten zu hören, hielt es aber nicht für erforderlich, sie aus der einen Sprache in die andere zu übersetzen.

Endlich erklärte der Portugiese, er müsse sich nun leider verabschieden, da er noch eine Verabredung habe. Wir stiegen in Herrn Lövolds Wagen, mit dem er von Bergen gekommen war, und brachten den Portugiesen zur Untergrundbahnstation.

„Das wäre erledigt!" sagte Herr Lövold lächelnd, als sein Geschäftsfreund abgefahren war. „Vielen Dank für Ihre Hilfe, Fräulein Sagen! Was hätte ich ohne Sie wohl machen sollen?"

Es war ein wundervoller Maiabend.

So kam es, daß wir nach Bygdö fuhren.

Die Luft war weich und mild. Über den Bäumen hingen die ersten hauchdünnen hellgrünen Schleier.

Als wir an unserem Ziel anlangten, wären wir beinahe in eine Schar von Kindern hineingefahren, die einen Ausflug gemacht hatten.

Es waren sehr kleine Kinder mit Butterbrotdosen und Milchflaschen. Manche von ihnen sahen müde und verdrossen aus. Sie hatten wohl einen langen, anstrengenden Tag hinter sich.

Plötzlich zuckte ich zusammen.

„Lisbeth!"

Lisbeth wandte sich um. Ihr Gesicht strahlte.

„Steffi! Guten Tag! Und vielen Dank noch für alles!"

Ihre warme kleine Hand schob sich in meine und drückte sie.

„Machst du einen Ausflug, Lisbeth?"

„Ja. Wir haben Leberblumen gepflückt. Sieh den Strauß hier! Den soll Vater haben. Er ist krank."

„Was sagst du? Vater ist krank? Liegt er zu Bett?"

„O nein. Er ist jeden Tag im Geschäft. Aber er legt sich hin, sobald wir gegessen haben. Er sagt, er wird bald wieder gesund. Es ist nichts von Bedeutung."

Die Kinder sollten auf die Fähre. Eine „Tante" oder „Schwester", oder was sie nun war, rief und kommandierte und trieb die Kinder zur Eile an, bis sie sie endlich alle glücklich an Bord hatte. Ich hatte gerade noch Zeit, Lisbeth schnell die Hand zu drücken und ihr einen Gruß an den Vater aufzutragen.

Ich blickte ihr nach, als sie auf die Fähre ging, und sah sie dann in ihrer abgetragenen Matrosenbluse an der Reling stehen. Für einen Tag wie diesen mußte ihr Kleid viel zu schwer und zu warm sein.

Inzwischen hatte Carl Lövold in dem Restaurant Champagner und Kaviar bestellt. Ich war daran gewöhnt, gut zu essen und zu trinken. Ich kannte es nicht anders. Aber noch nie in meinem Leben hatte ich darüber nachgedacht, was für einen Wert das Geld darstellte, das man für Champagner und Kaviar bezahlen mußte. Es kam dabei eine Summe heraus, die zum Beispiel ausgereicht hätte, um dafür ein Paar Schuhe und ein Sommerkleid für Lisbeth zu kaufen – oder auch die Schlafzimmervorhänge, die sie und Georg so gern gehabt hätten.

„Zum Wohle unseres Freundes, des Portugiesen!“ sagte Carl Lövold, sein Glas erhebend. „Ich bin ihm wirklich dankbar.“

„Dazu haben Sie wohl auch alle Ursache“, sagte ich. „Sie haben mit ihm ja genauso abgeschlossen, wie Sie es gewünscht hatten.“

„Daran dachte ich in diesem Augenblick eigentlich nicht“, sagte er lächelnd. „Aber schließlich habe ich es ihm doch zu verdanken, daß ich Sie kennengelernt habe. Zum Wohl!“

Ich gab auf diese Artigkeit keine Antwort. Im stillen aber widmete auch ich dem kleinen dunkelhäutigen Portugiesen einen freundlichen Gedanken. Carl Lövold war ein Mann, der einem schon gefallen konnte.

Wir tanzten, und er tanzte gut.

Schließlich stellte er die Frage, die kommen mußte. Woher ich meine Sprachkenntnisse hätte. Ich erzählte es ihm. Carl Lövold war viel in der Welt herumgekommen. Wir entdeckten eine Menge Anknüpfungspunkte. Wir schwärmten beide für dieselben Gemälde im Louvre und in der Pinakothek, wir hatten beide ergriffen vor dem Kölner Dom und vor der Westminsterabtei gestanden.

An Gesprächsstoff fehlte es uns nicht.

Als wir durch die weiche Maiennacht in die Stadt zurückfuhren, fragte Carl Lövold, ob wir uns nicht einmal wiedersehen könnten. Ich erwiderte, ich würde mich sehr freuen. Er sagte, er käme oft nach Oslo. „Und“, fügte er lächelnd hinzu, „ich glaube nicht, daß ich in Zukunft seltener herkommen werde als bisher.“ Mein letzter

Gedanke aber vor dem Einschlafen galt nicht Carl Lövolds männlich schönem Gesicht, sondern der kleinen Lisbeth in dem abgetragenen Matrosenkleid. Ich nahm mir fest vor, gleich morgen nach Grünerlökken zu fahren und mich davon zu überzeugen, wie es Georg ginge.

Als ich aufwachte, war ich noch immer fest entschlossen, Georg und Lisbeth am Nachmittag zu besuchen. Sie aßen um sechs. Ich ging also wohl am besten so gegen sieben zu ihnen. Ich besorgte allerlei Feingebäck, ein paar Stück Torte und ganz besonders lecker aussehende kleine Kuchen. Nachdem ich noch eine Tüte Konfekt für Lisbeth erstanden hatte, konnte ich mich beruhigt wieder an meine Schreibmaschine setzen.

Ich hatte noch nicht sonderlich viel geschafft, als es klingelte und ein Laufjunge mir einen Brief und einen Blumenstrauß brachte. Es waren wundervolle dunkelrote Nelken. Ob ich wohl Lust hätte, am Abend in die Premiere des Nationaltheaters zu gehen?

Der Kampf in meiner Brust war von kurzer Dauer. Ich dachte wohl an Georg und Lisbeth. Aber ich konnte ja ebensogut am nächsten Tag zu ihnen gehen.

Ich rief Carl Lövold in seinem Hotel an, dankte ihm für die Blumen und sagte, ich würde gern ins Theater gehen.

Es wurde ein großartiger Abend.

„Leider muß ich am Samstag heimfahren", sagte Carl Lövold, als wir uns trennten. „Ich habe also noch vier Tage. Sie lassen mich doch hoffentlich an diesen vier Tagen nicht im Stich?" Ich hatte nicht das geringste dagegen, noch weitere so wundervolle Abende zu verleben.

Wir tanzten im „Bristol", gingen ins Varieté, aßen gut und teuer; und am letzten Abend waren wir bei mir zu Hause. Erna – in Schwarz und Weiß – trug die fremdländischen Gerichte auf, die sie nach meinen Anweisungen zubereitet hatte. Es gab Oliven, Maiskolben, stark gewürzte Speisen und guten Wein. Ich war noch nie in Gefahr gewesen, den Kopf oder das Herz zu verlieren. Diesmal, fühlte ich, war ich nahe daran.

„Steffi!" sagte Carl. „Ich komme wieder. Ich komme bald wieder. Du wirst mich doch inzwischen nicht vergessen? Könntest du mir nicht hin und wieder ein paar Zeilen schreiben?"

„Vielleicht", sagte ich.

„Und noch eines, Steffi. Ich habe meinen Wagen in einer Garage untergestellt. Er soll bis zum nächsten Male hierbleiben. Du kannst ihn benutzen, sooft du willst. Hier ist der Schlüssel."

Mir fuhr ein Gedanke durch den Kopf: Lisbeth! Ich würde mit ihr einen Tagesausflug machen – mit Eßkorb und Limonadenflaschen und allem, was dazu gehörte. Es sollte das große Erlebnis ihres Lebens werden!

Ich nahm den Wagenschlüssel.

„Willst du es wirklich wagen, ihn mir anzuvertrauen? Ich dachte, jeder Autobesitzer . . ."

„Dir wage ich alles anzuvertrauen", sagte Carl. Seine Stimme war weich und sanft.

Bei Lisbeth und Georg

Heute *wollte* ich zu Lisbeth gehen.

Wieder besorgte ich Kuchen und dazu Schokolade und Apfelsinen. Um sechs wollte ich aufbrechen.

Aber da läutete das Telefon. Es war mein Verleger. Ob ich sofort zu ihm kommen könne. Es handele sich um eine eilige Arbeit.

„Ja. Selbstverständlich."

Es war eine wahre Schinderei. Zu Hause machte ich mich sofort an die Arbeit. Um eins konnte ich nicht mehr und sank todmüde ins Bett. Ich hatte keine Zeit gehabt, etwas zu essen; aber jetzt merkte ich, wie hungrig ich war. Ich aß Lisbeths Kuchen und zwei Apfelsinen.

Ich schlief sofort ein.

Den Besuch bei Lisbeth mußte ich auf ein andermal verschieben.

Je länger die Arbeit sich hinzog, desto verzagter wurde ich.

Am Anfang – als ich für Rambech zu arbeiten begonnen hatte – war mir alles so einfach vorgekommen. Aber schon bald ging es mir auf, wie kläglich wenig ich wußte. Gewiß: Mein Verleger war mit mir zufrieden; aber er ahnte nicht, wie es in Wahrheit um meine Kenntnisse stand. Ich konnte allerlei Sprachen. Doch nur, soweit es sich um Ausdrücke des Alltagslebens handelte. Sobald in den zu übersetzenden Büchern etwas von Geschichte, Kulturgeschichte, Geographie – von Physik, Technik, Astronomie, Naturgeschichte ganz zu schweigen – vorkam, wurde ich mir der vielen Lücken in meinem Wissen bewußt. Wenn Herr Rambech geahnt hätte, wie viele Nachschlagewerke und Lexika ich für meine Arbeit benötigte!

Oft kam mir der Gedanke, wie schade es doch sei, daß ich keinen richtigen Schulunterricht genossen hatte. Zwar war es mir wie durch ein Wunder geglückt, eine Art Mittelschulexamen zu bestehen. Aber wie herrlich wäre es gewesen, wenn ich das Abitur gemacht, vielleicht gar studiert hätte!

Eines war jedenfalls sicher: Die Arbeit fiel mir viel schwerer als am Anfang, wo ich verhältnismäßig leichte Bücher zu übersetzen gehabt hatte, bei denen es in erster Linie darauf angekommen war, daß ich meine Muttersprache beherrschte. Natürlich hatte ich mit der Zeit Übung bekommen; aber das nützte herzlich wenig, wenn es sich um Dinge handelte, die über das Alltägliche hinausgingen. Dann quälte ich mich ab und schwitzte über meinen Nachschlagewerken.

Und alle Augenblicke läutete das Telefon. Es läutete, wenn ich mitten in der Arbeit war, es läutete spät am Abend und früh am Morgen – es läutete, wenn ich unter der Dusche stand, es läutete, wenn ich zu Mittag aß, es läutete, wenn ich schlief, und immer hieß es: „Sie werden aus Bergen verlangt!“

Beinahe jeden Tag rief Carl an. Jeden Samstag schickte er mir Konfekt oder Blumen. Je mehr Zeit verging, desto mehr freute ich mich darauf, ihn wiederzusehen.

Im Grunde wußte ich recht wenig von ihm. Er hatte mir erzählt, er habe sich scheiden lassen. Er besaß eine Villa bei Bergen, ein Sommerhaus am Meer und eine Hütte im Gebirge. Eines Tages besuchte mich Anne-Grete. Ich lud sie zu einer kleinen Spritzfahrt mit Carls Wagen ein. Ich war schon lange nicht mehr gefahren und hatte zuerst etwas Angst; aber das gleichmäßige Summen des Motors, die leichte Steuerung und die glatte, lautlose Gangschaltung bewirkten, daß ich mich schon bald sicher fühlte. Es war ein wundervoller kleiner Ausflug, und Anne-Grete gestand, daß ihr der Wagen mächtig imponiere.

Ich erzählte ihr von Carl. Sie hörte mit großem Interesse zu. Anne-Grete hatte selber einen Freund, an dem sie sehr hing.

„Du hast ein unverschämtes Glück, Steffi", sagte sie lachend, als ich geendet hatte. „Wenn schon einmal eine Mannsperson auf dich Eindruck macht, dann muß es natürlich gleich eine mit einer Stadtvilla, einem Sommerhaus und einem Luxusauto sein. Ist er ebenso sympathisch wie reich?"

„O ja", antwortete ich.

„Und eine Berghütte besitzt er auch noch?" sagte Anne-Grete. Vielleicht dachte sie an ihren Erkorenen, der in irgendeinem Büro saß und dreihundert Kronen im Monat verdiente. „Du verstehst es! – Ich hoffe, du wirst

Geilo deshalb doch nicht für dieses Jahr schießen lassen?"

Anne-Grete und ich pflegten im Sommer immer nach Geilo zu fahren und unsere Ferien in der Berghütte zu verleben, die Vater gemietet, aber nie selber betreten hatte.

„Natürlich nicht!" beruhigte ich Anne-Grete. „Du kommst doch wieder mit?"

„Ja, gern – das weißt du ja", sagte Anne-Grete.

Sie sparte für ihre Aussteuer und war daher sehr froh, auf diese Weise zu einem kostenlosen Ferienaufenthalt zu kommen. Übrigens verstanden wir uns beide ganz ausgezeichnet.

Der Ausflug mit Anne-Grete hatte mich auf den Geschmack gebracht. Ich benutzte von jetzt ab den Wagen täglich und hatte mich schon bald daran gewöhnt, ihn sicher durch den Großstadtverkehr zu lenken. In Lissabon war ich viel gefahren, und es machte mir Spaß, feststellen zu können, daß ich meine alten Künste noch nicht verlernt hatte. Jetzt wollte ich aber auch endlich einmal Lisbeth mitnehmen.

Ich hatte, offen gestanden, in den letzten Wochen nicht eben viel an sie gedacht. Carl, das Auto und meine Arbeit hatten meine ganze Zeit beansprucht. Es war jetzt drei Wochen her, daß er in der Stadt gewesen war. Wann er wohl wiederkam?

Eines Nachmittags fuhr ich nach Grünerlökken hinaus. Nach einigem Suchen und Fragen fand ich glücklich das Haus wieder, in dem Lisbeth wohnte.

Georg öffnete. Ich bekam einen Schreck, als ich ihn

erblickte. Er sah sehr schlecht aus. Er war noch magerer geworden, und seine Augen lagen noch tiefer in ihren Höhlen und hatten einen fiebrigen Glanz.

„Ja, was sehe ich ...", sagte Georg. Auf seinen Wangen brannten zwei rote Flecken. „Bitte, Steffi, tritt näher! Aber du mußt entschuldigen – es sieht hier ziemlich unordentlich aus – ich bin in der letzten Zeit nicht recht beieinander gewesen ..."

„Aber, Georg!" sagte ich. „Deshalb brauchst du dich doch nicht zu entschuldigen! Die Hauptsache ist: Wie geht es dir? Bist du bei einem Arzt gewesen?"

„Was sollte ich bei einem Arzt? Das geht schon wieder vorüber. Ich bin nur – etwas erkältet und frühlingsmüde. Es ist nicht der Rede wert. Komm nur herein, Steffi!"

Er öffnete die Tür zu einer kleinen Stube. Die Möbel waren abgenützt und armselig. Die Vorhänge bedurften einer Erneuerung. Das Fenster stand offen. Es war glühend heiß draußen, und es atmete sich schwer.

Georg blickte auf eine Tür.

„Komm mal herein, Lisbeth. Wir haben Besuch bekommen."

Gleich darauf kam sie herein, die kleine Lisbeth. Sie trug wieder die alte Matrosenbluse und hatte statt einer Schürze ein Küchenhandtuch vorgebunden.

Ihr ganzes Gesicht strahlte, als sie mich sah.

„Wie schön, Steffi, daß du gekommen bist! Wir glaubten schon fast, du hättest uns vergessen."

Was für ein schlechtes Gewissen ich hatte! Es ließ sich nicht leugnen: Auf eine Art hatte ich sie tatsächlich vergessen. Gewiß hatte ich mir hin und wieder wegen meiner Treulosigkeit Selbstvorwürfe gemacht, anfangs hatte ich mich auch wirklich nach einem Wiedersehen mit Lisbeth gesehnt; aber nach einiger Zeit hatte ich nur noch leichte Gewissensbisse gespürt, wenn ich an sie dachte.

Als sie jetzt aber vor mir stand, ihre wundervollen braunen Augen auf mich gerichtet, das Handtuch als Schürze vorgebunden, das süße bleiche Gesicht von dem wirren, halblangen Haar umrahmt – da überkam mich wieder genau das gleiche Gefühl wie an jenem Tag, als ich sie zum ersten Male sah. Ich hätte selber nicht sagen können, was es eigentlich war, aber ich fühlte einen unwiderstehlichen Drang, mich Lisbeths anzunehmen, sie zu hegen und zu pflegen, ihr Geschenke zu machen, ihr Freude zu bereiten. Später habe ich begriffen, daß es der ganz normale Mutterinstinkt war, der in jeder Frau schlummert und der nun gewaltsam aus mir hervorbrach.

Kleine, kleine Lisbeth!

Ich brachte mein Anliegen vor. Ob Lisbeth mit mir am nächsten Tag einen Ausflug im Auto machen wolle? Ob ich sie den ganzen Tag für mich haben dürfe?

Lisbeths Augen wurden noch größer.

„Im Auto fahren – den ganzen Tag – und nur mit dir?"

„Ja. Nur du und ich."

„Und der Chauffeur", sagte Lisbeth.

„Nein. Kein Chauffeur", erklärte ich. „Nur du und ich. Ich fahre selber, weißt du?"

Lisbeth war sprachlos. Ihre Augen glänzten wie zwei

Sterne.

Plötzlich schien der Glanz gleichsam zu verlöschen.

„Aber um sechs muß ich zu Hause sein, Steffi. Vater ist nicht ganz wohl, und ich muß ihm helfen."

Georg streckte die Hand aus, als wollte er ihr über das Haar streichen. Aber im letzten Augenblick schien er sich zu besinnen und zog die Hand wieder zurück.

„Nein, weißt du was, Lisbeth? Ich denke, ich werde morgen im Gasthaus essen. Dann brauchen wir nicht abzuwaschen. Ich gehe nach dem Essen gleich heim und lege mich ins Bett. Wenn du dann nach Hause kommst, erzählst du mir alles, was du erlebt hast. Wird das nicht fein?"

Nach kurzem Besinnen ging Lisbeth auf diesen Vorschlag ein. Dann begaben wir uns alle drei nach unten, um das Auto zu besichtigen. Ich lud Georg und Lisbeth zu einer kleinen Probefahrt ein.

Als wir eine halbe Stunde später wieder oben versammelt waren, sagte Lisbeth: „Jetzt muß ich aber schnell abwaschen!" Damit verschwand sie durch die Tür, die, wie ich richtig vermutete, in die Küche führte.

„Lisbeth ist so unglaublich tüchtig", sagte Georg. „Sie besorgt jetzt jeden Tag das Abwaschen ganz allein."

Ich betrachtete Georg nachdenklich. Er war ohne Zweifel kränker, als er es eingestehen wollte. Was mochte ihm wohl fehlen? Und konnte er es verantworten, so herumzulaufen, ohne einen Arzt zu Rate zu ziehen und ohne zu wissen, ob seine Krankheit ansteckend war? Wenn er nun Lisbeth ansteckte?

„Laß mich abtrocknen, Lisbeth", sagte ich.

Nun standen wir beide nebeneinander in der winzigen, dunklen Küche und reinigten mit feierlichen Mienen das schmutzige Geschirr. „Die Tassen hängen immer an den Haken unter dem Wandbrett", erklärte Lisbeth todernst. „Nein! Das nasse Tuch darfst du nicht an den Nagel hängen. Das kommt dorthin – über den Herd! – Die Gläser kannst du vorläufig auf das Brett stellen. Sie gehören in den Schrank."

Ich rieb und trocknete ab und räumte auf und dachte dabei, wie ungeheuerlich und widersinnig es doch war, daß ein so kleines Mädchen eine so große Verantwortung tragen und so schwer arbeiten mußte. Lisbeth war ganz unfaßbar tüchtig und ihrem Alter weit voraus. Warum mußte sie in einer finsteren Küche stehen und aufwaschen? Warum rannte sie nicht irgendwo am Meer im Badeanzug über den heißen Sand und bekam braune Wangen? Warum mußte sie so blaß und mager sein? Übrigens sah sie nicht etwa kränklich aus. In der Abwaschwanne entdeckte ich ein großes Milchglas, und auf den Tellern fanden sich noch Gemüsereste. Sie schien gutes, bekömmliches Essen zu erhalten. Aber bleich war sie, viel zu bleich.

„Du findest sicher, daß ich sehr faul bin, Steffi", sagte Georg, als wollte er sich entschuldigen. „Aber ich fühle mich seit einigen Tagen nicht besonders. Ich brauche meine ganze Kraft für das Geschäft und muß mich daher am Abend etwas ausruhen. Aber das geht bald vorüber. Und dann kann ich schon wieder ordentlich anpacken."

„Ich wünschte, du gingest zu einem Doktor, Georg", sagte ich. „Ich wünschte es sowohl um deinet- und um Lisbeths willen."

Ein Zucken ging über Georgs Gesicht. Aber er nahm sich zusammen.

„Es wird schon wieder besser werden", sagte er. Ohne mir Zeit zu einer Erwiderung zu lassen, fuhr er schnell fort: „Was für ein schönes Auto du hast, Steffi. Du hast es geliehen, sagst du?"

Ich merkte, daß ich rot wurde, und ärgerte mich darüber.

„Ja. Von einem meiner Freunde. Er wohnt in Bergen und hat seinen Wagen für einige Zeit hier in einer Garage eingestellt. Er steht mir jederzeit zur Verfügung. Deshalb kann ich auch mit Lisbeth einen Tagesausflug machen."

„Es ist riesig nett von dir, daß du an Lisbeth gedacht hast. Du kannst dir gar nicht vorstellen, wie glücklich ich darüber bin. Lisbeth hat gar zu wenig Freuden, das arme kleine Ding. Aber wir wollen hoffen . . ."

Da er seinen Satz unvollendet ließ, fragte ich nach einer kurzen Pause: „Was macht ihr im Sommer, Georg?"

„Ich pflege Lisbeth in eine Ferienkolonie zu schicken. Sie sträubt sich zwar dagegen, aber in diesem Punkt gebe ich nicht nach. Ich richte es so ein, daß ich Urlaub bekomme, sobald Lisbeth zurück ist. Dann gehen wir jeden Tag zusammen baden und dergleichen. Ende Juni soll sie reisen."

„Da wirst du sie aber sehr vermissen, Georg.“

Er sah mich nur an. Niemals werde ich diesen Blick vergessen. Er sagte unendlich viel mehr, als Worte hätten ausdrücken können. Sein Blick erzählte von unerträglich heißen Sommertagen, an denen die Stunden qualvoll langsam dahinschlichen und an denen Georg sich dennoch nicht auf den Abend freute. Denn daheim war alles leer und tot. Und es war trübselig und langweilig, für sich allein Essen zu kochen. So begnügte er sich denn damit, in die Küche zu gehen und sich eine Scheibe Brot abzuschneiden. Und er hatte keine Lust, zeitig aufzustehen und, wie sonst, die Milch zu holen. Die Kochplatte blieb leer und unbenutzt auf dem Küchentisch stehen. Und immer, immer erfüllte Lisbeth seine Gedanken. Immer sah er das kleine Gesicht mit den aufmerksamen, klugen braunen Augen vor sich, immer hörte er die ernste kleine Stimme, die so vernünftige Dinge sagte. Und unversehens durchzuckte ihn ein Schreck: wenn ihm nur nichts zustieß, dem kleinen Wesen, das in der Kolonie doch unter lauter Fremden war ...

Ich brach auf. Wir verabredeten, ich solle Lisbeth früh am nächsten Morgen abholen, bevor Georg ins Geschäft ginge.

Ich war sehr nachdenklich, als ich an diesem warmen Juniabend nach Hause fuhr.

Ein Retter in der Not

Die Weckeruhr rasselte um sechs. Ich war mit Blitzesschnelle aus dem Bett und legte die letzte Hand an den „Eßkober“. Ich hatte schon manchen Picknickkorb gepackt und besaß darin einige Übung. Aber rote Brauselimonade hatte ich noch nie mitgenommen noch auch solche Mengen von Kuchen und belegten Broten. Und dies alles war dazu bestimmt, ein kleines Mädchen in den siebenten Himmel zu versetzen. Es fehlte weder an gebratenem Hühnchen noch an Fleischklößchen, noch an Erdbeeren und einer Flasche Sahne zum Nachtisch. Lisbeth öffnete mir. Sie war fix und fertig, und ihr ganzes Gesicht strahlte.

Ernst und feierlich reichte sie ihrem Vater die Hand.

„Auf Wiedersehen, Vater! Du mußt mir versprechen, daß du eine Menge zu Mittag ißt. Und du brauchst mir nicht aufzumachen, wenn ich zurückkomme. Ich nehme den Wohnungsschlüssel mit.“

„Amüsiere dich nur ordentlich, Lisbeth!“

Lisbeth wandte sich zurück und winkte, solange sie ihren Vater sehen konnte.

„Wo wollen wir hin, Lisbeth?“

„Das weiß ich nicht. Irgendwohin, wo ich noch nicht gewesen bin.“

„Ja, aber woher soll ich denn wissen, wo du schon gewesen bist?"

„Ich bin nur in der Ferienkolonie gewesen – und auf Bygdö – und einmal war ich am Nordstrand."

„Du bist also noch in keiner anderen Stadt gewesen als in Oslo?"

„Nein."

„Gut. Dann fahren wir eben in eine andere Stadt." Lisbeth klatschte vor Freude in die Hände.

Der Wagen glitt schnell dahin: erst den Drammensweg hinunter, dann neben der Westbahn her. Wir hatten eine ganz hübsche Geschwindigkeit.

Es schien ein überaus heißer Tag werden zu wollen.

„Du mußt dich melden, Lisbeth, wenn du Durst bekommst. Ich habe Brauselimonade mitgenommen. Ich glaube auch, du tätest gut daran, wenn du den Mantel auszögest. Sonst schmilzt du mir noch ganz weg." Lisbeth lachte. Sie war es nicht gewohnt, daß man mit ihr scherzte.

„Ich kann doch gar nicht schmelzen – Menschen können doch nicht einfach wegschmelzen wie Eis!"

„Bist du auch ganz sicher? Ich glaube, du hast es mit der Angst gekriegt. Meinst du nicht, du könntest bei dieser Hitze einfach verschwinden und bloß einen kleinen nassen Fleck auf dem Boden des Wagens zurücklassen?"

Nun lachte Lisbeth aus vollem Halse. Die feierliche, erwartungsvolle Stimmung war verflogen, und sie gab sich ganz frei und unbefangen. Munter plauderte sie über alles, was sie entdeckte. Sie jauchzte über ein Fohlen und ein paar kleine Kälber; sie zupfte mich am Ärmel, um mich auf ein Pferd aufmerksam zu machen, das einen „furchtbar komischen kleinen Wagen mit Fahrrädern" zog. Es war ein Traber, der einem Training unterzogen wurde. Einmal sahen wir ein paar kleine Mädchen mit kurzen, weiten Leinwandhosen und dreieckigen Tüchern.

„Puh! Wie ist es doch warm!" seufzte Lisbeth.

Gegenüber einem Vorortbahnhof entdeckte ich ein Textilgeschäft. Wir hatten Glück. Ich fand einen Freizeitanzug, der Lisbeth ausgezeichnet paßte, und dazu ein Paar kleine Segeltuchschuhe.

Lisbeth reichte mir feierlich die Hand.

„Vielen, vielen Dank, Steffi! Wie bist du doch nett! Niemand ist so freigebig wie du!"

„Nicht übertreiben, Lisbeth! Es macht mir Spaß, etwas zu kaufen. Das ist alles."

Lisbeth betrachtete mich ernst und aufmerksam.

„Aber du findest sicher, daß es am meisten Spaß macht, etwas für andere zu kaufen. Und darum bist du nett."

Ich schämte mich. Noch nie zuvor in meinem Leben hatte ich gefunden, daß es Spaß mache, für andere etwas zu kaufen. Natürlich hatte ich Geburtstagsgeschenke gemacht – und Weihnachtsgeschenke –, und hin und wieder einmal hatte ich wohl auch etwas „Mildtätigkeit" geübt.

Aber noch nie hatte ich eine so unbändige Freude am Schenken gehabt wie jetzt, da es Lisbeth galt.

Sie zog sich im Hinterzimmer des Geschäfts um. In der kurzen kleinen Hose und mit dem bloßen Rücken sah sie bezaubernd aus. Schade nur, daß ihre Haut gar zu weiß war.

„Nun müssen wir sehen, daß du etwas Farbe bekommst, Lisbeth“, sagte ich.

Auf einer bewaldeten Anhöhe frühstückten wir. Die Brote mit Brathuhn, die Kuchen und die Erdbeeren mit Sahne machten auf Lisbeth einen überwältigenden Eindruck. Sie hatte einen gesegneten Appetit und ließ sich alles schmecken ohne die geringste Rücksicht auf die Reihenfolge. Es machte Spaß, ihr zuzusehen. Ich selber hatte längst die Waffen gestreckt. Ich lag bequem auf der Wagendecke, die ich über das Gras gebreitet hatte, rauchte eine Zigarette und amüsierte mich über Lisbeths erstaunliche Leistungsfähigkeit.

Plötzlich legte sie das Butterbrot, das sie gerade zum Mund führte, aus der Hand. Es war das letzte mit Brathuhn.

„Steffi! Kann ich dieses Brot nicht für Vater aufheben und es ihm mitbringen?“

„Natürlich kannst du das“, sagte ich. „Aber du kannst es auch ruhig selbst essen. Wir kaufen etwas Gutes in Drammen, und das bringst du dann deinem Vater mit.“ Sie führte das Butterbrot abermals zum Mund, zögerte einen Augenblick und legte es dann auf das Papier zurück.

„Weißt du – wenn ...“, sie krauste die kleine Stirn und dachte angestrengt nach. Sie wußte offenbar nicht recht, wie sie sich ausdrücken sollte.

„Weißt du – wenn – wenn wir etwas anderes für Vater

kaufen, dann ist das gleichsam von dir – aber dieses Butterbrot gehört doch mir – denn du hast doch gesagt, alles, was im Korb ist, gehört mir?"

„Das tut es auch."

„Ja – und ich – ich würde es gern essen", sagte Lisbeth ehrlich. „Ich habe noch nie etwas so Gutes gegessen. Aber wenn ich es nicht esse, wenn ich es auch gern essen würde – dann ist es doch eigentlich ein Geschenk von mir und nicht von dir. Meinst du nicht auch?"

Ich konnte nicht gleich antworten. Ich mußte erst ein paar kräftige Züge an meiner Zigarette tun, bevor der Klumpen in meinem Hals hinuntergerutscht war.

„Gewiß", sagte ich. „Hier hast du eine Papierserviette. Wickele das Brot gut ein. Und wenn du Vater noch etwas anderes mitbringen willst, so weißt du ja, daß alles, was im Korb ist, dir gehört."

Lisbeth wählte etwas Feingebäck und ein paar Kekse aus und wickelte alles in Papier ein. Das Brot mit dem Brathuhn bekam eine besondere Serviette.

Dann überprüfte sie die Reste, die sich noch im Korb befanden.

„Es ist noch eine Menge da", sagte sie. „Das reicht für das Mittagessen."

„Daran brauchst du nicht zu denken", beruhigte ich sie. „Wir essen in Drammen."

„Bei wem denn?"

„In einem Restaurant oder Hotel – warte mal – wir können nach Konnerudkollen fahren – da gibt es ein Hotel mit viel Sonne und einer schönen Aussicht. Das wird dir gefallen."

Lisbeth wickelte das Kuchenpaket wieder auf und fügte dem Inhalt noch ein paar Stücke Feingebäck hinzu.

„Vater kann froh sein, daß er dich hat, Lisbeth", sagte ich.

Lisbeth blickte mich ruhig an. Sie schien diese Worte schon öfter gehört zu haben.

„Ich kann froh sein, daß ich Vater habe", sagte sie. Es klang, als sagte sie das nicht zum ersten Male.

„Vater hat dich schrecklich lieb, Lisbeth."

„Ich habe Vater auch schrecklich lieb."

„Wen hast du denn sonst noch lieb?"

„Tante Ruth im Kindergarten – und Fräulein Tollefsen ..."

„Wer ist denn das?"

„Die Milchfrau. Sie ist riesig nett, kann ich dir sagen. Und sie hat im Hinterzimmer eine Katze. Die ist mächtig dick und fett, weil sie eine solche Menge Milch bekommt, und sie ist sehr nett, denn sie kratzt nicht, und manchmal hat sie Junge, und ich darf mit ihnen spielen."

„Dann hast du die Katze wohl auch lieb?"

„Ja – ja, das habe ich –, aber, weißt du, es ist doch nicht dasselbe, wenn man ein Tier liebhat."

Das gab ich zu.

„Und Großmutter habe ich auch ein bißchen lieb, denn sie schickt zu Weihnachten immer ein Geschenk für mich, und an meinem Geburtstag trägt sie immer fünf Kronen für mich auf die Sparkasse."

„Warum hast du sie denn nur ein bißchen lieb?"

„Ja, weißt du, ich kenne sie doch eigentlich gar nicht. Sie wohnt sehr weit weg, und ich habe sie nur einmal gesehen, aber daran kann ich mich gar nicht mehr erinnern, denn ich war damals noch sehr klein. Aber, ich glaube, ich habe sie trotzdem lieb, denn sie ist ja meine Großmutter", belehrte Lisbeth mich altklug.

„Dann sind es also im ganzen vier Menschen, die du liebhast: Vater und Tante Ruth und Fräulein Tollefsen und Großmutter."

„Ja. Und mit dir sind es fünf", sagte Lisbeth so ruhig und selbstverständlich, als hätte ich nicht seit ein paar Minuten mit klopfendem Herzen dagesessen und voller Spannung darauf gewartet, ob ich wohl auch mit auf die Liste kommen würde.

„Hast du mich denn auch lieb, Lisbeth?"

„Das weißt du doch! Ich habe dich furchtbar lieb, das kannst du glauben."

Ich konnte mich nicht länger beherrschen. Ich mußte meine Arme um sie legen und sie einen kurzen Augenblick an mich drücken.

„Ich habe dich auch furchtbar lieb, Lisbeth!"

Lisbeth sah mich verwundert an. Sie erwiderte meine Liebkosung nicht. Und der verwunderte Blick galt sicherlich nicht meiner kleinen Liebeserklärung – die war ganz einfach und selbstverständlich für sie –, sondern der merkwürdigen Tatsache, daß ich sie an mich gedrückt hatte. Sie schien das nicht zu schätzen.

Ich fühlte mich beinahe ein wenig beschämt. Schnell stand ich auf und begann zusammenzupacken.

„Wollen wir weiter, Lisbeth?"

„Ich bin so satt, daß ich kaum aufstehen kann", lachte Lisbeth.

Dann ging die Fahrt weiter, und schließlich waren wir in Drammen. Ich suchte einen Parkplatz, verschloß den Wagen, und dann machten Lisbeth und ich auf ein paar Stunden die Stadt unsicher.

„Eigentlich ist es hier genauso wie in Oslo", meinte Lisbeth. „Aber es ist doch fein, daß es eine andere Stadt ist." Sie betrachtete jeden Laden, jedes Haus – von der Brücke gar nicht zu reden – mit großen, staunenden Augen.

Wir gingen in ein paar Geschäfte und kauften einige Kleinigkeiten. Ich gönne es Lisbeth, daß sie nun eine kleine Handtasche besaß, die nicht aus Oslo stammte und auf die sie daher sehr stolz war. Wahrscheinlich würde sie sie den Kindern ihrer Straße zeigen, und wahrscheinlich würde sie mit demselben Tonfall, mit dem ein Erwachsener etwa so ganz nebenbei bemerkt: „Das habe ich aus Marokko mitgebracht!" zu ihnen sagen: „Diese Tasche habe ich bekommen, als ich in Drammen war."

Am Nachmittag fuhren wir nach Konnerudkollen.

Lisbeth wagte vor lauter Ehrfurcht nur zu flüstern, als wir durch den großen Speisesaal gingen und nach einem freien Tisch Ausschau hielten. Eine ganze Reihe von Tischen war von ausländischen Touristen besetzt, die man sofort an ihren Ferngläsern, Kameras und dem sonstigen Zubehör erkannte.

Ich war heilfroh, als wir das anstrengende Lachs-Huhn-

Erdbeeren-Menü glücklich hinter uns hatten. Lisbeth genoß natürlich alles bis zur Neige.

„Wir werden nachgerade an die Heimfahrt denken müssen, Lisbeth", sagte ich. „Dein Vater ist wohl schon zu Hause, und ich denke mir, er wird sich nach dir sehnen."

Lisbeth machte große Augen, als ich das Essen bezahlte. „Eine solche Masse Geld!" sagte sie leise. „Das ist ebensoviel wie unsere Wohnungsmiete – wenn nicht mehr!"

„Du verstehst wohl noch nicht soviel vom Geld", sagte ich lachend. Aber da schlug mir das Gewissen. Unzählige Male hatte ich an Festessen teilgenommen, bei denen erheblich größere Summen draufgegangen waren; aber ohne Lisbeths Bemerkung wäre es mir nie in den Sinn gekommen, daß man dafür ebensoviel bezahlte wie eine kleine Familie für die Monatsmiete ihrer bescheidenen Wohnung.

Ich hatte von Lisbeth viel zu lernen.

Wir kletterten in den Wagen. Ich hüllte Lisbeth in eine Decke und überzeugte mich, daß alles in Ordnung war. Dann drückte ich auf den Anlasser.

Ätsch – puh, sagte er.

Noch einmal.

Sssch! sagte der Motor.

„Na!" sagte ich.

Lisbeth wurde aufmerksam: „Ist etwas entzwei, Steffi?"

„Ich weiß nicht. Wir werden sehen."

„Aber wir kommen doch heute noch nach Hause?"

„Aber gewiß doch! Nach Hause kommen wir. Hab nur keine Angst!"

„Wenn das Auto aber nicht fahren will?"

„Dann fahren wir mit der Eisenbahn. Aber sei nun lieb, Lisbeth, und werde nicht ungeduldig. Ich muß die Sache untersuchen."

Lisbeth gehorchte und verhielt sich ruhig.

„Untersuchen", hatte ich gesagt. Aber ich hatte keine Ahnung, was ich untersuchen und wo ich mit dem Untersuchen beginnen sollte. Ich muß nämlich gestehen, daß es mir nicht anders geht als den meisten Auto fahrenden Frauen. Ich kann gut steuern, die Gänge schalten und auf die Pedale treten – der Frage aber, was im Innern des Autos vorgeht und wie es kommt, daß es sich bewegt, habe ich noch nie einen Gedanken geopfert.

Ich weiß wohl, daß es einzelne großartige Frauen gibt, die, wenn es nottut, sich auf den Kopf stellen, den Motor untersuchen, Fehler finden und beseitigen, eine richtige Diagnose stellen, verstopfte Vergaser und außer Takt geratene Zylinder kurieren – ich bewundere sie ungemein –, aber ich selber habe es nie weitergebracht, als daß ich Vater einmal geholfen habe, ein Rad auszuwechseln.

Als Carls feiner Wagen streikte, blieb mir daher nur eines übrig: Ich mußte mich nach Hilfe umsehen.

Ich hatte keine große Auswahl. Alle Wagen, die vor dem Hotel parkten, schienen leer zu sein – mit einer einzigen Ausnahme. Diese Ausnahme bildete ein wahres

Ungeheuer von Auto, in dem vermutlich die amerikanischen Touristen gekommen waren, die ich im Speisesaal gesehen hatte.

Auf dem Führersitz saß ein junger Mann und las. Die Mütze, die er in den Nacken geschoben hatte, war mit dem Namen eines bekannten Reisebüros in Goldbuchstaben geschmückt. Ohne auch nur einen Augenblick die Augen von dem Buch, das mit einem grauen Schutzumschlag versehen war, fortzunehmen, entnahm er von Zeit zu Zeit einem neben ihm liegenden Paket ein Stück Brot oder setzte eine Thermosflasche an den Mund.

Ich mochte ihn nicht gern in seiner Beschäftigung stören – aber was sollte ich machen?

„Hallo!" rief ich.

Er sah mit einem zerstreuten und gleichsam in die Ferne gerichteten Blick von seinem Buch auf. Als er Lisbeth und mich entdeckte, legte er es aus der Hand. „Hallo!" erwiderte er.

„Sie müssen entschuldigen, daß ich Sie störe", sagte ich. „Aber dieser Wagen hier streikt, und ich habe keine Ahnung, was mit ihm los ist. Würden Sie wohl so freundlich sein und einen Blick auf den Motor werfen?"

„Gewiß", sagte der junge Mann. Er setzte seine Mütze ordentlich auf, schraubte die Thermosflasche zu und wickelte die Brote ein. Dann kam er zu uns herüber, hob die Motorhaube an und beugte sich über Carls feinen Motor.

Mehrere Minuten vergingen. Daß der junge Mann vom Reisebüro bei seiner Untersuchung systematisch vorging, soviel begriff sogar ich. Mit leichten, geübten Fingern tastete, fühlte, schraubte er. Ich mußte unwillkürlich an die Hände eines Zahnarztes oder Chirurgen denken.

Endlich richtete er sich auf. In der rechten Hand hielt er einen mir gänzlich fremden Bestandteil des Motoreingeweides.

„Da haben wir die Geschichte. Es liegt am Verteiler."

„Am Verteiler?" Ich begriff kein Wort.

„Er verteilt den Zündungsstrom auf die verschiedenen Zylinder", erläuterte er.

„Kann er repariert werden?"

„O nein. Sie müssen einen neuen haben. Ihn einzusetzen ist eine Kleinigkeit. Man muß ihn nur erst haben."

„Glauben Sie, man kann ihn hier in Drammen bekommen?"

Er schüttelte den Kopf.

„Das ist leider gänzlich ausgeschlossen. Wenn es sich um einen gewöhnlichen Wagen – etwa um einen Chevrolet – handelte – dann vielleicht. Aber so . . . Und außerdem acht Zylinder! – Nein. Diesen Verteiler bekommen Sie nur in Oslo."

„Ach, warum fahre ich auch nicht einen Chevrolet!"

„Ja, das hätte sich in diesem Augenblick für Sie gelohnt", sagte er lächelnd.

Ich betrachtete ihn etwas genauer. Die Stimme, die Bewegungen, sein ganzes Benehmen: Alles deutete darauf hin, daß er kein gewöhnlicher Chauffeur war.

Lisbeth hatte bisher ganz ruhig dagesessen und keinen Laut von sich gegeben. Jetzt zupfte sie mich zaghaft am Ärmel und sagte mit vor Angst ganz brüchiger Stimme: „Steffi! Ich muß nach Hause! Und bald! Vater weiß ja nicht, wo ich bin!"

„Sei nur ruhig, Lisbeth! Du kommst nach Hause. Habe keine Angst. Wir haben noch sehr viel Zeit. Ich muß nur erst wissen, was ich mit diesem dummen Auto anfange. Können wir deinen Vater nicht telefonisch erreichen?"

Lisbeth dachte nach.

„Nur der Hauswirt hat ein Telefon. Aber er ist so ekelhaft . . ."

Ich glaube, wir sahen beide gleich ratlos aus. Die Lage, in der ich mich befand, war für mich neu und seltsam. Wäre ich allein gewesen, so hätte mir die Sache wenig ausgemacht. Aber für einen anderen Menschen die Verantwortung zu tragen . . . für ein kleines Wesen mit großen erschrockenen Augen und brüchiger, angstvoller Stimme . . .

„Weißt du, wir könnten vielleicht doch dem Hauswirt Bescheid sagen, daß alles in Ordnung ist. Dann könnten wir hier übernachten und den Wagen morgen früh reparieren lassen und . . ."

„Hier übernachten?" Lisbeths Stimme klang schon etwas weniger verzagt. Dachte sie an neue, aufregende Abenteuer, die ihr bevorstehen mochten?

„Ja, hier im Hotel. Wenn wir nur deinen Vater benachrichtigen können. Wir könnten natürlich mit dem Zug nach Hause fahren; aber ich möchte ungern den Wagen hier zurücklassen." Der Chauffeur des Reisebüros stand noch immer neben der geöffneten Motorhaube.

„Ich fahre in einer halben Stunde nach Oslo. Wenn ich Ihnen nützlich sein kann?"

„O ja!" rief Lisbeth, bevor ich noch ein Wort hatte erwidern können. „Kannst du nicht Vater ausrichten, daß Steffi und ich hier sind und daß alles in Ordnung ist und daß er sich nicht zu ängstigen braucht?"

„Aber gewiß doch", sagte der Chauffeur lachend. „Wenn du mir nur sagen wolltest, wie dein Vater heißt und wo er wohnt."

„Er heißt Georg Jensen", erklärte Lisbeth eifrig. Während sie dem jungen Mann ihre Adresse angab und eine lange Botschaft an ihren Vater auftrug, kritzelte ich schnell einige Zeilen auf ein Blatt Papier.

Unser Retter aus der Not versprach, dafür zu sorgen, daß der Verteiler zeitig am nächsten Morgen von Oslo geschickt wurde.

„Ich werde in Drammen bei einer Reparaturwerkstätte vorsprechen und veranlassen, daß der Verteiler dorthin geschickt wird und daß dann sofort einer von den Leuten herkommt und ihn einsetzt."

„Sie sind wirklich der hilfsbereiteste Mensch, der mir jemals begegnet ist", sagte ich, von soviel Liebenswürdigkeit ganz überwältigt.

„Das ist doch alles nicht der Rede wert", sagte der Chauffeur lächelnd. Dabei strich er sich eine widerspenstige dunkelbraune Haarsträhne, die sich unter dem Mützenschirm hervorgewagt hatte und ihm ein keckes, jungenhaftes Aussehen verlieh, aus der breiten Stirn. Dieser jungenhafte Ausdruck paßte übrigens gar nicht so recht zu dem kräftigen, energischen Kinn und den ernsten Augen. Sie waren schön, diese Augen, und sie blickten ernst, auch wenn der Mund lächelte.

Seine Hand hinterließ einen dunkelgrünen Ölstreifen auf seiner Stirn. Nun sah er noch jungenhafter aus als zuvor. „Zur Sicherheit werde ich Ihnen meinen Namen wohl ebenfalls sagen müssen", sagte der Chauffeur lächelnd. „Ich heiße Heming Skar und arbeite zur Zeit hier", er zeigte auf die Goldbuchstaben an seiner Mütze.

Ohne mir etwas dabei zu denken, reichte ich ihm die Hand. „Steffi Sagen", sagte ich.

Erst als ich den Druck seiner kräftigen Arbeitshand spürte, kam es mir plötzlich in den Sinn, daß ich mich Reisebürochauffeuren im allgemeinen nicht vorzustellen pflegte. Aber Leuten, die sich mir vorstellten und die ein solches Wesen und Auftreten hatten wie dieser Heming Skar, mußte ich wohl schon meinen Namen nennen.

Am Hoteleingang und auf der Treppe wurde es sehr laut. Die Reisegesellschaft schien aufzubrechen.

„Da kommt meine Herde", sagte Heming Skar. „Also dann . . . Ich verspreche dir, kleine Lisbeth, daß ich deine Botschaft getreulich ausrichten werde. Und Sie, gnädiges Fräulein", wandte er sich an mich, „brauchen sich keine Sorgen zu machen. Morgen früh ist der Wagen wieder in Ordnung."

Aus alter Gewohnheit versenkte ich die rechte Hand in die Tasche. Ich war es seit Jahren gewohnt, für jeden

Dienst, den man mir erwies, zu bezahlen. Plötzlich aber zögerte ich, und ich fühlte, daß ich rot wurde. Unzählige Male schon hatte ich Chauffeuren, Kellnern, Zimmermädchen, Pikkolos und anderen dienstbaren Geistern Trinkgeld gegeben; hier aber geschah es zum ersten Male, daß ich mich unsicher und verlegen fühlte.

„Ich weiß nicht, ob ich ...“, begann ich; als ich aber Heming Skar belustigt lächeln sah, brachte ich kein Wort mehr über die Lippen.

„Aber ja doch“, sagte er. „Ich bin es gewohnt, Trinkgelder zu erhalten. Und für Sie ist es am angenehmsten, wenn Sie wissen, daß Sie meinen kleinen Dienst bezahlt haben.“

Müßte der Chauffeur nicht in Gold gefaßt werden?

Da kein Doppelzimmer frei war, mußten Lisbeth und ich uns mit einem Einzelzimmer begnügen.

Niemals werde ich dieses kleine Hotelzimmer vergessen. Es hat sich meinem Gedächtnis so fest eingeprägt, daß ich es noch heute genau beschreiben könnte: die Farbe der Wände, das Muster des Teppichs, die Vorhänge, das Bett, jeden Stuhl. Von den unzähligen Hotelzimmern, in denen ich gewohnt habe, ist dies das einzige, dessen ich mich noch erinnere.

Und ich, die ich so vielgereist bin, daß ich überall schlafen kann, ich konnte in dieser Nacht keinen Schlaf finden. Lisbeth machte ein etwas erschrockenes Gesicht, als sie begriff, daß wir nicht nur das Zimmer, sondern sogar das Bett teilen sollten.

„Ist das denn so gefährlich?“ sagte ich. „Ich beiße nicht – und ich schnarche auch nicht.“

Lisbeth lachte.

„Aber weißt du, ich habe doch noch nie mit einem anderen in einem Bett gelegen. Eigentlich nicht einmal in demselben Zimmer. Denn daheim liege ich im Schlafzimmer und Vater auf dem Diwan im Wohnzimmer.“

„Ach ...“, sagte ich, unterließ es aber, meiner Verwunderung weiteren Ausdruck zu verleihen.

„In der Ferienkolonie lag ich mit einer Menge anderer Kinder zusammen in einem großen Saal. Aber das war doch nicht dasselbe.“

„Weißt du auch, woher das kommt, Lisbeth?“ sagte ich. „Das kommt daher, weil du keine Mutter hast. Mir ging es genauso, als ich klein war. Die Kinder, die eine Mutter haben, kriechen am Sonntagmorgen zu ihr ins Bett – manchmal vielleicht auch werktags –, und wenn sie in der Nacht aufwachen und haben etwas Häßliches geträumt, dann rufen sie ihre Mutter, und die Mutter nimmt sie dann zu sich ins Bett. Aber wir, die wir selbst für uns sorgen müssen, sind darin anders. Weil wir keine Mutter haben, die uns hilft, werden wir selbständig. So wie du und ich.“

Lisbeth hörte mit großen Augen zu.

„Komisch!“ sagte sie. „Dir und mir geht es ganz gleich.“ Dann schob sie ihre kleine Hand vertrauensvoll in meine. „Aber, weißt du, Steffi – wir könnten doch so tun, als ob wir Mutter und Kind wären – so zum Spaß, weißt du?“

„Ja, das können wir“, sagte ich. „Und morgen früh können wir im Bett frühstücken – Eier und Marmelade und frische Semmeln und geröstetes Brot. – Wird das nicht fein?“

„Wie ich mich darauf freue!“ jubelte Lisbeth. Damit waren alle Schwierigkeiten überwunden. Lisbeth zog sich aus, legte ihre Kleidungsstücke ordentlich auf einen Stuhl und kroch dann, mit einem winzigen Trikothemdchen angetan, ins Bett.

Da wir ja nun Mutter und Kind spielten, durfte ich den Arm unter ihren Nacken schieben. Sie rollte sich wie ein zufriedenes Kätzchen mit dem Kopf auf meiner Schulter zusammen.

„Jetzt weiß Vater sicher, wo wir sind“, sagte Lisbeth.

„Sicher“, bestätigte ich. „Er muß unsere Botschaft längst erhalten haben.“

„Glaubst du, er war zuerst sehr erschrocken?“

„Das glaube ich nicht. Ich glaube, er hat sich sehr gefreut, einen Gruß von dir zu bekommen.“

„Und einen Brief von dir“, fügte Lisbeth hinzu. „Ich wünschte, ich könnte schreiben. Lesen kann ich – beinahe. Aber wie schön wäre es, wenn ich Vater von der Ferienkolonie Briefe schreiben könnte.“

„Freust du dich auf die Ferienkolonie?“

Lisbeth schüttelte energisch den Kopf.

„Nein.“

„Gefällt es dir da nicht?“

„Nein.“

„Sind die anderen nicht nett zu dir?“

„Doch. Sie sind sehr nett. Aber ich sehne mich so nach zu Hause. Ich denke immer nur an Vater. Und dann kenne ich da ja auch niemanden."

„Aber da sind doch so viele Kinder, mit denen du spielen kannst."

„Ja. Aber ich sehne mich doch nach zu Hause."

Lisbeth seufzte und legte sich besser zurecht.

„Du, Steffi! Als du klein warst, bist du da manchmal zu deinem Vater ins Bett gekrochen?"

Ich fühlte einen Stich im Herzen. Ich mußte an die vielen Sonntage denken, an denen ich des Morgens zu Vater ins Bett geschlüpft war und Zuckerstückchen und Kekse bekommen hatte, während er seinen Morgenkaffee trank. Ich hatte nicht die Absicht gehabt, Lisbeth das zu erzählen. Da sie aber fragte, wollte ich nicht lügen.

„Ach ja – das kam wohl vor", sagte ich. „Aber nur selten", fügte ich schnell hinzu.

„Dann war dein Vater anders als meiner. Ich glaube nicht, daß Vater es wollen würde", sagte Lisbeth ernst.

Unbegreiflich! Wo Georg dermaßen an dem Kind hing!

Plötzlich begann ich zu begreifen. Ich Dummkopf! Daß ich nicht schon früher auf diesen Gedanken gekommen war!

Georg war krank! Er schleppte irgendeine Krankheit mit sich herum und fürchtete, er könne Lisbeth anstecken.

Deshalb schliefen sie nicht im selben Zimmer, deshalb brachte er das Riesenopfer, Lisbeth dazu zu erziehen,

Zärtlichkeiten weder zu geben noch zu erwarten. Deshalb hatte Lisbeth es sich zur Gewohnheit gemacht, einem kräftig die Hand zu drücken, wo ein anderes Kind einem an den Hals geflogen wäre.

Es lief mir kalt über den Rücken. Georgs Handlungsweise war unverantwortlich! Er tat mir in tiefster Seele leid, aber es war ganz und gar nicht richtig, daß er Lisbeth bei sich wohnen ließ, wenn er wirklich an einer ansteckenden Krankheit litt.

Was mochte ihm nur fehlen?

Ich betrachtete das kleine Gesicht, das ich so liebgewonnen hatte. Lisbeth hatte die Augen geschlossen und die Hände gefaltet.

Vorsichtig strich ich ihr über das Haar. Da sah sie mich an.

„Störe mich nicht", sagte sie. „Ich bete das Abendgebet."

Ich mußte mit Georg reden. Er mußte zu einem Doktor gehen, und seine und Lisbeths Lebensweise mußte geändert werden. Lisbeth durfte nicht länger in der kleinen, düsteren Wohnung am Ostrand der Stadt bleiben. Und vor allem: Wenn Georg an einer ansteckenden Krankheit litt, mußte er das Opfer bringen, sich von Lisbeth zu trennen – mochte ihm darüber auch das Herz brechen . . .

Lisbeths Herz würde aber auch brechen.

Es war nicht leicht. Nein, wahrhaftig nicht!

Ich sann und sann. Was sollte ich tun? Ich brachte es nicht fertig, mit Georg zu sprechen – und es kam mir auch nicht zu – sofern nicht meine Liebe zu Lisbeth mir ein Recht dazu verlieh.

Aber eins konnte ich tun. Ich konnte früher, als ich es eigentlich beabsichtigt hatte, nach Geilo fahren, und ich konnte Lisbeth mitnehmen. Sie sollte nicht wieder in eine Ferienkolonie, sie sollte nicht in einem großen Saal mit den vielen fremden Kindern liegen und sich nach zu Hause sehnen – sie sollte im oberen Bett in der „blauen Kammer“ schlafen und Dickmilch und Grütze mit fetter Sahne essen – sie sollte Multbeeren pflücken, sie sollte mit mir auf den Forellenfang gehen, sie sollte auf die Sennalpe kommen und mit den Zicklein spielen – sie sollte dick und sonnenverbrannt und muskelstark werden.

Ich mußte versuchen, an Georg zu schreiben. Wenn man schwierige Dinge auf dem Herzen hat, ist es besser, die Sache schriftlich statt mündlich abzumachen. Morgen schon wollte ich alles in die Wege leiten. Ich wollte nach Geilo schreiben, daß ich vierzehn Tage früher kommen würde, als vereinbart war. Es mußte alles gründlich gesäubert und instand gesetzt und es mußte für Proviant gesorgt werden. Die Hütte gehörte einem Bekannten meines Vaters. Er brauchte sie nur zur Jagdzeit. Sonst stand sie mir gegen einen kleinen Jahresbeitrag ausschließlich zur Verfügung, und ich konnte in ihr schalten und walten, wie ich wollte. Diese Abmachung war für mich natürlich äußerst vorteilhaft, aber auch der Eigentümer der Hütte war zufrieden. „Auf diese Weise brauche ich nicht an Fremde zu vermieten und die

Gefahr auf mich zu nehmen, daß sie beschädigt wird", sagte er. Die wenigen Jahre, in denen ich meine Sommerferien in den Bergen verlebt hatte, waren hinreichend gewesen, um mir das Gefühl zu verleihen, als wäre ich eine Art Mitbesitzerin der kleinen Berghütte.

Wie immer, wollte ich natürlich auch diesmal Anne-Grete bei mir haben. Ich mußte sie daher fragen, wie sie es mit ihren Ferien einrichten könnte. Und vor allem mußte ich Georgs Einverständnis erwirken, daß ich Lisbeth mitnehmen dürfe. Georg selber konnte nachkommen ... aber nein, das ging nicht! – Ich mußte es ja gerade verhindern, daß Lisbeth mit ihm zusammen war: Puh! Das würde nicht ganz einfach sein!

„Du!" meldete sich plötzlich eine helle kleine Stimme an meiner Seite. „Er war nett, und ich finde, er sah auch gut aus."

Merkwürdigerweise brauchte ich Lisbeth nicht zu fragen, wen sie meine. Ich wußte sofort, daß sie von dem Reisebürochauffeur Heming Skar sprach. Gleich darauf hörte ich sie ruhig und gleichmäßig atmen. Ihr Kopf, der auf meiner Schulter ruhte, wurde schwerer.

Ich rührte mich nicht, um sie nicht zu stören. Die Stunden vergingen. Der Arm tat mir weh, aber es war ein süßer kleiner Schmerz. Es war ein schönes Gefühl, das Gewicht ihres kleinen Kopfes und die Wärme ihres kleinen Leibes zu spüren.

Erst gegen Morgen fand ich Schlaf. Und als ich endlich merkte, daß der Schlummer kam und verworrene, ungeordnete Bilder auftauchten, um sich im nächsten Augenblick in Träume zu verwandeln, da lösten sich zwei Gesichter aus dem Gewimmel, zwei offene, lächelnde Gesichter.

Das eine gehörte Lisbeth, das andere – Heming Skar.

Frühstück zu dritt

Ich hatte fürchterlich viel zu tun. Jeden Tag stand ich zeitig auf, saß schon vor neun Uhr am Schreibtisch und arbeitete – abgesehen von einem warmen Imbiß um eins – bis sechs Uhr durch. Ich hatte mir die Tageseinteilung meiner Kindheit nicht abgewöhnen können. Zwar hatte ich den Versuch gemacht, gegen drei zu Mittag zu essen, wie es in Norwegen üblich war, aber wenn sich die Zeit des Gabelfrühstücks näherte, war ich halb tot vor Hunger und hatte das Gefühl, daß ich unbedingt etwas Warmes in den Magen bekommen müsse. Ebenso konnte ich mich nicht damit abfinden, daß es zum Abendessen nichts weiter als Tee und belegte Brote geben sollte. Zum Glück war Erna sehr tüchtig. Sie verstand es meisterhaft, zum Gabelfrühstück höchst appetitliche kleine Sachen zu bereiten, die ganz herrlich schmeckten, wenn ich vier Stunden hintereinander gearbeitet hatte und wußte, daß ich ebenso viele Stunden noch vor mir hatte.

Ich mußte unbedingt fertig werden. Denn Georg hatte eingewilligt, daß Lisbeth mich ins Gebirge begleiten dürfe. Er hatte mir sogar überschwenglich und mit unsicherer Stimme gedankt. Der arme Georg! Er sah schrecklich elend aus. Ich hatte den Eindruck, daß er ganz froh war, eine Zeitlang allein sein zu können. Er schien sehr ruhebedürftig zu sein, und wenn er sich davon nichts anmerken ließ und ein lächelndes Gesicht zeigte, so tat er das sicher nur um Lisbeths willen.

Anne-Grete war es gelungen, ihre Ferien vorzuverlegen, so daß sie Mitte Juni ins Gebirge mitkommen konnte. Wenn ihre Zeit zu Ende war, wollte ich jemand anderen einladen. Ich wußte zwar noch nicht wen, aber ich wollte auf keinen Fall mit Lisbeth allein sein. Falls mir etwas zustoßen sollte, mußte unbedingt jemand dasein, der sich ihrer annahm.

Lisbeth freute sich so auf die Berge, daß sie abends gar nicht einschlafen konnte. Sie hatte eine Trägerhose, eine Strickjacke und Bergstiefel bekommen und fühlte sich als Millionärin.

Ich blieb jetzt ununterbrochen mit ihr in Verbindung. Alle Augenblicke fuhr ich mit dem Wagen schnell einmal hinüber, saß eine halbe Stunde bei Georg und Lisbeth und kehrte dann zu meinen nach frischer Druckerschwärze riechenden Korrekturbogen und zu meiner Schreibmaschine zurück. Und Lisbeth wollte tausendundeine Frage beantwortet haben.

„Wie lange fahren wir mit der Eisenbahn, Steffi?"

„Etwa fünf bis sechs Stunden."

„Fährt der Zug ganz auf die Berge hinauf?"

„Ja, er fährt ganz hinauf. Und wir essen während der Fahrt."

„Nehmen wir wieder einen solchen Korb mit wie auf der Fahrt nach Drammen?"

„O nein. Der Zug hat einen Speisewagen. Einer von den Wagen ist nämlich als Eßzimmer eingerichtet, weißt du? Mit lauter kleinen Tischen."

Lisbeths Gesicht strahlte. Es läßt sich nicht leugnen, daß sie ein kleiner Freßsack war.

„Und wir werden in einer kleinen Hütte wohnen?"

„Ja, in einer Berghütte. Mit einer kleinen Küche, zwei kleinen Kammern – einer blauen und einer roten – und einem Wohnzimmer mit einem Kamin."

„Wo werden wir schlafen?"

„Du und ich schlafen in der blauen Kammer, Anne-Grete in der roten."

Ich mußte Lisbeth erklären, wie weit es vom Bahnhof bis zur Hütte war, ich mußte ihr von der Alm erzählen, wo wir die Milch holten; sie wollte immer noch mehr wissen, und sie wurde es nicht müde, immer neue Fragen zu stellen.

Das Telefon läutete. Es war am Tag vor unserer Abreise.

„Steffi!" sagte Carl. „Kann ich morgen bei dir frühstücken?"

„Es tut mir schrecklich leid, Carl", erwiderte ich. „Aber es geht wirklich nicht. Ich fahre morgen in die Berge. Mein Zug geht schon um halb zehn."

„Und ich hatte mich schon so auf das Wiedersehen gefreut."

„Ich mich auch."

„Aber weißt du – mein Zug kommt schon um sieben an, und deiner fährt erst um halb zehn. Könnten wir nicht vielleicht doch zusammen frühstücken?"

Ich überlegte einen Augenblick. Es war eine dumme Sache. Was sollte ich tun? Ich hatte versprochen, Lisbeth um acht abzuholen, aber ...

„Ja, komm nur. Ich freue mich sehr."

„Ich muß nämlich ins Ausland und bleibe nur einen Tag in Oslo. Aber in vierzehn Tagen sehen wir uns in den Bergen."

„Fein!"

„Macht dir der Wagen Spaß?"

„Und ob! Es war furchtbar nett von dir, Carl, daß du ihn hiergelassen hast."

„Morgen nehme ich ihn nach dem Süden mit. Schönen Dank, daß ich kommen darf, Steffi. Ich sehne mich nach dir."

Mein Herz klopfte. Carls Stimme klang so weich und warm.

„Du, Steffi! Ich habe morgen etwas mit dir zu besprechen. Etwas Wichtiges. Kannst du erraten, was es ist?"

„Ich glaube, ich versuche es gar nicht erst."

Merkwürdig, wie wenig ich in der letzten Zeit an Carl gedacht hatte! Er war doch so nett und sympathisch und sah so gut aus! Ich war von meiner Arbeit und von Lisbeth und von den Reisevorbereitungen völlig in Anspruch genommen gewesen.

Aber jetzt freute ich mich unbändig auf das Frühstück

am nächsten Tag.

Erna und ich stellten ein „Herrenessen" zusammen. Dann fuhr ich zu Georg und Lisbeth und teilte ihnen mit, ich könnte Lisbeth nicht abholen. Georg solle sie in einem Taxi zu mir schicken.

Am nächsten Morgen war ich auf dem Bahnhof. Carls Gesicht strahlte, als er mich entdeckte. Morgenfrisch, sorgfältig rasiert und in tadellos gebügeltem Anzug kletterte er aus dem Zug. Er brachte es wirklich fertig, nach einer Nacht im Schlafwagen gepflegt auszusehen. Ich konnte mir Carl überhaupt gar nicht anders als gepflegt vorstellen.

„Wie lieb von dir, mich vom Bahnhof abzuholen!" sagte er, indem er mich in seine Arme schloß. Ich spürte den Duft feiner Toilettenseife und von Rasierwasser, in den sich eine schwache Andeutung von Tabakduft mischte. Und ich fühlte, wie seine glattrasierte Wange sich einen Augenblick an meine schmiegte.

„Steffi – ich habe soviel an dich gedacht!"

„Ich auch an dich!" Ich bemerkte, daß ich rot wurde.

Wir fuhren durch die morgenstille Stadt. Ich saß am Steuer. Carl stellte lächelnd fest, wieviel sicherer ich fuhr als das letztemal.

Bei mir zu Hause wartete Erna mit all den feinen Sachen, die ich am Vortage in den besten Geschäften der Stadt erstanden hatte. Das Ergebnis meiner Bemühungen konnte sich wirklich sehen lassen.

Carl blickte auf seine Uhr.

„Anderthalb Stunden kann ich dich für mich haben, Steffi. Ich muß diese Zeit ausnutzen. Ich habe in diesen Wochen immerzu an dich gedacht. Sieh mal, ich habe noch nie eine Frau wie dich getroffen. Nie eine, die so ganz wie für mich geschaffen wäre. Und nun habe ich nur einen Wunsch – aber ich habe noch nicht das Recht, ihn auszusprechen."

Ich sah wohl einigermaßen verständnislos aus. Carl reichte mir die Hand über den Tisch.

„Du mußt wissen, Steffi ...", seine Stimme klang gedämpft, „daß meine Scheidung leider noch immer nicht ganz in Ordnung ist. Es ist eine langwierige und verwickelte Angelegenheit. Aber in zwei Monaten läuft das dritte Trennungsjahr ab. Ich will dich nicht in eine schiefe Lage bringen. Ich will dich nur bitten, mich nicht zu vergessen – und mir zu erlauben, daß ich nach dem Sommer wieder zu dir kommen darf, um dann alles zu sagen, was ich heute nicht sagen kann."

Ich erwiderte seinen Händedruck.

Erst hinterher tauchten allerlei Fragen auf – aber da war Carl im Ausland und ich im Gebirge.

„Steffi", fuhr Carl nach einer kurzen Pause fort, „ich habe mir schon oft ausgemalt, wie wundervoll es doch wäre, wenn du mich auf einer solchen Reise, wie ich sie jetzt vor mir habe, begleiten würdest. Du siehst so gut aus, daß jeder Mann stolz sein kann, sich mit dir zusammen zu zeigen – du kannst auftreten, du kannst repräsentieren, du beherrschst mehrere Sprachen – du begehst nie eine Torheit, du hast alle Reize der Jugend und bist dennoch welterfahren – oh, Steffi . . .“

Er war aufgestanden, hatte den Arm um meine Schultern gelegt und sah mir in die Augen.

„Ich habe ein schönes Heim, Steffi, das darfst du mir glauben. Und ich weiß niemand, der so gut dazu paßt wie du. Wenn ich an den Sommerabenden auf der Terrasse saß, habe ich mir oft ausgemalt, du säßest neben mir – oder ich sah dich im Park spazierengehen, vielleicht von einem russischen Windhund begleitet – oder mit einem breitrandigen Gartenhut am Arm – oder ich stellte dich mir vor, wie du am oberen Ende einer Festtafel sitzt oder wie du mit meinen Bekannten und Geschäftsfreunden geistvolle Gespräche führst – Steffi, ich habe nur einen Wunsch – und noch nie habe ich mir etwas mit der gleichen Inbrunst gewünscht . . .“

Ich war geschmeichelt, erfreut, überrascht, verwirrt. Man hatte mir noch nie eine Liebeserklärung gemacht. Aber ich hatte doch das Gefühl, daß diese Liebeserklärung etwas ungewöhnlicher Art war. Spielten denn nur rein äußerliche Eigenschaften eine Rolle? Kam es denn lediglich auf das Aussehen, das Verhalten und das Auftreten an?

Aber ich war in diesem Augenblick nicht imstande, klar und vernünftig zu denken. Denn erstens wird die Urteilsfähigkeit bedeutend geschwächt, wenn man in den Gegenstand, den man beurteilen soll, verliebt ist – und zweitens war ich erst um ein Uhr ins Bett gekommen und um fünf schon wieder auf den Beinen gewesen, hatte gepackt, das Anrichten des Frühstücks überwacht und den Wagen geholt. – Ich brachte im gegenwärtigen Augenblick ganz einfach nicht die nötige Kraft auf, um auch noch mein Gehirn anzustrengen.

Carl beugte sich über mich. Ich schloß die Augen. Mein Herz klopfte.

Da läutete es an der Wohnungstür.

Wie ein Blitz war Carl wieder auf seinem Platz, hatte die Serviette über die Knie gebreitet, die Kaffeetasse in die Hand genommen und lächelte unbefangen.

„Ja, es ist jetzt wundervoll in den Bergen, das finde ich auch“, sagte Carl. „Aber der Herbst ist doch die schönste Jahreszeit.“

Ich fühlte ein leichtes Unbehagen über Carls märchenhafte Geistesgegenwart. Sie ließ auf langjährige Übung schließen. Überhaupt: Carl mochte tun, was er wollte, man hatte stets das Gefühl, daß er in dem, was er tat, Übung besaß.

„Noch etwas Kaviar?“ fragte ich. Da ging die Tür auf, und Lisbeth trat ein. Sie hatte die kornblumenblaue Trägerhose angezogen, eine rote Schultertasche umgehängt, eine rote Mütze auf den Kopf gesetzt und sah süßer aus denn je. Hinter ihr erschien Georg, hohlwangig und blaß und armselig angezogen – doppelt armselig neben Carls tadelloser Eleganz.

Carl mit lächelndem Munde und formvollendeter Höflichkeit war der Situation durchaus gewachsen. Georg war verwirrt, verlegen und unsicher. „Du mußt entschuldigen, Steffi, daß Lisbeth so früh kommt“, brachte er stotternd hervor. „Ich wollte nämlich nicht gern – ich mochte sie nicht so ganz allein herfahren lassen – verzeih, daß wir stören."

„Aber, Georg! Wie kannst du nur so reden!" sagte ich. Er tat mir so leid, daß ich hätte heulen können. „Hast du nicht einen Augenblick wenigstens Zeit? Willst du nicht Platz nehmen und eine Tasse Kaffee trinken?"

„Es ist sehr freundlich von dir, Steffi – aber ich muß mich beeilen. – Vielen Dank für alles – und passe gut auf Lisbeth auf."

„Ja, Georg, das verspreche ich dir", sagte ich. „Du weißt doch, wie ich Lisbeth liebhabe."

„Lebe wohl, Lisbeth!" sagte Georg und streckte seine Hand aus.

Lisbeth ergriff Georgs Hand und blickte ihn ernst an.

„Begleite deinen Vater an die Tür, Lisbeth!" sagte ich. Georg und Lisbeth gingen auf den Flur hinaus.

„Lisbeth Jensen ist meine jüngste Freundin", sagte ich erklärend. „Wir fahren zusammen auf zwei Monate in die Berge."

„Wie schön!" sagte Carl.

Wir wußten, daß man auf dem Flur jedes Wort hören konnte.

Da fiel die Wohnungstür ins Schloß. Lisbeth hatte trockene Augen, machte aber ein sehr ernstes Gesicht, als sie wieder ins Zimmer kam.

„Lisbeth, willst du Herrn Lövold guten Tag sagen?" sagte ich. „Ihm gehört das schöne Auto, weißt du? Daher müßtest du dich also eigentlich bei ihm für den Ausflug nach Drammen bedanken."

Lisbeth knickste höflich.

„Guten Tag!" sagte Carl und nahm die Hand, die sie ihm hinhielt.

„Wie alt bist du denn?"

„Sieben Jahre", sagte Lisbeth.

„Und in welche Klasse gehst du?"

„Ich komme erst im Herbst auf die Schule", sagte Lisbeth.

Carls Vorrat an Gesprächsthemen, die sich für Kinder eigneten, schien erschöpft. Ich kam ihm zu Hilfe. „Bitte Erna, daß sie einen Teller für dich bringt, Lisbeth. Dann bekommst du etwas Gutes zu essen." Lisbeth tat, wie ich ihr geheißen hatte. Sie saß still am Tisch, sagte „ja, danke" und „nein, danke", aß manierlich und benahm sich mustergültig.

Das Gespräch zwischen Carl und mir wollte nicht mehr richtig in Gang kommen. Plötzlich ging Carl auf das Englische über, das er fließend sprach. Lisbeth blickte ihn bei dem Klang der fremden Laute etwas verwundert an – und dann mich, als ich ihm in derselben Sprache antwortete.

Sie aß auf, was auf ihrem Teller war, legte ihre Serviette ordentlich zusammen und faltete einen Augenblick die Hände. Dann wartete sie, bis eine Pause in unserem Gespräch eintrat.

„Steffi, darf ich etwas zu Erna in die Küche gehen?"

„Aber gern, Mäuschen. In einer Viertelstunde müssen wir übrigens aufbrechen."

Lisbeth verschwand. Ich blickte ihr nach.

„Ist sie nicht süß, Carl?"

„Wie? Ach so. Ja. Sehr süß. Aber höre – ich hole dich in wenigen Wochen ab. Dann kommst du auf ein paar Tage zu mir in meine Berghütte. Einige Freunde von mir kommen auch. Ich möchte gern, daß du sie kennenlernst."

„Und Lisbeth? Ich habe doch eben erst versprochen, daß ich gut auf sie achtgeben werde."

„Deine Kusine wird doch wohl ein paar Tage auf sie achtgeben können. Aber weißt du, Steffi, wenn du den Zug noch erreichen willst, müssen wir gehen. Selbstverständlich bringe ich dich zum Bahnhof – das wäre ja auch noch schöner!"

Lisbeth saß auf der Küchenbank und unterhielt sich mit Erna. „... und er hatte zwei Schlösser. Sieh! Hier habe ich den Schlüssel ..."

Sie zeigte Erna einen kleinen Schlüssel, der an einer Schnur um ihren Hals hing. Neben ihr auf der Küchenbank stand ein winziger funkelnagelneuer Vulkanfiberkoffer.

„Ist das dein Koffer? Ganz allein deiner?" fragte Erna interessiert.

„Ganz allein meiner. Ich habe ihn gestern von Vater geschenkt bekommen. Ich habe auch eine Sonnenbrille und ..."

„Lisbeth, kleines Häschen – wir müssen jetzt gehen."

„Und ein Dolchmesser", rief Lisbeth Erna über die Schulter zu.

*

Anne-Grete wartete schon am Bahnhof. Sie und Lisbeth fanden sich sofort. Der neue Koffer, die Sonnenbrille und das Dolchmesser lieferten einen ergiebigen Gesprächsstoff. Natürlich mußten sie unbedingt ihre Dolchmesser vergleichen und eine der anderen Sonnenbrille aufprobieren.

Carl und ich nahmen indessen voneinander Abschied.

„Steffi – mein liebes Mädchen!“ flüsterte Carl mir ins Ohr, und ich spürte seine Lippen auf meiner Wange. „Zwei Monate sind Gott sei Dank keine Ewigkeit. Und außerdem sehen wir uns ja Anfang Juli.“

„Bitte einsteigen!“ rief der Schaffner.

„Bisher hat unser Zusammensein in der Hauptsache aus Abschiednehmen bestanden“, lachte Carl. „Aber warte nur! Das soll anders werden!“

Ich saß stumm in meiner Abteilecke. Ich hatte an so vieles zu denken.

Anne-Grete und Lisbeth plauderten vergnügt miteinander. Anne-Grete versuchte, Schweine zu zeichnen. Sie platzten beinahe vor Lachen über die merkwürdigen Tiere, die das Rütteln des Zuges hervorbrachte.

Anne-Grete lächelte zu mir hinüber.

„Sweet little girl“, sagte sie.

Ja, Lisbeth war süß. Wie freudig erregt sie war und voller Interesse für alles!

„War Herr Lövold nicht nett, Lisbeth?“ fragte ich.

„Nein“, antwortete Lisbeth.

Ich zuckte zusammen.

„Aber Lisbeth!“

„Er war dumm", sagte Lisbeth.

„So etwas darfst du nicht sagen, Lisbeth!"

„Wenn du mich fragst? Soll ich denn sagen, er war nett? Das wäre doch eine Lüge."

„Aber Lisbeth! – Er hat uns doch seinen Wagen geliehen und alles . . ."

„Er war dumm!" wiederholte Lisbeth.

Der Tonfall erlaubte keine Widersprüche.

Glückliche Urlaubstage

„Steffi! Steffi! Perle und Graubein sind ins Haus gekommen! Und Perle hat dein Rad umgeworfen!"

Mit heißem, sonnenverbranntem Gesicht und wirrem Haar stand Lisbeth in der Tür. Sie hatte ihre Haarschleife verloren – eine feine, buntkarierte Schleife, die ich in Geilo gekauft hatte – und war unbeschreiblich dreckig.

Sie keuchte vom schnellen Laufen, hatte einen schwarzen Strich mitten auf der Nase, und der Ärmel ihrer kleinen Hemdbluse war aufgerissen. Kurz: sie sah kerngesund aus.

Ich sprang von der Schreibmaschine auf und jagte die beiden Zicklein aus dem Hause. Sie gehörten auf die fünf Minuten entfernte Alm; aber sie fanden stets und ständig den Weg zu uns. Vielleicht kam es daher, weil Lisbeth ihnen allerlei Leckerbissen zuzustecken pflegte. Aber die Tiere waren so allerliebst und drollig, daß keiner von uns es fertigbrachte, ihnen böse zu sein.

„Du, Lisbeth, wo ist dein Taschentuch?"

Verzweifeltes Suchen in allen Taschen. Endlich brachte sie einen kleinen, zerknüllten, nassen, kohlschwarzen Lappen zum Vorschein.

„Du bist ein Ferkel, Lisbeth! Marsch! In die Kammer mit dir! Und hole dir ein sauberes Tuch! Wasch auch gleich deine Hände – und betrachte dich einmal im Spiegel!"

Lisbeth trabte gleichmütig in die blaue Kammer. Schon bald kam sie zurück – zwar um eine Kleinigkeit sauberer, aber ebenso zerzaust.

„Wo ist deine Haarschleife, Lisbeth?"

Sie machte ein schuldbewußtes Gesicht.

„Das weiß ich nicht. Ich fürchte, ich habe sie verloren."

„Wie bist du doch liederlich, Lisbeth!" Ich mußte lächeln, als ich daran dachte, daß dieses schmutzige, laute, fröhliche, braune Ding das blasse, versonnene, ernsthafte kleine Mädchen war, das ich vor zwei Monaten kennengelernt hatte.

„Kann ich nicht ohne Haarschleife gehen, Steffi?"

„Es wird dir wohl nichts anderes übrigbleiben, wenn du sie verloren hast. Geh und hole deinen Kamm! Ich will versuchen, dich soweit herzurichten, daß du wieder menschlich aussiehst, du – Elsternnest!"

„Du, Steffi!" fragte Lisbeth, als sie mit dem Kamm zurückkam. „Was ist denn das – ein Elsternnest?"

„Ein Nest, in dem Elstern wohnen", antwortete ich. „Das pflegt ziemlich zerzaust auszusehen. Aber nun halte still, Lisbeth, damit ich dir einen Scheitel ziehen kann. So geht es wieder einigermaßen. – Was willst du jetzt machen?"

„Ich weiß nicht recht. Was machst du?"

„Ich radle nach Geilo und bringe Briefe auf die Post."

„Darf ich mit?"

„Meinetwegen. Aber dann mußt du dich erst umziehen, du kleines Ferkel."

Lisbeth lachte immer begeistert, wenn ich sie ausschalt. Ich nannte sie abwechselnd kleines Ferkel, Wildfang und Räuberprinzessin.

Wenige Minuten später saß sie rittlings auf einem Kissen auf dem Gepäckträger und hielt sich an mir fest. Dann ging es in sausender Fahrt nach Geilo hinunter. Lisbeth hatte mit allen Geschäftsleuten des Ortes dicke Freundschaft geschlossen. Sie hatte die Schwäche, gern in Läden zu gehen, und ich hatte die Schwäche, sie in Läden gehen zu lassen. Die Folge davon war, daß Schokolade und Obst für sie zu selbstverständlichen Bestandteilen des täglichen Speisezettels geworden waren. Sie wurde schrecklich verwöhnt und verzogen. Bisher hatte es ihr glücklicherweise nicht geschadet. Hinter ihrem veränderten Äußeren und ihrem neuen, unbefangenen Wesen war sie das gute kleine Ding geblieben, als das ich sie liebgewonnen hatte; und ich gewann sie von Tag zu Tag lieber.

Lisbeth holte Sahne von der Alm und studierte dort die Geheimnisse der Käsebereitung. Lisbeth pflückte Blumen, machte Besorgungen und holte die Post. Mindestens jeden zweiten Tag kam Nachricht von Georg. Er schrieb mit großen Druckbuchstaben, damit Lisbeth die Briefe selber lesen könne. Und am Abend schrieb Lisbeth an ihn. Anne-Grete erwies sich als vorzügliche Pädagogin. Im Laufe weniger Tage hatte sie Lisbeth so viel beigebracht, daß sie schreiben konnte: „liber Vater wir haben es gut und Steffi und ich rahdeln nach geilo ich krieche jeden Tag schokolade wir haben zwei ziegen die heißen perle und graubein aber ich sene mich nach dir herzlichen gruß deine lisbeth."

Wir hatten eine herrliche Zeit – Anne-Grete, Lisbeth und ich. Wir machten bald zu Fuß, bald mit dem Rad kleine Ausflüge, und jedesmal fragte Lisbeth, ob wir nicht bald mit dem Beerenpflücken beginnen würden. Ich erklärte ihr immer aufs neue, wir würden sicher Beeren pflücken, aber sie müsse sich noch einen Monat gedulden, bis die Beeren reif wären.

Lisbeth pflückte Beeren. Aber bis es soweit war, sollte noch vieles geschehen.

Wenn Lisbeth gewaschen und zu Bett gebracht war, hatten Anne-Grete und ich unsere Plauderstunde am Kamin. Oft sagten wir zueinander: „Nur hier in der Berghütte sind wir wirklich Menschen; in der Stadt haben wir keine Zeit dazu."

In diesen Abendstunden öffneten sich unsere Herzen. Anne-Grete ist so klug und vernünftig und praktisch. Sie steht mit beiden Füßen auf der Erde. Das einfache, glückliche Heim, in dem sie aufgewachsen war, schenkte ihr die Gemütsruhe und das seelische Gleichgewicht, das meine ruhelose Kindheit mir nicht hatte geben können.

„Erzähle mir jetzt von Carl Lövold!" sagte Anne-Grete eines Abends. Im Kamin brannte ein tüchtiges Feuer, und auf dem Tisch zwischen uns stand eine ansehnliche Schachtel mit Konfekt, die Carl mir geschenkt hatte. „Willst du ihn heiraten? Oder wie denkst du dir die Sache?"

„Ich weiß es nicht", sagte ich. „Seiner Scheidung scheint irgend etwas im Wege zu stehen. Es wird noch einige Zeit dauern, bis es soweit ist. Er meinte, es wäre eine langwierige und verwickelte Angelegenheit."

„Soso", sagte Anne-Grete. „Das ist merkwürdig. Ich finde, offen gestanden, daß es bei den jetzt geltenden Gesetzen anständigen Menschen sehr leicht gemacht wird, sich scheiden zu lassen. Das geschieht auf eine so rücksichtsvolle und vornehme Art . . ."

„Ja – ich weiß nicht, woran es liegt", sagte ich. „Soviel mir bekannt ist, lebt Carl schon ziemlich lange von seiner Frau getrennt. Vielleicht dreht es sich um Geld."

„Puh!" sagte Anne-Grete. „Kannst du dir etwas Ekelhafteres denken, als daß zwei Menschen, die zusammengelebt haben – zwei Menschen, die einer des anderen verborgenste Geheimnisse und kleinste Schwächen kennen – zwei Menschen, die vielleicht Kinder haben –, daß die sich eines Tages Rechtsanwälte auf den Hals hetzen und sich um Geld zanken? Puh! Ist das widerwärtig!"

„Aber liebe Anne-Grete! Ich ahne doch gar nicht, ob Geld bei Carl und seiner Frau überhaupt eine Rolle spielt!“ sagte ich. „Vielleicht stehen ganz andere Dinge der Scheidung im Wege.“

„Das ist natürlich möglich. Da er allem Anschein nach sehr reich ist, sollte man denken, daß wirtschaftliche Schwierigkeiten kaum eine Rolle spielen können. Jaja, Steffi – es ist ja nicht meine Sache –, aber überlege dir, was du tust, bevor du ja sagst. Die Heirat ist immer eine Art Lotterie, und ganz besonders vorsichtig muß man sein, wenn der betreffende Mann schon einmal verheiratet war. Ist er mit der einen Ehe nicht fertig geworden, dann kann man kaum mit Sicherheit darauf rechnen, daß es ihm bei der zweiten besser ergeht.“

„Aber ...“, ich dachte an das, was Carl zu mir damals beim Frühstück gesagt hatte. „Aber wenn er nun das Gefühl hat, daß ich die Frau bin, die zu ihm paßt – die für ihn geschaffen ist?“

„Tja“, sagte Anne-Grete. „Dann kommt es nur noch darauf an, wieweit *er* für *dich* geschaffen ist. Betrachte die Sache einmal nüchtern, Steffi. Verliere nicht den Kopf, weil er gut aussieht, weil er sich zu benehmen weiß, weil er reich ist und weil er ein einnehmendes Wesen hat. Ist er wirklich für dich geschaffen? Habt ihr die gleichen Interessen? Glaubst du, er wird nett zu dir sein? Ist er es wert, daß du um seinetwillen in eine andere Stadt ziehst, dich sozusagen mit der Wurzel aus dem Erdboden ausreißen und in eine ganz neue Umgebung verpflanzen läßt? Ich möchte nicht garstig sein – du weißt, daß ich dir alles Gute von der Welt gönne ...“

„Ja, Anne-Grete, das weiß ich. Aber sage mir: Wie steht

es denn mit dir selber? Bist du deiner so völlig sicher?"

„Ich?" sagte Anne-Grete. „Ich weiß nur eins: Wenn Knut wegen Mordes verurteilt würde und hingerichtet werden sollte, dann würde ich meinen Kopf neben seinen auf den Richtblock legen. Ich weiß, daß der Herrgott mich für Knut bestimmt hat, daß ich den wundervollsten Mann auf der Welt bekommen soll – und oft muß ich mich in den Arm kneifen, um mich zu vergewissern, daß ich nicht etwa träume, daß Knut wirklich existiert und daß er mein ist ... Steffi! Ich bin der glücklichste Mensch auf Erden!"

Ich blickte Anne-Grete sinnend an. Sie ist nicht gerade schön – sie hat etwas unregelmäßige Züge und einen zu großen Mund – und ihr Haar hat eine merkwürdige Farbe – so zwischen braun und aschblond –, aber in diesem Augenblick war sie schön.

Ich seufzte.

„Ich bin so unsicher, Anne-Grete, nicht nur, was meine Gefühle, sondern auch was meine Arbeit betrifft."

„Deine Arbeit? Aber Steffi, ich glaube, auf *dem* Gebiet gäbe es für dich keine Unsicherheit."

Ich holte tief Luft – und dann erzählte ich Anne-Grete von den Wissenslücken, die ich fast jeden Tag entdeckte und die meine Arbeit so sehr erschwerten.

Anne-Grete dachte einen Augenblick angestrengt nach. Dann sagte sie: „Höre, Steffi. Dagegen mußt du etwas tun. Du mußt etwas lernen, und zwar solange du noch jung bist und dein Gedächtnis seine Aufnahmefähigkeit noch nicht verloren hat. Du hast doch das

Mittelschulexamen. Lehne alle Arbeit ab außer der für Rambech. Du verdienst dann immer noch genug zu deinen Zinsen hinzu. Melde dich zu einem Vorbereitungskursus auf das Abiturientenexamen. Bei deinen Sprachkenntnissen wirst du es sicher leicht schaffen. Und hast du erst das Abitur, dann sehen wir weiter."

„Glaubst du wirklich, Anne-Grete, ich könnte es schaffen?"

„Selbstverständlich. Denke doch nur daran, wie viele junge Menschen sich die größten Entbehrungen auferlegen müssen, um ihr Ziel zu erreichen – wie sie mittags kaum etwas Richtiges in den Magen bekommen und dabei büffeln und büffeln und büffeln! Du hast eine gemütliche Wohnung, hast eine Hausgehilfin und feste Einnahmen. – Du verdienst ja Prügel, wenn du nicht jede Gelegenheit wahrnimmst, um etwas Ordentliches zu lernen!"

Was Anne-Grete da sagte, hatte ich selber auch schon bei mir gedacht. Aber ich hatte mit diesem Gedanken nur gespielt, ohne ernsthaft zu glauben, daß er sich je würde verwirklichen lassen. Nun rückte er plötzlich in den Bereich des Möglichen!

„Du bist eine Perle, Anne-Grete", sagte ich.

„Eine schläfrige Perle", erwiderte sie. „Es ist halb zwölf, und morgen bin *ich* an der Reihe, das Frühstück zu bereiten. Wollen wir in unsere Kojen kriechen?"

Als ich im Bett lag, überdachte ich noch einmal, was Anne-Grete gesagt hatte – sowohl über den Vorbereitungskursus als auch über Carl.

Über eines war ich mir klar: Wenn Carl geköpft werden sollte, hatte ich nicht die geringste Neigung, meinen Kopf neben seinen auf den Richtblock zu legen.

Ich hörte Lisbeths ruhiges, gleichmäßiges Atmen in der Bettstelle über mir.

Ein Telegramm aus Oslo

Lisbeth und ich waren mit einer sehr wichtigen Arbeit beschäftigt. Wir säuberten die Holznäpfe, in denen wir die Milch aufsetzten.

Unseren Arbeitsplatz hatten wir, ein Stück von der Hütte entfernt, am Bachufer aufgeschlagen. Wir scheuerten und schrubbten mit Bürste und Sand und spülten und planschten und hatten einen riesigen Spaß.

Schließlich stellten wir die Näpfe in Reih und Glied auf, um sie in der Sonne trocknen zu lassen, und streckten den Rücken gerade.

„Wir haben tüchtig geschafft, Lisbeth."

Lisbeth betrachtete mich und lachte.

„Heute bist du ein kleines Ferkel und eine Zigeunerprinzessin, Steffi! Du hast Sand auf der Nase, und auf dem Bauch bist du ganz naß, und dein Haar ist so wild, daß es sich gar nicht beschreiben läßt."

„Willst du mich ausschelten, du freches Gör?"

„Ja, das will ich."

„Nimm dich in acht!"

„Nimm du dich selber in acht! – Kleines Ferkel! – Zigeunerprinzessin! – Kleines Ferkel!"

Lisbeth lief davon und ich hinter ihr her. Sie japste nach Luft vor lauter Lachen.

Als ich sie endlich eingeholt hatte, gab ich ihr einen sanften Klaps auf den Hintern und schwang sie hoch in die Luft.

„Du, Lisbeth!" sagte ich, als ich sie wieder auf den Boden gestellt hatte. „Es ist eigentlich schade, daß du mich gar nicht leiden kannst!"

„Ja. Das ist mächtig traurig."

„Und ich habe dich nicht die Spur lieb."

„Ich dich auch nicht!"

„Du mußt ja auch bei uns hungern und wirst den ganzen Tag gequält."

„Ja. Ihr schlagt und mißhandelt mich immerzu – und niemand ist hier nett zu mir – und ich bekomme nie etwas Gutes zu essen ... Du, Steffi! Was hast du da in der Tasche?"

„Rühr mich nicht an, du böses Ding!"

„Ist es Schokolade, Steffi?"

„Weg mit den Fingern, sage ich!"

„Ha! – Jetzt habe ich sie doch erwischt! – Hmmmm! Das ist Milchschokolade! – Wollen wir teilen, Steffi?"

Nichts machte Lisbeth soviel Spaß wie unser kleiner Wortwechsel: „Ich habe dich nicht lieb!" und „Ich dich auch nicht!"

Ich hob Lisbeth hoch und stellte sie schnell wieder

hin. „Puh, Lisbeth! Bist du schwer geworden! Ich kann dich kaum noch hochheben, und die Arme tun mir dabei weh!"

„Das ist doch nicht weiter merkwürdig. Denk bloß an all die Sahne, die ich bekomme!"

„Ich glaube, Vater erkennt dich gar nicht wieder, wenn du ankommst. Vielleicht wird er dich ansprechen und zu dir sagen: ‚Entschuldigen Sie, mein Fräulein – haben Sie vielleicht zufällig ein soooo kleines Mädchen gesehen? Es ist ganz blaß und mager und heißt Lisbeth.'"

Lisbeth lachte hellauf.

„Er hat doch so viele Bilder von mir bekommen – darauf kann er doch sehen, wie dick ich geworden bin! Glaubst du, er wird sich über das große Bild mit Perle und Graubein freuen?"

Unter den mannigfaltigen Aufnahmen, die ich in diesen Wochen von Lisbeth gemacht habe, war eine ganz besonders gut gelungen: die, auf der Lisbeth die Zicklein fütterte. Ich hatte das Bild vergrößern lassen und am vergangenen Tag Georg geschickt.

Anne-Grete kam mit dem Rad von Geilo zurück.

„Hallo, Anne-Grete!"

Sie winkte, aber ich merkte ihrem Gesicht an, daß etwas geschehen sein mußte.

„War ein Brief von Vater da?" fragte Lisbeth.

„Heute nicht", antwortete Anne-Grete. „Aber sieh ... hier ist die neue Illustrierte zum Ansehen und ein frischer Wecken für dich. – Steffi, kommst du einen Augenblick ins Haus?"

Ich bekam Angst. Es mußte etwas sehr Schlimmes passiert sein.

„Hier ist ein Telegramm, Steffi. Ich habe es geöffnet. Aber lies es selbst!"

Es war zwischen Anne-Grete und mir abgemacht worden, daß wir nicht nur alle Pakete in Empfang nahmen und Wertsendungen quittierten, sondern daß auch die eine der anderen Telegramme öffnete.

Ich las das Telegramm, das Anne-Grete mitgebracht hatte. Es war lang. Ich atmete schwer. Las es noch einmal. Es war kein Zweifel möglich.

Georg hatte einen Blutsturz gehabt und war in ein Osloer Krankenhaus eingeliefert worden. Er wollte durchaus mit mir sprechen. Wenn ich nicht sofort hinfuhr, konnte es leicht zu spät sein.

Ich blickte auf meine Uhr. In einer Stunde ging ein Zug. Ich brauchte zwanzig Minuten, um zum Bahnhof zu radeln.

Anne-Grete sprach mit Lisbeth. Später erfuhr ich, daß sie gesagt hatte, Steffi, die Ärmste, müsse auf ein paar Tage in die Stadt, weil ihr Verleger mit ihr über eine Arbeit sprechen wolle. Es wäre zu dumm, aber ich würde bald wiederkommen.

„Grüße Vater!" rief Lisbeth mir nach.

Am selben Abend war ich in Oslo.

Weißes Krankenzimmer. Blaue Wände. Krankenhausgeruch. Ein ernst aussehender Arzt, eine lautlose, flinke, geübte Krankenschwester.

„Er darf nicht sprechen", sagte die Krankenschwester.

„Sie müssen sehr vorsichtig sein und dürfen nicht zu lange bei ihm bleiben."

„Hören Sie, Schwester", sagte ich. „Er weiß aller Wahrscheinlichkeit nach, daß er sterben muß. Seine kleine Tochter ist bei mir. Können Sie es nicht verstehen, daß er mit mir sprechen *muß* und daß nichts auf der Welt ihn daran hindern kann?"

„Ja", sagte die Krankenschwester. „Aber der Doktor hat streng befohlen . . ."

„Lassen Sie mich nur mit ihm allein", sagte ich. „Ich übernehme die Verantwortung."

Blaß und mit hohlen Wangen lag Georg im Bett. Er versuchte zu lächeln, als ich in das Krankenzimmer trat.

„Ich danke dir, Steffi, daß du gekommen bist."

Ich setzte mich an das Bett.

„Georg, du darfst nicht sprechen. Aber ich weiß, daß du mir etwas zu sagen hast. Flüstere nur ganz leise, damit du dich nicht überanstrengst!"

Er tastete nach meiner Hand. Ich drückte seine. Und dann begann er mir flüsternd zu sagen, was er auf dem Herzen hatte. Noch nie hatte ich ihn so ruhig, so entschlossen gesehen, noch nie hatte ich ihn sich so einfach und ohne Umschweife ausdrücken hören wie jetzt, da er so leise flüsterte, daß ich mich aufs äußerste anstrengen mußte, um ihn zu verstehen.

„Ich weiß, daß ich sterben muß", sagte Georg. „Ich habe schon seit langem gewußt, daß es so kommen würde. Aber ich hatte geglaubt, ich würde es noch etwas länger – ein paar Jahre noch – machen können. Steffi –

willst du an Lisbeths Großmutter schreiben? – Du mußt meine Schlüssel an dich nehmen. – In der Schatulle im Wohnzimmer findest du Lisbeths Sparkassenbuch – sie besitzt zweitausend Kronen – frage Lisbeths Großmutter, ob sie das Kind zu sich nehmen will – sie ist ja die Mutter von Lisbeths Mutter ..." In Georgs unruhig flackernden Augen stand eine große Angst.

„Höre mich, Georg!" sagte ich; und ich bemühte mich, ganz ruhig und schlicht zu sprechen, obwohl mir das Weinen im Halse saß. Ich hatte schon einmal an einem Sterbebett gesessen. An dem meines Vaters. Aber er war bewußtlos gewesen. Dies hier war etwas anderes, und irgendwie war es viel schlimmer.

„Georg, du brauchst keine Angst zu haben. Vergiß nicht, daß ich Lisbeth sehr liebhabe. Ich lasse sie nicht im Stich. Entweder bleibt sie bei mir, oder sie kommt zu ihrer Großmutter. Auf jeden Fall soll sie es gut haben, das verspreche ich dir. Ich werde sie nie aus den Augen verlieren, und solange ich gesund bin und arbeiten kann, soll es Lisbeth an nichts fehlen. Darauf gebe ich dir mein Wort, Georg."

Zwei helle Tränen liefen Georg über die Wangen, und er drückte mir die Hand.

„Gott segne dich, Steffi!" flüsterte er.

Da war es um meine Fassung geschehen. Ich weinte hemmungslos. Georg sagte nichts. Als ich mich endlich wieder soweit in der Gewalt hatte, daß ich aufblicken konnte, merkte ich, daß er still in seinem Bett lag und mich mit einem ruhigen, sanften, schönen Blick ansah.

„Du hast mir mehr Gutes erwiesen als irgendein anderer Mensch, Steffi“, flüsterte er. „Seit vielen Jahren war ich nicht so glücklich, wie ich es jetzt bin.“

Seine ganze Kraft war verbraucht. Er vermochte kaum noch zu flüstern. Ich stand leise auf und ging hinaus.

„Wie lange wird es noch dauern, Herr Doktor?“ fragte ich den Arzt.

„Vielleicht ein paar Tage noch. Es ist mir völlig unbegreiflich, wie er mit einer so weit vorgeschrittenen Tuberkulose hat herumlaufen können. Er hatte über neununddreißig Grad Fieber. Im Geschäft bekam er einen Blutsturz und wurde hierhergebracht. Hat er noch andere Familienangehörige außer Ihnen?“

„Er hat eine kleine Tochter. Ich bin nur entfernt mit ihm verwandt. Darf ich morgen früh wiederkommen?“

„Ja. Kommen Sie nur.“

Ich sah die Krankenschwester in Georgs Zimmer gehen. Er hatte ständig jemand bei sich.

Zum Schlafen kam ich in dieser Nacht nicht viel. Ich nahm ein Taxi und fuhr zu Georgs Wohnung. Alles war unaufgeräumt und mit Staub bedeckt. Auf dem Küchenherd stand gebrauchtes Eßgeschirr, und das Bett war nicht gemacht.

Ich brauchte die halbe Nacht dazu, um aufzuräumen und rein zu machen. Als ich damit fertig war, schloß ich die Schatulle auf, entnahm ihr Lisbeths Sparkassenbuch, ein Notizbuch mit Adressen und Abrechnungen, einen Briefumschlag mit Fotografien und ein paar andere

Dinge, die ich nicht in fremde Hände gelangen lassen wollte.

Erst in den frühen Morgenstunden war ich in meiner eigenen leeren, ungemütlichen Wohnung. Ich legte mich ins Bett und schlief ein paar Stunden.

Um neun Uhr in der Frühe war ich wieder im Krankenhaus. Georg war einigermaßen ausgeruht, aber sehr schwach. Ich durfte eine Stunde an seinem Bett sitzen. Das leise Flüstergespräch, das wir hatten, gehört zu meinen schönsten Erinnerungen.

Am Nachmittag wurde aus dem Krankenhaus bei mir angerufen.

Es war vorüber.

Vater und Tochter

Ich saß wieder im Zug. Genau vor einer Woche war ich in der umgekehrten Richtung gefahren.

Ich war schrecklich müde. Und doch: alles was ich in dieser Woche durchgemacht hatte, war rein gar nichts im Vergleich zu dem, was mir jetzt bevorstand.

Ich hatte mit Anne-Grete telefoniert. Wir waren uns darin einig gewesen, daß Lisbeth das Begräbnis erspart werden sollte. Sie sollte nichts erfahren, ehe ich wieder da war. Ich war der einzige Mensch, der es ihr sagen konnte.

Ich schloß die Augen und lehnte mich zurück. Glücklicherweise war ich allein im Abteil. Nichts störte mich.

Meine beiden Unterredungen mit Georg – die Aufzeichnungen in dem kleinen Notizbuch – die Abrechnungen – Lisbeths Sparkassenbuch – und der Einblick, den ich in Georgs und Lisbeths Zusammenleben hatte tun können –, das alles vermittelte mir ein klares und lebendiges Bild von Georg – dem stillen, verschlossenen, bleichen Georg, an den niemand richtig hatte herankommen können.

Er hatte eine kurze, aber glückliche Ehe gehabt. Nach knapp einem Jahr war Lisbeth geboren worden, und zwei Monate später war Lisbeths Mutter gestorben. Eine kurze Zeit wohnte Georgs Schwiegermutter bei ihm. Sie sorgte für Lisbeth und half im Haushalt. Dann hatte sie zu ihren Pflichten zurückkehren müssen. Sie war Witwe und ernährte sich und ihre Tochter ziemlich kümmerlich mit Hilfe des kleinen Fremdenheimes, das sie in einer Stadt in Nordnorwegen nach dem Tod ihres Mannes aufgemacht hatte.

Georgs ganzes Dasein wurde fortan dadurch bestimmt, daß er Lisbeths Vater war. Er stand sehr zeitig auf, wusch die Windeln, kochte Brei für Lisbeth, wusch und fütterte sie und brachte sie schließlich in den Kindergarten. Nach Geschäftsschluß holte er sie wieder ab, kochte wieder für sie, wusch wieder die Windeln, bereitete für sich selber Essen, säuberte den Fußboden, wischte Staub, räumte auf, wusch ab – der Tag verging, und erst tief in der Nacht war er fertig. Dann sank er todmüde ins Bett und schlief – so gut es eben ging. Denn Lisbeth hatte Leibschmerzen, und Lisbeth bekam Zähne. Um halb sechs am nächsten Morgen mußte er bereits auf den Beinen sein, und alles fing von vorne an.

Lisbeth war ein paar Jahre alt, als Georg merkte, daß er krank war.

Er hatte Fieber und Schwindelanfälle und einen lästigen, kratzenden Hustenreiz – es war kein richtiger, ehrlicher Husten, sondern ein trockenes, quälendes Hüsteln. Er verlor an Gewicht, wurde knochig und mager, und seine Augen bekamen einen krankhaften Glanz.

Er nahm sich mächtig zusammen. Er zwang sich zum Essen, er nahm Tran, aß Obst, trank Milch, er schlief bei offenem Fenster, er studierte Zeitschriften und Broschüren über gesunde Lebensführung.

Er siedelte aus dem Schlafzimmer ins Wohnzimmer über und schlief auf dem Diwan. Als Lisbeth anfing, die kleinen Arme nach ihm auszustrecken, gewöhnte er sie daran, ihm die Hand zu drücken, anstatt ihn zu umarmen. Er wußte, daß der Auswurf eine starke Ansteckungsgefahr bedeutet. Aber Georg spuckte und hustete nicht. Er benutzte Papiertaschentücher, die er hinterher verbrannte. Er wusch sich unzählige Male im Laufe des Tages die Hände, und er gewöhnte Lisbeth an eine peinlich durchgeführte Reinlichkeit.

Hin und wieder fühlte er sich besser und fing dann an zu hoffen, es wäre alles gar nicht so schlimm. Aber dann kamen wieder Zeiten, in denen er schwere Rückfälle erlitt – Wochen voller Fieber und Erschöpfung. Wochen, in denen er nachts in kaltem Schweiß lag und tagsüber nichts zu essen vermochte.

Zu alledem kamen die kümmerlichen wirtschaftlichen Verhältnisse. Er verdiente nicht einmal besonders schlecht, aber er brachte jeden Monat größere Beträge für Lisbeth auf die Sparkasse. Hier hielt ich nun Lisbeths Sparkassenbuch in der Hand. Am Ersten und Fünfzehnten jeden Monats war Geld eingezahlt worden. Viel Geld in Anbetracht der Verhältnisse, in denen Georg lebte. Er sorgte dafür, daß Lisbeth, wenn auch einfach, so doch ordentlich gekleidet war. Was allerdings sein eigenes Aussehen betraf, so wurde er nach und nach gleichgültig.

Er und Lisbeth lebten ganz für sich. Er hatte einfach nicht die Zeit dazu, irgendwelchen Verkehr zu pflegen. Lisbeth war sein einziger Umgang. Abend für Abend plauderte er mit ihr, und er freute sich jedesmal, wenn sie ein neues Wort erlernt hatte oder wenn er einen Fortschritt, eine Veränderung an ihr wahrnahm.

Sie war ungewöhnlich frühreif. Georg sprach mit ihr wie mit einem Erwachsenen. Und sie hörte aufmerksam zu, die klugen, blanken, braunen Augen auf ihn gerichtet.

„Du mußt das richtig verstehen, Lisbeth", sagte Georg etwa zu ihr. „Ich würde dir schrecklich gern zu Weihnachten ein großes Geschenk kaufen, aber ich habe nicht das Geld dazu. Und wenn ich all mein Geld hernähme und gäbe es für ein Geschenk aus, dann hätten wir nichts mehr, wofür wir uns Essen kaufen könnten."

Das war klar und einleuchtend. Es war eine Tatsache, der man sich zu fügen hatte. Lisbeth wurde dadurch in keiner Weise verbittert.

Ganz selten einmal holte Georg seine Geige hervor und spielte auf ihr. Dann saß Lisbeth mäuschenstill auf ihrem Stuhl und lauschte aufmerksam. Sie liebte Musik. Auch darin glich sie ihrem Vater.

Und die Jahre vergingen.

Georg wurde es manchmal eiskalt vor Angst. Was sollte aus dem kleinen Wesen werden, wenn er nicht mehr lebte? Sie hatte niemanden auf der Welt – außer einer alten Großmutter, die schwer kämpfen mußte, um existieren zu können. Die Großmutter konnte sich nur dann Lisbeths richtig annehmen, wenn für ihren Unterhalt bezahlt wurde.

Und Georg brachte noch mehr Geld auf die Sparkasse und gönnte sich selber noch weniger als zuvor.

Am Morgen des Tages, an dem er starb, machte Georg mir ein Geständnis. Seitdem ich erklärt hatte, ich werde Lisbeth mit mir in die Berge nehmen, hatte er die Lösung geahnt. Ich lebte in guten Verhältnissen, war jung und hatte Lisbeth lieb. Vielleicht konnte es Lisbeth erspart bleiben, daß sie zu ihrer Großmutter mußte.

Ja. Es sollte ihr erspart bleiben!

Ich hatte in den Tagen, die auf Georgs Tod folgten, allerlei geschafft. Ich hatte die Wohnung gekündigt, die Möbel eingelagert, Lisbeths Kleider zu mir gebracht und ihre Großmutter in einem langen Brief von allem unterrichtet.

Dann war Georg begraben worden. Es war ein einsames, trauriges Begräbnis gewesen. Außer mir hatten ihm nur ein paar Kollegen aus seinem Geschäft die letzte

Ehre gegeben. Schließlich war ich auf dem Gericht gewesen, hatte geredet, erklärt und bezahlt, was zu bezahlen war.

Ich war todmüde.

Aber mitten in aller meiner Müdigkeit spürte ich ein heißes Glücksgefühl: Lisbeth gehörte mir!

Sie war nun mein eigenes Kind – mein wundervolles kleines Mädchen –, und niemand auf der Welt sollte es mir wieder wegnehmen!

Der Zug verlangsamte die Fahrt und hielt. Wir waren da.

Anne-Grete nahm mich auf dem Bahnhof in Empfang. Lisbeth stattete gerade der Alm einen Besuch ab und spielte mit Perle und Graubein.

Als wir uns der Berghütte näherten, kam sie angelaufen. Sie war noch brauner, strotzte noch mehr von Gesundheit als vor meiner Abreise. Die neue blaue Trägerhose war ihr schon fast zu eng geworden.

„Steffi! Steffi! Guten Tag! Du bist aber lange weggeblieben!“

„Ich werde das Gepäck ins Haus tragen“, sagte Anne-Grete mit merkwürdig belegter Stimme.

„Komm, Lisbeth!“ sagte ich. „Nun gehen wir beide hinein!“

Können wir nicht „so tun"?

In einem der großen Sessel vor dem Kamin saß ich mit Lisbeth auf dem Schoß. Sie hatte ihre Arme fest um meinen Hals geschlungen, den Kopf an meine Brust gepreßt und weinte.

Sie saß schon lange so. Ihr Gesicht war ganz heiß und von dem vielen Weinen geschwollen.

Ihr kleiner Körper zuckte krampfhaft. Zuerst war sie ganz bleich geworden – hatte ein paar verwirrte, zusammenhanglose Fragen gestellt – und was keine Freude, keine Überraschung zu bewirken vermocht hatte, das hatte ihr verzweifelter Kummer bewirkt: Sie warf sich an meine Brust, klammerte sich an mich und weinte sich, von grenzenlosem Schmerz geschüttelt, an meiner weißen Bluse aus. Ich spürte die Feuchtigkeit ihrer Tränen auf meiner Haut. Und ich konnte ihr nur auf eine einzige Weise helfen: ich ließ sie sich ausweinen.

Nach einer langen, langen Zeit wurde sie etwas ruhiger. Es war, als hätte sie sich völlig ausgeleert. Sie war todmüde, konnte einfach nicht mehr weinen.

„Steffi!" sagte eine heisere, müde, gequälte Stimme.

„Ja, mein Häschen?"

„Es ist gerade so, als wäre es nicht wahr. Es ist, als könnte ich es nicht glauben."

„Kannst du wohl ruhig zuhören, wenn ich dir etwas

erzähle?"

„Ja", flüsterte sie.

„Ich will dir nur sagen, daß dein Vater es so gut hatte, als ich mit ihm sprach. Er lag in einem wundervollen Bett in einem hellen Zimmer, und eine tüchtige und süße Krankenschwester pflegte ihn. Und als ich dann an seinem Bett saß, da habe ich ihm erzählt, daß ich dich furchtbar gern bei mir behalten möchte – daß du auf immer bei mir bleiben sollst, verstehst du?"

Lisbeth richtete sich auf und blickte mich an.

„Ich soll bei dir bleiben? Für immer? Bei dir wohnen? Auch wenn wir wieder in der Stadt sind?"

„Ja – wenn du es willst. Ich habe dein Bett in meine Wohnung bringen lassen. Es steht jetzt in meinem Schlafzimmer – unmittelbar neben der Tür zum Badezimmer – da, wo früher die kleine Kommode stand, weißt du?"

„Steht da jetzt mein Bett?"

„Ja. Und alle deine Kleider hängen in meinem Kleiderschrank. Und du sollst deine eigenen Haken im Badezimmer und auf dem Flur bekommen. Und wenn du im Herbst zur Schule gehst, dann stellen wir einen kleinen Tisch, an dem du deine Schularbeiten machen kannst, an das Schlafzimmerfenster."

Die Tränen hatten ganz aufgehört. Lisbeth war überwältigt.

„Und dann soll ich jede Nacht bei dir schlafen? Und jeden Tag mit dir zusammen essen – und für immer?"

„Ja. Für immer. Vielleicht kannst du auch manchmal

Erna etwas in der Küche helfen – oder einen Gang für sie machen – oder für mich. Hör mal, Lisbeth! Jetzt muß ich dich etwas fragen. Gibt es irgend etwas, worüber du dich ein klein wenig freuen könntest? Gibt es etwas, was du dir wünschst – etwas, was du ganz schrecklich gern haben möchtest?"

Lisbeth sah mich mit großen, blanken Augen an. Ihr kleines Gesicht war noch immer geschwollen von dem vielen Weinen.

„Natürlich gibt es eine ganze Menge, was ich gern haben möchte – aber ich glaube nicht, daß ich mich je wieder über etwas auf der Welt richtig freuen kann." Die letzten Worte klangen wie ein Schluchzen. Und nun begann das Weinen aufs neue – ein müdes, hoffnungsloses, aus wundem Herzen kommendes Weinen.

Endlich bekam ich Lisbeth ins Bett. Sie war von dem vielen Weinen ganz erschöpft und so todmüde, daß sie sogleich in Schlaf fiel.

Da bat ich Anne-Grete, nach dem Bahnhof zu radeln und einen Brief einzuwerfen, der noch mit dem Nachtzug mit sollte. Er enthielt eine Bestellung auf ein Fahrrad für Lisbeth mit dem Vermerk, es solle umgehend geschickt werden.

Als Anne-Grete und ich dann später am Abend vor dem Kamin saßen, erzählte sie, Carl wäre dagewesen. Er war mit dem Auto von Oslo gekommen und hatte sie gebeten, mir auszurichten, ich möchte ihn, sobald ich zurück wäre, in seiner Berghütte anrufen. Die Rufnummer hatte er aufgeschrieben.

„Lisbeth war an dem Tag übrigens sehr merkwürdig“, sagte Anne-Grete. „Sobald sie sah, wer da kam, lief sie weg und ließ sich nicht eher wieder blicken, als bis er fortgefahren war. Sie wäre bei Perle und Graubein gewesen, sagte sie. Als ich sie aber fragte, warum sie so unhöflich gewesen wäre, gab sie keine Antwort. Ein merkwürdiges Kind! Sonst ist sie doch die Höflichkeit und Wohlerzogenheit selber!“

Ich lächelte still vor mich hin. Ich mußte daran denken, wie Lisbeth Carl gekennzeichnet hatte. „Er ist dumm“, hatte sie gesagt. Eine schlichte, offenherzige und erschöpfende Kennzeichnung!

„Und nun sollst du also Mutterpflichten übernehmen“, sagte Anne-Grete. „Wie wird sich das wohl mit Carl Lövolds Zukunftsplänen reimen?“

„Mag es sich nun reimen oder nicht“, sagte ich, „auf keinen Fall lasse ich Lisbeth im Stich.“

Anne-Grete legte ihre Hand auf meine.

„Das ist fein von dir, Steffi! Ich bewundere dich.“

„Da ist nichts zu bewundern. Weißt du denn nicht, daß ich das kleine Ding unbeschreiblich liebhabe? Ich freue mich riesig darauf, sie ganz für mich zu haben, sie gut zu pflegen, hübsch zu kleiden, für ihre Gesundheit zu sorgen – oh, Anne-Grete, es ist ein wundervolles Gefühl, einen Menschen zu haben, für den man arbeitet!“

„Das kann ich gut verstehen“, sagte Anne-Grete langsam. „Aber vergiß eins nicht, Steffi. Es kann wohl sein, daß du mit Lisbeth Enttäuschungen erlebst. Auf jeden

Fall aber ist es todsicher, daß du manchen Verdruß bekommen und manche Angst ausstehen wirst. Es ist nicht dasselbe, wie wenn man mit einer Puppe spielt oder mit einem kleinen Hund oder einem Kätzchen. Ich bin nicht ganz sicher, ob du dir darüber klar bist, was du auf dich nimmst – aber *daß* du es tust, darin bin ich mit dir völlig einig."

Ich hörte Lisbeth leise wimmern und ging zu ihr. Nein, ich mußte mich wohl getäuscht haben. Sie schlief. Ich sagte Anne-Grete gute Nacht und ging zu Bett.

Ich war gerade im Begriff einzuschlafen, als ich durch einen Schrei aufgeweckt wurde. Ich machte schnell Licht.

„Lisbeth! Was hast du?"

„Ich habe so häßlich geträumt – und da bin ich aufgewacht – und da fiel mir ein, wo ich bin – und da – Steffi! Weißt du noch, was du einmal gesagt hast? Du hast gesagt, die Kinder, die eine Mutter haben, kriechen zu ihr ins Bett, wenn sie in der Nacht etwas Häßliches geträumt haben."

„Ja. Möchtest du vielleicht?"

„Können wir nicht so tun – Steffi! Können wir nicht so tun, als ob du meine Mutti bist?"

„Komm, kleine Lisbeth!"

Die kleine Gestalt im blaugestreiften Flanell kam die Leiter vom Oberbett heruntergeklettert. Wie hatte sie sich an den ersten Abenden über diese Leiter amüsiert!

„Du, Steffi!" sagte Lisbeth, als sie in meinem Arm lag. „Jetzt sind wir noch ähnlicher, du und ich."

„Wie meinst du das, mein Häschen?"

„Jetzt haben wir beide keinen Vater und keine Mutter mehr."

Das Weinen drohte aufs neue loszubrechen.

„Aber wir haben doch einander, Lisbeth. Du hast doch eine Mutter, und ich habe doch eine Tochter – wenn wir auch bloß so tun."

„Ja", sagte Lisbeth.

Sie hatte ganz sicher noch nie einen Menschen geküßt. Ich weiß daher nicht, was sie trieb, als sie ihren warmen kleinen Mund auf meine Wange drückte.

Ich fühlte mich so reich und war dem Herrgott so unsagbar dankbar, daß ich dieses warme kleine Wesen, das sich so vertrauensvoll an mich schmiegte, fortan besitzen sollte.

Es war wundervoll, Mutter zu sein – auch wenn man bloß „so tat".

Annchen

Wenn wir über die ersten Tage so einigermaßen hinwegkamen, so hatten wir das einzig und allein Anne-Grete zu verdanken. Sie war unbezahlbar. Sie sprach und scherzte mit Lisbeth genauso wie früher. Sie kümmerte sich sehr viel um sie, aber nicht so, daß es auffiel. Sie ließ sie nie unbeschäftigt. Sie bat sie um kleine Dienstleistungen und weihte sie tiefer in die Geheimnisse der Kunst des Schreibens ein. Und dann sorgte natürlich auch das Fahrrad dafür, sie in Atem zu halten. Ich hatte übrigens schnell eingesehen, daß mein Gedanke, ihr in diesem Augenblick ein Rad zu schenken, eine Dummheit gewesen war. Ich hätte dem armen Ding fürs erste jede neue Sinnesbewegung ersparen müssen. Kaum hatte sie den Schock, den sie bei der Nachricht von dem Tod ihres Vaters erlitten, einigermaßen überwunden, als sie plötzlich vor ein schimmerndes, rot lackiertes Fahrrad geführt wurde, das, wie man ihr versicherte, ihr ganz allein gehören sollte. Zuerst wurde sie blaß – dann begann sie heftig zu schluchzen. Das arme Kind! Ohne sich recht darüber im klaren zu sein, hatte sie wohl das Empfinden, daß das Rad ein großer Trost in einem großen Schmerz sein sollte. Dadurch wurde der Schmerz noch größer und fühlbarer.

Es ging aber besser, als wir hatten erwarten können. Gott sei Dank war Lisbeth trotz ihrer Frühreife doch ein richtiges Kind geblieben. Sie konnte daher die Freuden des Augenblicks genießen und darüber ihren Kummer vergessen. Sie strahlte über das ganze Gesicht, als sie zum ersten Male – auf ihrem eigenen Rad! – mit Anne-Grete und mir nach Geilo fuhr. So wurde das Trostgeschenk schließlich doch zu einem wirklichen Trost.

Mir graute vor dem Tag, an dem Anne-Grete uns verlassen würde. Ich war mir noch nicht darüber schlüssig geworden, was ich tun sollte. Ob ich Tante Helga bat, heraufzukommen? Oder Erna? Zum Glück beantwortete diese Frage sich ganz von selber.

Anne-Grete war am Freitag zum Bahnhof geradelt, um

für den Sonntag eine Platzkarte zu bestellen. Auf der Heimfahrt stürzte sie und blieb hilflos liegen. Ein Auto, das gerade des Weges kam, las sie auf und brachte sie zu einem Arzt, der einen Knöchelbruch feststellte. Als ich erfuhr, was geschehen war, radelte ich mit Lisbeth sofort nach Geilo, um sie abzuholen. Am Nachmittag waren wir wieder zu Hause – Anne-Grete mit dem einen Bein im Gipsverband.

Krankmeldung und ärztliches Zeugnis wurden nach Oslo geschickt. Anne-Grete erhielt Urlaub auf unbestimmte Zeit, allerdings einen sehr ruhigen Urlaub, in unserem bequemsten Lehnsessel, mit dem Bein auf einem Schemel.

„Jaja", sagte sie, in ihr Schicksal ergeben. „Wenn ich nun einmal krank sein soll, so macht es keinen großen Unterschied, ob ich es hier bin oder zu Hause – vorausgesetzt natürlich, daß du die Plackerei mit mir auf dich nehmen willst." Ob ich es wollte!

Lisbeth und ich erörterten ernsthaft die Frage, ob wir Erna kommen lassen sollten oder ob wir versuchen wollten, ohne fremde Hilfe fertig zu werden.

„Wir werden allein fertig!" sagte Lisbeth. „Wir wollen keinen weiter hierhaben."

Und so geschah es.

Lisbeth nahm ihre alten Künste mit Abwaschen und Staubwischen wieder auf. Den meisten Spaß aber machte ihr das Einkaufen. Sie hatte zwei kleine Radtaschen bekommen, auf die sie sehr stolz war. Sie radelte ganz allein nach Geilo und brachte Gemüse, Brot und Kolonialwaren in ihren Taschen nach Hause. Sie war zum Platzen stolz und wickelte Anne-Grete und mich um ihren kleinen Finger.

Ich rief bei Carl an und sagte ihm, ich könne ihn unter diesen Umständen unmöglich besuchen. Da kam er selber nach Geilo. Er brachte für Anne-Grete und mich Obst und Konfekt mit. Lisbeth bekam ein großes Bilderbuch.

„Vielen Dank", sagte Lisbeth höflich und machte einen Knicks.

„Kannst du schon selber in dem Buch lesen?" fragte Carl.

„Ja", sagte Lisbeth.

„In welche Klasse gehst du denn?" fragte Carl.

„Ich soll im Herbst in die Schule kommen", sagte Lisbeth.

Carl war reizend und taktvoll. Am Nachmittag fuhren wir mit seinem Wagen nach seiner Berghütte. Sie machte einen imponierenden Eindruck. Ich hätte es mir nicht träumen lassen, daß es mitten im Gebirge ein so bequem eingerichtetes Haus geben könne. Es hatte Bad und Telefon, eine Küche mit rostfreiem Stahl und Warmwasserspeicher. Für eine Berghütte war das Haus eigentlich zu elegant.

„Ich liebe die Bequemlichkeit", sagte Carl. Er streckte sich auf einem länglichen, merkwürdigen, aber äußerst bequemen Liegestuhl aus, und ein Mädchen in Schwarz und Weiß bot Kaffee und Cognac an.

Ich fühlte mich fremd.

Es war Besuch da – aus Bergen –, ein mit Carl befreundetes Ehepaar. Er war Geschäftsmann, sie Schauspielerin. Sie sah aus, als hätte sie schön sein können. Vielleicht wäre sie es auch gewesen, wenn man alle Bemalung weggekratzt hätte, so daß man hätte nachgucken können.

Es waren nette, angenehme Menschen, mit denen man gern zusammensaß und plauderte. Sie zeigten aufrichtiges Interesse, als ich ihnen von meiner kleinen Pflegetochter erzählte, die ihren Vater verloren hatte, und von meiner Freundin, die durch ihren Gipsverband zur Untätigkeit verurteilt war.

„Zu schade, daß Sie nicht hierbleiben können!“ sagte die kleine, geschminkte Schauspielerin. „Wir haben es hier wundervoll, und Carl ist der beste Gastgeber von der Welt.“

„Das glaube ich gern“, sagte ich lächelnd. „Ich habe auch schon diese Erfahrung gemacht.“

Frau Rawen – so hieß die Schauspielerin – wollte mir die übrigen Räume des Hauses zeigen. Während wir von Zimmer zu Zimmer gingen, bestätigte sich mein erster Eindruck: Es war wirklich eine imponierende Berghütte. Nichts war vergessen, was zur Erhöhung der Bequemlichkeit dienen konnte, und alles war sehr stilvoll – wenn man Porzellanwaschschüsseln und Wandspiegel in einer Berghütte stilvoll nennen kann.

In dem einen Schlafzimmer stand ein Kinderbett, und auf einem Gesims lagen Bilderbücher und Spielzeug.

„Aber was ...“, sagte ich.

„Ach, das liegt alles noch so da, wie Annchen es hat

liegenlassen“, sagte Frau Raven.

„Annchen?“

„Nun ja: Carls Tochter – die kleine Marianne.“

„Ach so“, sagte ich. Glücklicherweise hatte ich es schon in früher Jugend gelernt, mir nicht anmerken zu lassen, was in mir vorging. „Wie alt ist Annchen jetzt eigentlich?“ fragte ich nach einer kurzen Pause.

„Zehn oder elf – ungefähr. Haben Sie sie schon einmal gesehen?“

„Nein. Nie.“

„Warten Sie! Ich glaube, ich habe...“ Frau Rawen lief in ihr Schlafzimmer und kehrte mit einem Stoß Bilder zurück. „Sehen Sie! – Diese Aufnahmen machten wir vor – ja: vor drei Jahren – es war am Ostersonntag – kurz bevor Carl und Lillian sich trennten. Hier ist ein ganz besonders gut gelungenes Bild von Annchen.“

Es war eine Nahaufnahme. Sie mußte mit einem sehr guten Apparat gemacht worden sein. Ein strahlend schönes Kindergesicht, Carl sehr ähnlich, aber mit weicheren Zügen und mit einer Fülle blonder Locken.

„Wie niedlich sie ist!“ sagte ich.

„Ja, es ist ein schönes Kind. Die Eltern sehen ja auch beide gut aus. Lillian wurde sehr umschwärmt, das kann ich Ihnen sagen. Sie war meine Kollegin. Wir spielten zusammen in ‚Nitouche‘. Abend für Abend saß Carl in der vordersten Parkettreihe, und Lillian bekam die schönsten Blumen. War das eine Liebe! Noch bevor die Operette zum letzten Male gegeben wurde, waren Carl und Lillian verheiratet. Ich verkehrte in ihrem Haus, und da habe ich auch meinen Mann kennengelernt. So habe also auch ich mein Glück gemacht. Aber ich glaube, ich war vernünftiger als Lillian. Denn ich bleib beim Theater, während Lillian ihre Laufbahn aufgab. Übrigens geschah das auf Carls Verlangen, denn er wollte nicht, daß seine Frau etwas anderes täte als dem Haushalt vorstehen, die Wirtin machen, repräsentieren und so weiter. – Und jetzt? Jetzt sitzt die arme Lillian da . . ."

„Glauben Sie nicht, daß sie zum Theater zurückkehren wird?"

„Dazu dürfte es zu spät sein. Vergessen Sie nicht: sie ist jetzt fünfunddreißig Jahre alt und seit zwölf Jahren nicht mehr aufgetreten. O nein, sie hat keinerlei Aussicht mehr. Lillian kann einem natürlich leid tun – und Annchen auch –, aber es ist doch schließlich ihre eigene Schuld. Warum war sie auch so dumm, ihre Ehe auseinandergehen zu lassen? – Aber da tue ich ihr unrecht: es war ja Carl, der sich scheiden lassen wollte! – Lillian hat übrigens sehr verloren. Es macht kein rechtes Vergnügen mehr, mit ihr zu verkehren."

„Finden Sie es nicht etwas eigenartig, daß Sie mit Carl verkehren, wo Sie doch eigentlich die Freundin seiner Frau sind?" Frau Rawen zuckte die Achseln.

„Er ist doch ein so guter Freund meines Mannes."

„Ja, gewiß. Ich verstehe."

Es fiel mir schwer, die Unterhaltung mit Frau Rawen fortzusetzen. Ich hatte über so vieles nachzudenken.

„Nun, Steffi? Wie gefällt dir meine Berghütte? Glaubst du, du könntest dich in ihr wohl fühlen?"

Carl und ich waren auf der Heimfahrt. Er fuhr langsam und vorsichtig, denn der Weg war schmal und steinig.

„Es ist eine wundervolle Berghütte, Carl. Mächtig elegant. Und du hast ja auch ein Dienstmädchen mitgenommen. Da hast du es sicher ebenso bequem wie in der Stadt."

Carl lachte.

„Ja, weißt du, ich bin etwas zu alt geworden, um noch an der ewigen Grütze und am Abwaschen Gefallen zu finden. Ich gebe ehrlich zu, daß ich mich gern bedienen lasse."

Wir schwiegen eine Weile. Dann kam ich mit der Frage, die mir zu schaffen machte: „Weshalb hast du mir nie etwas von Annchen gesagt?"

Der Wagen machte einen Sprung, als hätte der Fuß auf dem Gashebel etwas gezuckt.

„Hat Frau Rawen dir von Annchen erzählt?"

„Ja. Sie glaubte, daß ich von deiner Tochter wüßte."

„Ich kam nicht dazu, sie zu erwähnen. Sie ist ja bei ihrer Mutter. Ich sehe sie nie."

„Das muß für dich sehr schmerzlich sein, Carl."

„Tja." Er sagte nichts weiter. Ich auch nicht. Ich wollte nicht zudringlich sein.

„Ich muß in ein paar Tagen nach Bergen zurück", sagte Carl. „In der nächsten Zeit werde ich dann sehr beschäftigt sein. Aber im September komme ich wieder nach Oslo."

Wir standen auf dem Weg unterhalb der Hütte. Weiter hatte Carls Wagen nicht fahren können. Das letzte Stück – es mochten dreißig bis vierzig Meter sein – mußte man zu Fuß zurücklegen.

„Steffi", sagte Carl. „Nie kann ich mich einmal richtig mit dir aussprechen. Immer ist jemand da, der uns stört, und immer haben wir beide so schrecklich viel zu tun. Aber warte nur! Das soll anders werden. Im September."

Da kam ein kleiner Kobold in blauer Trägerhose den Hang heruntergerannt und flog in meine Arme. Und Carl wirkte plötzlich sehr fremd auf mich.

Im Multbeermoor

Wir hatten Besuch bekommen.

Anne-Gretes Knut hatte Ferien. Eines Tages stand er unangemeldet in unserem Wohnzimmer – ein gut aussehender, flotter, magerer, sportlich durchgebildeter junger Mann von fünfundzwanzig Jahren. Ich war mit ihm mehrere Male in der Stadt zusammengetroffen, aber ich wußte eigentlich kaum mehr von ihm, als daß er in Anne-Grete verliebt war und sie in ihn.

Es lag kein Grund vor, weshalb Knut nicht hätte dableiben sollen. Er konnte auf dem Diwan im Wohnzimmer schlafen. Als wäre es die selbstverständlichste Sache von der Welt, übernahm er sofort mindestens die Hälfte aller Hausarbeit.

Die wenigen Stunden, die er Anne-Grete allein ließ, benutzte er dazu, mit der Angelrute loszuziehen. Wenn er zurückkam, brachte er stets so viele Forellen mit, daß sie für eine oder gar zwei Mahlzeiten reichten.

Er und Lisbeth verstanden sich ausgezeichnet. Sie durfte ihn mit einer kleinen Rute, die er für sie zurechtgemacht hatte, zum Angeln begleiten. Als sie ihre erste Forelle – Gewicht etwa 75 Gramm – gefangen hatte, war sie so außer sich vor Stolz, daß man mit ihr kein vernünftiges Wort reden konnte. Natürlich bestand sie darauf, daß sie die Forelle selber braten dürfe. Als Kopf und Schwanz abgetrennt waren, blieb ihr kaum mehr als ein Mundvoll. Sie wurde mit großer Feierlichkeit verzehrt.

Da Knut jetzt im Hause war und für Anne-Grete sorgte, konnte ich auch endlich mit Lisbeth zum Beerenpflücken gehen. Ich glaubte nicht, daß die andern beiden uns vermißten. So zogen wir beide denn mit Beereneimern und Futterpaketen los. Knut schenkte Lisbeth eine Gürteltasche, Anne-Grete eine Thermosflasche.

Lisbeths Glückseligkeit kannte keine Grenzen. Es machte einem ordentlich Spaß, ihr etwas zu schenken. Es fehlte ihr ja an so vielem. Daher war es auch nicht schwer, etwas für sie zu finden. Und sie war für alle so rührend dankbar. „Denke dir, Steffi“, sagte sie. „Ich habe in diesem Sommer fünfzehn Geschenke bekommen!“

„Was hast du?“ fragte ich.

„Ja. Wirklich. Fünfzehn Geschenke. Und dabei habe ich noch gar nicht die Äpfel und Apfelsinen und die Schokoladentafeln mitgezählt! Aber ich habe fünfzehn richtige, große Geschenke bekommen. Zuerst habe ich den Koffer und das Dolchmesser und die Stiefel bekommen. Die hat mir Vater geschenkt." Sie schluckte ein paarmal krampfhaft und fuhr dann fort: „Und dann habe ich die Trägerhose und eine Strickjacke bekommen. Das sind fünf Geschenke. Dann das Rad – das macht sechs – und die Radtaschen – sieben und acht, denn es sind ja zwei Taschen. Dann das Bilderbuch von Herrn Lövold, das sind neun. Dann die Tafel – den Griffel – elf – den Schwamm – zwölf. Und jetzt habe ich noch einen Beereneimer bekommen – dreizehn – eine Gürteltasche – vierzehn und die Thermosflasche. Das macht im ganzen fünfzehn. Ist das nicht eine Masse Geschenke?"

„Und dabei hast du noch eins vergessen!" sagte ich.

„Was denn?"

„Denke mal ordentlich nach, Lisbeth! Hast du nicht noch etwas bekommen?"

Lisbeth dachte angestrengt nach.

Plötzlich erhellte sich ihr Gesicht, und sie schlang die Arme um meinen Hals.

„Ja! Ich habe dich noch bekommen!"

Sie war impulsiv geworden, mein kleines Mädchen. Sie hatte gelernt, was Liebkosungen sind, und verschwendete sie an mich.

„Nicht wahr? Das hattest du ganz vergessen. Ich kann es aber gut verstehen, daß du dich am meisten über das Fahrrad und die Gürteltasche freust. Aber an dritter Stelle komme doch ich hoffentlich?"

Lisbeth sah mich ernsthaft an.

„Wie du nur so sprechen kannst! Du kannst dir doch

denken, Steffi, daß ich dich noch lieber habe als das Rad!"

Nun, war das etwa kein Kompliment?

Lisbeth und ich pflückten Beeren.

Stundenlang kauerten wir neben den Blaubeerbüschen, und Lisbeth hatte eine erstaunliche Ausdauer. Sie gab nicht eher auf, als bis der kleine Eimer voll war, und man muß viele Beeren beisammen haben, wenn man einen Eimer füllen will – mag es sich auch nur um einen Halblitereimer mit Micky-Maus-Bildern drauf handeln. Das Pflücken von Blaubeeren erfordert viel mehr Ausdauer als das von Multbeeren und Himbeeren. Wenn wir ein paar Stunden gepflückt hatten, tranken wir zur Stärkung Kakao aus der Thermosflasche und aßen eine Menge belegter Brote dazu.

„Denke dir, Lisbeth", sagte ich, „heute hast du drei Liter gepflückt! Sechsmal hast du deinen kleinen Eimer in den großen ausgeleert. Weißt du was? Jetzt gehen wir nach Geilo und kaufen hübsche kleine Einmachgläser! Dann kannst du deine Beeren selber einmachen und deinen Namen außen auf die Gläser schreiben. Auf diese Weise kannst du dich für den Winter mit eigenem Eingemachtem versorgen."

War das ein Leben! Lisbeth sah zu, wie ich die Beeren und den Zucker abwog, und rührte dann mit glühenden Backen und ernster Miene im Topf herum.

„Jetzt bist du auf dem richtigen Weg", sagte Anne-Grete zu mir. „So mußt du Lisbeth behandeln. Beschäftige ihre Gedanken und ihre Hände. Das ist genau das, was sie braucht."

Acht kleine Einmachgläser wurden es. Um jedes war mit großer Sorgfalt Pergamentpapier gebunden, und auf jedem stand mit den rührendsten schiefen Buchstaben „Lisbeths Blaubeeren" zu lesen.

Nun begannen auch die Multbeeren auf den Mooren und Hügeln reif zu werden.

Knut und Anne-Grete – die eine Gehbandage erhalten hatte, mit deren Hilfe sie in der Hütte und draußen herumhumpeln und sich sogar etwas nützlich machen konnte – bekamen Lisbeth und mich nicht mehr viel zu sehen.

Wir brachen am frühen Morgen auf und blieben den ganzen Tag fort. Knut sorgte dafür, daß das Essen fertig war, wenn wir nach Hause kamen. Das Abwaschen dagegen übernahmen Lisbeth und ich, denn am Abend sollten die beiden anderen, unbeschwert von häuslichen Pflichten, Zeit haben, sich an den Kamin zu setzen und über Heirat, Wohnung und Möbel zu plaudern.

Eines Tages hatten wir unsere Räder genommen und waren ziemlich weit gefahren. Wir stellten sie auf einer Sennalpe unter und wanderten über den Berg. Plötzlich stießen wir auf ein Multbeermoor, wie ich es in meinem Leben nicht gesehen hatte. Überall, soweit das Auge reichte, leuchtete es golden und rot. Man brauchte sich nur niederzulassen und zu pflücken – solange man es aushielt.

„Sie sehen wie goldene Fingerhüte aus", sagte Lisbeth

lachend. „Sieh! Steffi!“

Sie streckte mir die blanke Hand entgegen. Auf jedem Finger saß eine Multbeere.

„Willst du sie haben?“

Ich öffnete lachend den Mund und pflückte mit den Lippen die Beeren von Lisbeths Fingerspitzen ab.

„Guten Tag!“ sagte eine fremde Stimme hinter unserem Rücken.

Ich schrak zusammen, wandte mich um und blinzelte mit den Augen. Daß ein Mensch imstande war, sich uns unbemerkt zu nähern, konnte ich zur Not verstehen, denn der Lärm des Wasserfalls in unserer Nähe mochte das Geräusch der Schritte wohl leicht übertönen.

Was mich aber so verwirrte, war die Feststellung, daß der Ankömmling ein breites, kräftiges Kinn und eine widerspenstige braune Haarsträhne tief in der Stirn und ein jungenhaftes Lächeln hatte.

„Aber das . . .“, sagte ich.

„Guten Tag!“ sagte Lisbeth. „Bist du auch hier?“

„Aber du bist doch das kleine Mädchen vom Konnerudkollen!“ sagte Heming Skar lächelnd. „Hat dein Vater Angst ausgestanden, weil du über Nacht nicht nach Hause kamst?“

„Ach nein“, sagte Lisbeth. „Du hattest ihm ja Bescheid gesagt.“

„Ist dein Vater nicht hier?“

„Nein – Vater ist – Vater ist . . .“ Lisbeth schluckte heftig. „Vater ist jetzt tot“, sagte sie endlich . . . Heming Skar tapfer ins Auge blickend.

Heming Skar ließ den Blick auf Lisbeth ruhen. Sein Gesicht hatte einen warmen Ausdruck, als er ihr über das wirre Haar strich.

„Arme Kleine!“ sagte er. Dann hob er ihr Kinn etwas an und lächelte.

„Aber wie ich sehe, hast du deine nette Tante bei dir.“

„Steffi ist nicht meine Tante. Aber wir tun so, als wenn sie meine Mutti wäre.“

„Soso“, sagte Heming Skar. „Nun, das ist ja noch viel besser. Und wie steht es mit den Multbeeren? Sind sie gut?“

„Wundervoll“, sagte Lisbeth. Schnell hatte sie wieder ihre Fingerspitzen vollgesteckt. „Bitte schön!“

Heming Skar lachte und aß ihr die Beeren von den Fingern.

Gefährliche kleine Lisbeth, fuhr es wie ein Blitz durch mich. Kleine, raffinierte Frau – was wird wohl in zehn Jahren aus dir werden?

„Soll ich dir beim Pflücken helfen?“ fragte Heming Skar.

„Du mußt doch für dich selber pflücken“, sagte Lisbeth.

„Nein, ich pflücke für dich. Stelle den Eimer hierher. Nun wollen wir sehen, wie lange es dauert, bis er voll ist.“

Bisher hatte ich kein Wort gesprochen. Aber bald war ein munteres Gespräch im Gange. Menschen, die sich hoch oben im Gebirge begegnen und zusammen Multbeeren pflücken, bekommen schnell das Gefühl, als wären sie alte Bekannte, auch wenn sie früher kaum ein paar Worte miteinander gewechselt haben. Und Heming Skar plauderte so unbefangen und so munter drauflos, daß mir war, als hätte ich ihn schon seit Jahren gekannt.

Er machte eine Fußwanderung, erzählte er. Ich warf einen Blick auf seinen Rucksack, den er in der Nähe abgesetzt hatte. Er sah ziemlich gewichtig aus.

„Wie weit wollen Sie heute noch?“ fragte ich.

„Ich hatte eigentlich gedacht bis Geilo. Ich muß Brot und Zucker kaufen. Aber es wird wohl etwas spät.“

„Puh!“ rief Lisbeth. „Es regnet!“

Ja. Es regnete. Auf die ersten Tropfen folgte ein leichter Schauer. Eine kurze Beratung endete damit, daß Heming Skar auf meinem Rad fuhr, mit mir auf dem Gepäckträger. Lisbeth hatte ja ihr eigenes Rad. Im strömenden Regen ging es nach Hause.

Selbstverständlich lud ich Heming Skar zum Essen ein. Ohne erst Redensarten zu machen, nahm er dankend an.

„Sie müssen schön naß sein“, hörte ich Knuts Stimme, als wir vor unserer Hütte angelangt waren. Gleich darauf öffnete er die Tür, blieb wie versteinert an der Schwelle stehen und machte ein maßlos erstauntes Gesicht. Heming Skar schien nicht minder überrascht zu sein.

„Knut!“ rief er.

„Heming! Ja, ist es die Möglichkeit? Wie kommst du denn hierher?“

„Von Dagali“, sagte Heming. „Aber was machst du hier?“

„Ich koche Essen und pflege Anne-Grete“, sagte Knut.

„Sie hat sich einen Knöchel gebrochen. Komm herein, Heming! – Anne-Grete! – Hinke mal her! – Das ist Heming, von dem ich dir erzählt habe – er kommt direkt vom Himmel herabgeschneit – zieh deine Lumpen aus, Heming! Du kannst dich dort in der roten Kammer umkleiden – und der Diwan im Wohnzimmer ist breit genug – da können wir beide schlafen."

Ich stand stumm im Hintergrund und überließ es den beiden Freunden, ihrer Wiedersehensfreude beredten Ausdruck zu verleihen. Die Erklärung würde wohl später kommen.

Sie kam beim Essen.

Heming war der jüngste Sohn eines Pfarrers und in einem kleinen Ort in den Bergen aufgewachsen. Zwei seiner Brüder hatten studiert. Auch er selber träumte davon, eines Tages zu studieren und Ingenieur oder Lehrer zu werden. Aber keiner dieser Träume sollte, wie es schien, in Erfüllung gehen.

Der Vater starb, als Heming gerade das Mittelschulexamen bestanden hatte. Er wurde Laufjunge und Handlanger in einer Automobilwerkstätte der nächsten Stadt. Er hielt dort ein paar Jahre aus. Vielleicht wäre es gar nicht schlecht gewesen, wenn er ein tüchtiger Automechaniker geworden wäre. Aber er konnte die alten Träume nicht vergessen. Er ging zwei Jahre zur See und sparte fast seine ganze Heuer. Als er wieder daheim war, ging er nach Oslo und arbeitete dort in einer Werkstätte. Er erreichte mit Mühe, daß er um halb fünf mit der Arbeit aufhören durfte. Von fünf bis acht besuchte er einen

Vorbereitungskurs auf das Abitur.

Es war ein schweres Jahr. Kein Wunder, daß er stark abgenommen hatte, als es zu Ende war. Das Examen bestand er, aber seine Stelle war er los. Als er in den Examenstagen um Urlaub gebeten hatte, war seinem Meister die Geduld ausgegangen. Er hatte ihn kurzerhand an die Luft gesetzt.

Nun stand Heming da: mit einem guten Zeugnis in der Tasche und mit einem Vermögen von siebenundvierzig Kronen.

Für den Sommer kam er in einem Reisebüro als Chauffeur unter und verdiente da nicht schlecht. Er konnte manche Krone für den Winter zurücklegen. Aber diese Ersparnisse reichten natürlich nicht aus, um die Kosten des Lebensunterhalts und des Studiums zu decken. Er übernahm jede Arbeit, wo er sie fand, und wenn es sich darum handelte, anderen Leuten den Christbaum in die Wohnung zu tragen.

Er glaubte, er würde noch ein Jahr durchhalten müssen. Dann wollte er sich ins Examen wagen.

Knut hatte ihn kennengelernt, als er vor vielen Jahren seine Sommerferien bei Verwandten in einem kleinen Gebirtsort verbrachte, in dem Hemings Vater Pfarrer war. Die beiden zwölfjährigen Buben waren schnell gute Freunde geworden, und wenn sie sich auch in den folgenden Jahren nicht gerade häufig sahen, so war die Verbindung doch nie abgerissen, und sie freuten sich beide jedesmal, wenn sie sich wieder begegneten.

Es schien eine Selbstverständlichkeit zu sein, daß

Heming in der Berghütte blieb. Ich wurde von aller Hausarbeit entbunden, und da jetzt öfter Regentage kamen, zog ich mich fast jeden Tag auf mehrere Stunden mit meiner Schreibmaschine in die blaue Kammer zurück. Ich hatte wegen meiner gar zu langen Sommerferien kein gutes Gewissen und räumte nun gründlich mit der Arbeit auf, die inzwischen liegengeblieben war.

Lisbeth gedieh wie ein Fisch im Wasser. Eine Kleinigkeit fiel mir auf. Zu den beiden Jungen sagte sie ganz natürlich Knut und Heming, aber zu Carl hatte sie „Sie" und Herr Lövold gesagt. Ich konnte das ganz gut verstehen. Carl war wirklich eine sehr eindrucksvolle Persönlichkeit. Weshalb sie aber eine so ausgesprochene Abneigung gegen ihn an den Tag legte, das verstand ich nicht.

An den Abenden waren wir alle um den Kamin versammelt und plauderten. Es gab wenige Dinge zwischen Himmel und Erde, die von uns nicht beredet wurden. Ich glaube, ich habe an diesen Hüttenabenden mehr gelernt als früher in meinem ganzen Leben.

„Was wird nun aus deinen Schulplänen, Steffi?" fragte Anne-Grete eines Abends. „Gibst du sie jetzt auf, wo du für eine Familie zu sorgen hast?"

„Ich habe sie natürlich längst aufgegeben", antwortete ich.

„Schulpläne?" fragte Heming neugierig.

Anne-Grete erzählte, ich hätte die Absicht gehabt, mich auf das Abitur vorzubereiten und vielleicht gar zu studieren.

„Es ist keine Hexerei, das Abitur zu machen", erklärte Heming. „Du hast doch das Mittelschulexamen?"

„Ja", sagte ich. „Das ist aber auch alles. Mein Mangel an Kenntnissen ist einfach bodenlos. Ich kann nichts ..."

„... außer acht Sprachen", sagte Anne-Grete.

„Aber natürlich machst du das Abitur", sagte Heming. „Den Sprachen brauchst du ja keinen Gedanken zu opfern. Im Englischen soll, wie ich gehört habe, ziemlich viel verlangt werden, aber da du die Sprache ja beherrschst, ist es für dich natürlich ein Kinderspiel. Was man im Norwegischen wissen muß, lernst du leicht selber. Geschichte auch. Es bleiben also noch Geographie, Biologie, Mathematik und Chemie ..."

„Brrrr!" sagte ich.

„Es ist doch ganz klar, daß du das Abitur machst, wenn du nur in diesen vier Fächern Unterricht nimmst."

„Was denkst du dir? Ich kann doch nicht jeden Nachmittag von zu Hause fortbleiben. Ich habe doch Lisbeth!"

„Und was weiter? In meinem Kursus war ein Mann, der war bei einer Bank angestellt und hatte von neun bis vier Dienst. Zu Hause hatte er eine Frau und vier Kinder. Er hat sein Abitur mit ‚sehr gut' bestanden, und jetzt studiert er Rechtswissenschaft. Freilich hatte er eine Frau, die die Hausarbeit machte. Aber höre, Steffi! Du kannst dir Privatunterricht leisten. Und wenn es sich nur um vier Fächer handelt, kann das kaum teurer werden, als wenn du einen Kursus mitmachst. Mich hat mein Kursus vierhundertfünfzig Kronen gekostet."

„Ich würde gern fünfhundert Kronen bezahlen, wenn mir einer so viel einpauken würde, wie ich zum Abitur brauche."

„Fünfhundert? Ist das dein Ernst?"

„Darauf kannst du dich verlassen."

„Steffi! Willst du mich zum Lehrer haben? Ich werde jeden Tag kommen und dir Unterricht geben. Und wenn du zum Sommer in den anderen Fächern das Abitur nicht bestehst, so garantiere ich dir auf jeden Fall, daß du in Geographie, Biologie, Mathematik und Chemie ‚sehr gut' bekommst."

„Hört! Hört!" rief Knut. „Das ist abgemacht. Greif zu, Steffi!"

„Geld auf den Tisch, Steffi!" rief Anne-Grete.

Ich mußte lächeln. Es traf sich, daß ich gerade Geld aus Oslo bekommen hatte. Ich nahm einen Hundertkronenschein aus meiner Tasche und legte ihn auf den Tisch.

„Bitte schön, Heming! Vorschuß! Am ersten September fangen wir an."

Heming strahlte über das ganze Gesicht.

„Steffi, du bist eine Perle! Woher konntest du wissen, daß ich im Augenblick gerade hundert Kronen benötige? Tausend Dank, du! Also abgemacht. Am ersten September trete ich an, und du sorgst inzwischen dafür, daß die Bücher zur Stelle sind."

Mutterpflichten

Der Sommer war zu Ende.

Es wurde einem schwer, von den Bergen gerade in dem Augenblick Abschied zu nehmen, da die Natur sich anschickte, ihr farbenprächtigstes Kleid anzulegen. Aber jeder von uns fünfen hatte einen besonderen Grund, der ihm den Abschied etwas erleichterte.

Lisbeth sollte mit der Schule beginnen. Außerdem beschäftigten sich ihre Gedanken unablässig mit einem zweiten bedeutsamen Ereignis ihres Lebens: sie sollte fortan bei mir wohnen.

Heming mußte zwar in seine sehr kleine, sehr bescheidene und sehr kalte Bude zurück, aber er wußte, daß nur noch wenige Monate zwischen ihm und seinem Ziel lagen. Das gab ihm Kraft zum Durchhalten.

Anne-Grete und Knut waren übereingekommen, schon in allernächster Zeit zu heiraten. Ich endlich hatte wahrlich alle Ursache, dankbar zu sein. Hatte mein Leben doch einen neuen Inhalt, meine Arbeit einen neuen Sinn bekommen.

Erna erwartete uns. Das Abendessen stand auf dem Tisch, und alles war zu Lisbeths Empfang bereit. Ihr Bett war frisch bezogen, ihre Kleider waren gewaschen und instand gesetzt, und Erna hatte sogar daran gedacht, im

Badezimmer und im Flur für sie niedrige Haken anzubringen.

Lisbeth schien sich vom ersten Augenblick an bei mir heimisch zu fühlen. Und am nächsten Tag war ihr erster Schulgang.

Ich merkte wohl, daß Lisbeth und ich sehr angestarrt wurden. Man hat mich zwar schon oft für älter gehalten, als ich bin, aber für die Mutter eines schulpflichtigen Kindes sah ich wohl doch zu jung aus.

Es waren viele Mütter versammelt. Alle hielten ein Kind an der Hand und waren feierlich gestimmt. Da gab es blasse, überanstrengt aussehende Mütter mit roten Arbeitshänden, elegante junge Frauen mit rot geschminkten Lippen und Silberfuchsumhängen, korrekte Damen in tadellos sitzenden Kleidern und mit tadellosen Schuhen, andere mit hohen Absätzen, seidenen Strümpfen und verwegenen Hüten – es waren sehr verschiedenartige Mütter, aber jede hielt ein aufgeregtes Kind an der Hand.

Lisbeth entdeckte ein kleines Mädchen, das sie kannte. Die beiden wechselten leise ein paar Worte miteinander. Dann kam Lisbeth wieder zu mir, drückte sich an mich und flüsterte: „Steffi! Weißt du, was Titten mich gefragt hat? Sie hat mich gefragt, ob du meine Mutter wärst. Du hast aber eine hübsche Mutti, hat sie gesagt."

„Und was hast du geantwortet?"

Lisbeth sah mich unsicher – beinahe etwas schuldbewußt an.

„Ich sagte bloß: ja. Macht das was?"

Ich drückte ihr die Hand.

„Nein, Lisbeth. Das macht nichts. Es war ganz richtig", sagte ich.

Die nun folgende Zeit war für mich voller Überraschungen.

Nicht etwa, daß bedeutsame Dinge geschehen wären. Aber meine ganze Tageseinteilung geriet in Verwirrung. Eines Abends war ich lange aufgeblieben und hatte angestrengt gearbeitet. Natürlich war ich am nächsten Morgen todmüde und wollte gern etwas länger im Bett liegen.

Aber um halb acht wurde das Licht angeknipst, eine morgenfrische, helle Kinderstimme sagte „Guten Morgen, Steffi", und dann hörte ich Erna und Lisbeth im Badezimmer vergnügt miteinander schwatzen und lachen. Und als Lisbeth von der Dusche kam und anfing, sich anzuziehen, da war ich richtig wach geworden. Ich klingelte nach Erna.

„Seien Sie so freundlich und bringen Sie mir eine Tasse Kaffee ans Bett, Erna", sate ich. „Ich bin todmüde."

Lisbeth hielt mit dem Anziehen inne und sah mich an.

„Willst du denn nicht mit mir frühstücken, Steffi?"

„Ich bin so müde, Lisbeth. Kannst du nicht mit Erna frühstücken?"

„Do-o-och", sagte Lisbeth. Dann blickte sie mich wieder an. Sie sah unwahrscheinlich süß aus in ihrem kleinen Höschen und mit ihrem nassen, wirren Haar.

„Du, Steffi! Wir könnten etwas von meinen eingemachten Blaubeeren zum Frühstück nehmen."

Konnte ich da liegenbleiben?

Ich saß zur gewohnten Zeit am Frühstückstisch. Lisbeth konnte mich leichter denn je um ihren kleinen Finger wickeln.

Das Telefon läutete.

„Wir warten mit Schmerzen auf die Korrekturen, Fräulein Sagen. Wie steht es damit? Wir möchten morgen früh mit dem Druck beginnen."

„Sie erhalten die Korrekturen bis zehn Uhr. Genügt das?"

„Ja, wenn es sicher ist."

Ich versprach es. Ich arbeitete eifrig. Dann kam Lisbeth von der Schule, und wir aßen zusammen. Erna steckte den Kopf durch die Tür und verabschiedete sich. Sie hatte heute ihren freien Tag.

„Auf Wiedersehen, Erna." Ich blickte nur eine Sekunde auf und steckte die Nase sofort wieder in die Korrekturbogen.

Lisbeth las. An Lesestoff fehlte es ihr nicht, denn ich hatte im Laufe der Zeit eine ganze Menge Kinderbücher übersetzt. Jetzt, da sie die schwere Kunst des Lesens beherrschte, war sie unersättlich.

„Willst du nicht hinuntergehen und etwas spielen, Lisbeth?"

„Ich habe niemanden zum Spielen."

„Aber du hast doch Frieda im vierten Stock! Ihr habt ja gestern so nett zusammen gespielt."

„Wir haben uns verzürnt. Du, Steffi, du hast doch versprochen, einmal mit mir nach Bygdö zu radeln."

„Ja, Mäuschen. Aber heute nicht. Du siehst ja, wie ich in der Arbeit stecke."

Als Lisbeth einen Augenblick ins Badezimmer ging, wie sie sich gebildet ausdrückte, rief ich bei Anne-Grete an.

„Hast du viel zu tun?"

„Ist nicht schlimm. Ich habe mit Knut eine Verabredung um sechs, aber ..."

„Würdest du mir einen großen Gefallen tun? Darf ich Lisbeth für eine Weile zu dir schicken? Ich habe keine Zeit, mich mit ihr zu beschäftigen. Ich habe einen Berg von Korrekturen."

„Schicke sie nur ruhig her. Bis kurz vor sechs habe ich Zeit."

Lisbeth trabte begeistert davon. Anne-Grete wohnte nur zehn Minuten entfernt, und Lisbeth kannte den Weg genau.

Die Zeit verging. Ehe ich mich dessen versah, war Lisbeth schon wieder da.

„Ich habe Hunger, Steffi!"

Hunger? Wenn ich eine eilige Arbeit vor mir hatte, dachte ich nicht ans Essen. An Ernas Ausgehtagen pflegte ich in der Küche ein paar Spiegeleier zu essen, oder ich ging schnell mal in das kleine Restaurant an der nächsten Ecke und schlang irgend etwas hinunter.

Daß ich, wenn Erna nicht da war, die Pflicht hatte, mein kleines Mädchen, das mit fordernder Stimme „Ich habe Hunger!“ sagte, zufriedenzustellen – daran hatte ich nicht gedacht.

Essen kochen? Davon konnte nicht die Rede sein. Ich wusch Lisbeth das Gesicht und mir die Hände. Dann gingen wir in das kleine Restaurant. Lisbeth war munter und in bester Laune. Ihr kleiner Mund stand nicht eine Minute still. Ich war müde und erschöpft und sehr wenig dazu aufgelegt, ihre tausend Fragen zu beantworten.

Die Uhr zeigte sieben, als wir nach Hause kamen.

„Können wir nicht Ludo spielen, Steffi?“

„Ich habe *wirklich* keine Zeit, Lisbeth.“

Lisbeth antwortete zunächst nicht darauf. Sie setzte sich auf einen Stuhl, und bald darauf hörte ich das Klappern eines Würfels auf der Tischplatte. Ich wandte mich um. Lisbeth spielte mit sich selber Ludo.

Plötzlich seufzte sie. Dann sagte sie mit einer kleinen dünnen Stimme: „Vater hatte am Abend immer Zeit.“

Ich schob die Korrekturbogen beiseite und setzte mich zu Lisbeth an den Tisch. „Weißt du, Lisbeth, ich glaube, ich habe jetzt lange genug gearbeitet. Willst du die gelben Steine haben oder die blauen?“

Wir spielten Ludo, und Lisbeth gewann. Ich dachte mit Schrecken an meine Korrekturen. Ich hatte erst die Hälfte erledigt, und es waren betrüblich viele Fehler zu berichtigen.

Ich stand in der Küche und bestrich Kekse mit Butter. Lisbeth pflegte Milch und ein paar Kekse und etwas Obst zu bekommen, bevor sie sich schlafen legte.

Da klingelte es an der Wohnungstür.

Jetzt schreie ich bald, dachte ich. Ich schmeiße jeden raus, der mich stören will – ganz gleich, wer es ist! Es war Heming. Und ich warf ihn nicht hinaus.

Er schickte mich an meine Arbeit und übernahm das Bestreichen der Kekse. Er und Lisbeth aßen in der Küche. Ich hörte sie vergnügt plaudern und lachen.

Dann klapperte das Geschirr beim Abwaschen. Schließlich kam Heming herein, übernahm ohne ein Wort zu sagen die Hälfte der Korrekturbogen und fing an zu lesen.

Es planschte im Badezimmer, und es raschelte im Schlafzimmer. Dann ging die Tür auf, und eine kleine Puppe in blauem Flanell kam auf bloßen Füßen hereingetrappelt.

„Gute Nacht, Steffi!"

„Gute Nacht, mein Mäuschen. Du mußt mir nicht böse sein, weil ich so langweilig bin. Ich *muß* meine Arbeit fertig machen, weißt du?"

„Hast du so etwas Dummes schon mal gehört, Lisbeth?" sagte Heming lachend. „Du solltest Steffi böse sein? Und dabei weißt du doch ganz genau, daß sie arbeitet, weil sie Geld verdienen muß, und das Geld braucht sie für Kekse und Milch und ein neues Kleid für die kleine Lisbeth! Hei hopp! Jetzt geht's ins Bett!"

Im Galopp ging es ins Schlafzimmer. Ich hörte, wie Lisbeth, von Heming hochgehoben und fallengelassen, ins Bett plumpste und wie sie hellauf lachte.

„Nun mußt du aber schlafen, Prinzessin!"

„Mach das Licht aus, Heming!“

„Wie das gnädige Fräulein befiehlt. Gute Nacht, Lisbeth!“

„Gute Nacht, Heming!“

Wir arbeiteten schweigend bis halb elf. Da war das Ganze fix und fertig.

„Herzlichen Dank, Heming! Und nun bist du vielleicht so freundlich, mir zu sagen, weshalb du eigentlich gekommen bist. Doch wohl nicht, um Lisbeth zu Bett zu bringen und Korrektur zu lesen?“

„Natürlich nicht. Ich wollte dir nur sagen, daß ich von Montag an nach dem Abendessen keine Zeit mehr habe. Wir müssen unsere Stunden früher legen.“

„Das ist mir ebenso recht. Aber was ist los?“

„Ich habe Arbeit gefunden. Eine feine Arbeit, die feinste, die ich je gehabt habe. Nachtarbeit auf einer Zeitungsredaktion! Zweihundert Kronen im Monat! Noch nie in meinem Leben bin ich so reich gewesen. Dazu kommen noch die fünfzig im Monat von dir. Du siehst, ich bin schon beinahe Millionär!“

„Und die Arbeitszeit?“

„Von halb acht Uhr abends bis drei Uhr in der Früh. Ist das nicht wundervoll? Da bleibt mir der ganze Tag zum Lernen und um mit dir zu arbeiten.“

„Und wann gedenkst du zu schlafen? Entschuldige, daß ich frage!“

„Von drei bis sieben, sonntags bis acht. Außerdem bin ich samstags abend frei, denn am Sonntag erscheint ja keine Zeitung. Es wird schon gehen. Es handelt sich ja nicht um eine Ewigkeit, sondern nur um ein paar Monate. Warte nur bis zum Herbst! Dann bin ich wohlbestallter Gymnasiallehrer, habe mehrere tausend Kronen Gehalt, eine Dreizimmerwohnung und eine Hausgehilfin. Du wirst es schon sehen!“

„Ich zweifle nicht daran“, sagte ich. „Und ich gratuliere dir zur neuen Stellung. Bist du Redakteur?“

„Wo denkst du hin! Ich soll Korrektur lesen und allerlei untergeordnete Arbeiten übernehmen. Vielleicht darf ich hin und wieder einmal eine Überschrift aufsetzen – wenn man mir soviel zutraut.“

„Du bist großartig, Heming! Ich bin stolz auf dich!“

Heming lachte.

„Du bist genauso ein Kind wie Lisbeth. Wie alt bist du eigentlich?“

„Beinahe ebenso alt wie du! Aber ich fühle mich viel älter. Ich könnte deine Tante sein.“

„Warum nicht gleich meine Großmutter? Aber nun marsch ins Bett! Es ist schon halb zwölf. Paßt es dir, wenn ich morgen um vier komme?“

„Gut. Also um vier. Morgen haben wir Mathematik und Biologie. Um sechs sind wir fertig. Auf diese Art kommst du zu einem billigen warmen Abendessen. Denn es wird mir wohl nichts weiter übrigbleiben, als dich einzuladen.“

„Genau das, worauf ich gerechnet hatte. Daß du mich so schnell durchschaut hast! Ich bewundere dich! Gute Nacht, Steffi!“

Heming hat das Wort

Ich war furchtbar müde.

Ich hatte eine Arbeit übernommen, die ungewöhnlich langweilig war und mich dermaßen anstrengte, daß ich oft wünschte, ich hätte sie abgelehnt. Aber die Bezahlung war gut, und das war mir äußerst lieb. Denn zum ersten Male in meinem Leben hatte ich Geldsorgen. Es zeigte sich, daß der Sommer sehr teuer gewesen war, und an den Haushaltsausgaben merkte ich, daß wir jetzt unser drei und nicht mehr zu zweit waren. Und Nummer drei verbrauchte eine Menge Milch und Obst, wuchs aus ihren Schuhen heraus und brauchte unbedingt neues Unterzeug.

Ich mußte sehen, daß ich gut verdiente!

Ich kam zu spät ins Bett und wurde zu zeitig geweckt. Ich bekam Kopfschmerzen und war schlecht aufgelegt. Dann kam Heming, und ich mußte mein Gehirn auf Mathematik umstellen. Am Abend rechnete ich die Aufgaben, die er mir gab, und zwischendurch paukte ich mir selber ein, was beim Abitur in den Sprachen verlangt wurde. Freilich bereitete mir das keine besonderen Schwierigkeiten. Auch das Geschichtspensum machte mir wenig Mühe. Ich genoß es als eine Abwechslung und fand es sehr interessant.

Aber alles in allem mußte ich mir doch etwas zuviel Arbeit zumuten.

Und dabei sah ich mich nun einer völlig neuen Lage gegenüber: Ich mußte sparen. Ich konnte mir nicht alle Augenblicke einen neuen Hut kaufen oder mir eine Ananas als Sonntagsspeise leisten, wenn ich gerade Appetit darauf hatte. Doch das war nicht alles. Ich mußte mir fühlbarere Entbehrungen auferlegen. Ich gewöhnte mich daran, auf alles zu verzichten, was nicht unbedingt sein mußte.

Wenn Besuch kam, bot ich kein Glas Wein mehr an. Meine Strümpfe wurden gestopft und mußten erheblich länger halten als bisher. Die Schuhe wurden mehrere Male besohlt; ich überlegte es mir lange, bevor ich mir neue kaufte. Ich nahm kein Taxi, wenn ich müde war oder es eilig hatte; ich fuhr brav mit der Straßenbahn. Natürlich waren das keine großen Opfer, aber ich war nun einmal verwöhnt, hatte in meinem ganzen bisherigen Leben keine Sorgen gekannt.

Und immer waren in Lisbeths Strümpfen Löcher, wenn die Arbeit ganz besonders drängte, und immer verlor sie einen Knopf oder hatte einen Fleck auf ihrem Kleid, wenn tausend andere Dinge zu tun waren und ich nicht die geringste Neigung hatte, mich hinzusetzen und Knöpfe anzunähen oder Flecke zu entfernen. Dabei war es für mich eine Ehrensache, daß Lisbeth stets sauber und ordentlich zur Schule kam: Flecke, Risse oder fehlende Knöpfe durfte es ganz einfach nicht geben.

Heming kam, um mit mir zu arbeiten. Ich hatte ganz und gar keine Lust dazu.

„Du, ich bin heute nicht dazugekommen, die Aufgaben

zu rechnen. Ich war so fürchterlich müde. Können wir nicht einen Tag überspringen? Ich werde morgen doppelt soviel leisten."

„Hast du schon die Entdeckung gemacht, daß man einen Tag überspringen kann?" sagte Heming. „Kommt gar nicht in Frage. Ich denke, wir fangen an. Übrigens hättest du die Rechenaufgaben machen sollen, wenn du auch noch so müde warst."

„Danke für die Belehrung! Aber ich habe dich nicht nach deiner Meinung gefragt!"

„Nein! Ich sagte sie dir ganz unaufgefordert. Ich bin selber manchmal müde gewesen. Aber ich habe trotzdem gerechnet."

„Du hast nicht für ein Kind zu sorgen brauchen."

„Nein, das habe ich nicht. Aber lassen wir das. Ich bin nicht hergekommen, um mich mit dir herumzustreiten, sondern um mit dir zu arbeiten. – Also? – Was weißt du von den Gleichungen zweiten Grades?"

„Ich lerne heute nicht, Heming."

Ich stand auf – das heißt: ich versuchte aufzustehen. Eine kräftige Hand legte sich auf meine Schulter, so daß es richtig weh tat, und drückte mich auf den Stuhl zurück.

„Ich fragte dich nach den Gleichungen zweiten Grades! Wenn du anfängst, Launen zu bekommen, dann machst du niemals im Sommer das Abitur."

Ich war wütend.

Aber Heming lächelte gutmütig.

„Sieh mal, Steffi! Ich kann dich eigentlich gut verstehen, aber du mußt dich nun einmal zusammenreißen, wenn du auch noch so wenig zum Lernen aufgelegt bist. Hast du dir ein Ziel gesetzt, dann mußt du es auch erreichen. Andernfalls verlierst du die Selbstachtung. Die ersten Male fällt es dir am schwersten; bald aber wird es dir zur Gewohnheit, die Müdigkeit zu überwinden. Siehst du nicht ein, daß ich recht habe?"

Jetzt mußte ich auch lächeln.

„Also gut. Probieren wir es! Du fragst nach den Gleichungen zweiten Grades. Willst du mir das nicht noch einmal erklären?"

Und die Unterrichtsstunde nahm ihren Anfang.

Lisbeth saß an ihrem eigenen „Schularbeitentisch" und füllte eine Seite mit lauter K. Dabei hing ihr die Zunge weit aus dem einen Mundwinkel heraus. Sie war ungeheuer gewissenhaft. Sie störte nie, wenn Heming und ich zusammen arbeiteten. Das waren Schularbeiten, und Schularbeiten mußten ernst genommen werden. Sie schien es übrigens sehr lustig zu finden, daß ich genau wie sie auf der Schulbank sitzen und brav lernen mußte.

Die zwei Unterrichtsstunden waren eine richtige Quälerei. Ich war daher heilfroh, als Erna meldete, es wäre angerichtet.

Sie hatte eine erstaunliche Fähigkeit, sich lautlos im Zimmer zu bewegen. Wir hatten sozusagen gar nichts davon gemerkt, daß sie den Tisch gedeckt hatte.

Es gab heute gekochten Dorsch. Ich war fürchterlich hungrig, aber ich mußte erst den Fisch für Lisbeth ausgräten. Inzwischen wurde mein Essen fast kalt. Und bevor ich noch meine erste Portion hatte aufessen können, verlangte Lisbeth schon ihre zweite.

„Du mußt es bald lernen, deinen Fisch selber auszugräten, Lisbeth", sagte ich. Dann wandte ich mich mit einem wohl sehr schwachen Lächeln an Heming und sagte: „Wenn man sich plötzlich eine Tochter anschafft, dann erlebt man so mancherlei, worauf man nicht gefaßt gewesen ist."

„Wie zum Beispiel das Ausgräten von Fischen."

„Ja – unter anderem."

„Das ist wohl so. Wenn man bedenkt: es gibt sicherlich einige tausend Hausfrauen hierzulande, die nicht für *ein* Kind, sondern für zwei, drei oder gar vier Kinder das Essen zurechtmachen müssen, bevor sie selber auch nur einen Bissen zu sich nehmen können. Außerdem aber müssen sie das Essen kochen und den Tisch decken, während des Essens aufstehen und in die Küche gehen, um die leeren Schüsseln wieder zu füllen, dem kleinsten Kind den Mund abwischen, das zweitkleinste beruhigen, wenn es schreit, und vielleicht nach dem Essen mit dem ältesten die Schularbeiten machen – und bei alledem sollen sie sich ja schließlich auch ein wenig um ihren Mann kümmern – o ja, die Frauen haben es manchmal nicht leicht."

Ich dachte über Hemings Worte nach und merkte gar nicht, daß mein Fisch ganz kalt wurde.

„Du – eigentlich habe ich darüber noch nie nachgedacht. Ich habe es mir nie klargemacht, in wie hohem Maße man eine Hausfrau bewundern muß. So wie du es schilderst, ist das Dasein ja – man kann wohl sagen: für die meisten Frauen. So ist ihr Leben, und sie wissen, daß es immer so bleiben wird – ohne die geringste Aussicht auf eine Änderung."

„Dann geht's in die Sommerferien – und das bedeutet für sie, daß sie genauso viel Arbeit haben wie in der Stadt, nur daß sie unter doppelt schwierigen Verhältnissen arbeiten. Statt des elektrischen Herdes haben sie einen schlecht funktionierenden Spirituskocher, das Wasser muß eimerweise herbeigeschleppt werden, der Platz, der ihnen zur Verfügung steht, ist dreimal so klein wie zu Hause, und sie wissen nicht, wo sie alle Sachen unterbringen sollen. Aber der Mann verlangt dieselbe Ordnung und Behaglichkeit, wie er sie von daheim gewohnt ist, und die Kinder müssen auch hier gefüttert, gewaschen und gekämmt und mit frischen Windeln versehen werden, und dabei erwarten sie noch, daß die Mutter stets ein Lächeln für sie hat und lieb und verständnisvoll zu ihnen ist."

„Ich schäme mich, Heming."

„Dazu hast du gar keine Veranlassung. Aber ist es für dich nicht ein Trost, wenn du daran denkst, wie gut du es im Vergleich zu anderen hast?"

„Doch", sagte ich und versah Lisbeth mit Petersilienbutter.

Das Verhältnis zwischen Heming und mir war höchst eigenartig. Ich fühlte mich erwachsen und überlegen. Ich hatte viel gesehen, war viel in der Welt herumgekommen, verdiente gut, hatte ein gemütliches Heim und wußte mich zu benehmen – wie Carl sagte. Aber Heming fühlte sich mir genauso überlegen. Wegen seiner Kenntnisse, seiner geistigen Fähigkeiten, seiner Muskelstärke, seiner Gesundheit, seiner Jugend und Arbeitskraft. Zwei Menschen, die sich beide einander überlegen fühlen, müssen notwendigerweise von Zeit zu Zeit zusammenprallen.

Aber im Grunde waren wir schrecklich gute Freunde.

Carl oder Lisbeth?

Carl kam nach Oslo.

Diesmal kam er in einem verhältnismäßig günstigen Augenblick. Ich hatte die langweilige Arbeit gerade abgeliefert und ein recht ansehnliches Honorar dafür erhalten. Ich ruhte mich nun ein paar Tage richtig aus.

Heming war rührend. Er nahm Lisbeth auf einen Sonntagsausflug mit und blieb den ganzen Tag fort. Ich genoß die Stille, schlief ein paar Stunden und erledigte diese und jene Kleinigkeiten, für die ich in den letzten Wochen keine Zeit gefunden hatte.

Ich war daher richtig erfreut und in glänzender Stimmung, als Carl anrief. Er befand sich, wie gewöhnlich, auf einer Geschäftsreise. Zwei Tage in Oslo, ein paar Wochen in Stockholm, dann zurück nach Oslo, wo er sich mehrere Tage aufhalten wollte, um meinetwillen, wie er sagte.

Er wollte gern zu mir zum Essen kommen.

Wie gewöhnlich brachte er mir Konfekt mit und überreichte Lisbeth ein großes Paket. Es enthielt eine prachtvolle Puppe.

„Vielen Dank", sagte Lisbeth und machte einen höflichen Knicks.

„Du bist nun wohl bald schon zu groß, um mit Puppen zu spielen", sagte er.

„O nein", sagte Lisbeth höflich.

„In welche Klasse gehst du denn?" fragte Carl.

„In die dritte", antwortete Lisbeth, ohne mit der Wimper zu zucken.

Ich starrte sie verwundert an. Was sollte das bedeuten?

„Bist du schon so groß?" sagte Carl, und weiter sagte er nichts.

Ich betrachtete sie forschend. In jedem ihrer Augenwinkel saß ein kleiner Schelm. Ich hätte beinahe laut aufgelacht.

Als ich vor dem Essen mit ihr ins Badezimmer ging, um mich zu überzeugen, ob sie sich auch ordentlich die Hände wüsche und das Haar kämmte, fragte ich sie, was sie sich eigentlich dabei gedacht hätte, Herrn Lövold so anzuschwindeln.

„Ich wollte bloß hören, was er sagen würde", antwortete Lisbeth. „Er hat mich nun schon dreimal gefragt, in welche Klasse ich gehe. Warum fragt er eigentlich danach? Er hört ja doch nicht zu, wenn ich ihm antworte."

Ich wurde rot. Lisbeth hatte ja recht.

„Trotzdem. So etwas tut man nicht, Lisbeth. Wenn er nun gemerkt hätte, daß du ihn zum Narren hieltest?"

„Darauf pfeife ich", sagte Lisbeth.

Jetzt machte ich ein strenges Gesicht.

„Diesen Ton verbitte ich mir, Lisbeth. Sei nicht obendrein noch frech!"

Lisbeth ging zu der Tür. Ihr Mund war trotzig verzogen.

„Wenn er das nächste Mal fragt, sage ich ‚in die Untersekunda'!" Sie schloß die Tür hinter sich, um eine ganze Kleinigkeit lauter, als notwendig gewesen wäre.

„Soll sie die ganze Zeit bei uns bleiben?" fragte Carl auf englisch.

„Nein", sagte ich. „Nach dem Essen geht sie zu einer kleinen Freundin."

Da wurde Carl freundlich und versuchte, mit Lisbeth ein Gespräch anzuknüpfen. Er hatte damit wenig Glück. Seine Scherze hätten auf ein dreijähriges Kind vielleicht Eindruck gemacht. Aber Lisbeth war siebeneinhalb, und sie war es gewohnt, daß man mit ihr wie mit einem Erwachsenen sprach.

„Solches rohes Fleisch kannst du doch wohl nicht essen", sagte er. „Bist du nicht zu klein dazu?" Wir hatten Roastbeef – Ernas Paradestück.

„Nein", sagte Lisbeth.

„Weißt du denn nicht, daß du im Magen Würmer bekommst, wenn du es ißt?"

„Dann habe ich sicher eine ganze Masse Würmer",

sagte Lisbeth. „Ich habe schon oft rohes Fleisch gegessen."

„Merkst du nicht, wie es in deinem Magen kribbelt?" Lisbeth murmelte etwas vor sich hin.

„Was sagst du? Du mußt deutlich reden, wenn man dich verstehen soll."

„Ich sagte bloß: ‚So 'n Blech!'" sagte Lisbeth und blickte Carl starr ins Gesicht.

„Lisbeth!" sagte ich streng.

Es war, als hätte mein strenger Ton den letzten Rest von Höflichkeit bei ihr zum Verschwinden gebracht. Sie machte ein trotziges, böses Gesicht, als sie sich zu mir herumwandte.

„Ja – wenn er doch nichts als Blech redet!"

Ich fühlte, daß ich flammend rot wurde. Ich schämte mich. Da hatte ich nun vor Carl mit meiner bezaubernden kleinen Pflegetochter geprahlt. Und sie zeigte sich ihm von einer ganz neuen und höchst ungünstigen Seite.

„Lisbeth!" sagte ich, und ich merkte, daß meine Stimme vor Erregung zitterte. „Geh sofort vom Tisch!"

„Warum denn?" sagte Lisbeth. Ich stand auf.

„Entschuldige mich einen Augenblick, Carl."

Ich griff Lisbeth am Arm und ging mit ihr in das Schlafzimmer. Ich war zornig, hilflos, enttäuscht – und hatte eigentlich gar keine Ahnung, was ich mit ihr anstellen sollte. Schließlich gab ich ihr ein paar Klapse hintendrauf – ich schlug ziemlich kräftig zu, und es muß ihr wehgetan haben, denn die Tränen traten ihr in die

Augen. Aber sie gab keinen Laut von sich. „Jetzt geh ins Bett und schäme dich. Wenn Frieda kommt, dann sage ich ihr, daß du nicht mit ihr spielen darfst, weil du unartig gewesen bist.“

„Steffi! Sag das nicht zu Frieda!“ Lisbeths Stimme klang erschrocken.

„Natürlich sage ich es. Nun geh ins Bett und denke ein wenig darüber nach, wie ungezogen du gewesen bist!“

Ich schloß die Schlafzimmertür hinter mir ab. Mir graute davor, Carls Augen zu begegnen. Aber zu meiner Verwunderung lächelte er.

„Jaja, kleine Steffi – es ist nicht ganz einfach, kleine Kinder aufzuziehen. Wie lange soll sie übrigens bei dir bleiben?“

„Für immer“, sagte ich.

„Für immer?“ rief Carl. „Aber liebes Kind! Was hast du dir da aufgeladen! Hat das Kind denn keine Angehörigen?“

„Doch – die Mutter ihrer Mutter – aber ...“

„Dann ist die Sache doch ganz einfach. Die Großmutter ist zweifellos die nächste dazu, sich des Kindes anzunehmen! Siehst du denn nicht ein, daß es Wahnsinn ist, was du tust? Du bist dreiundzwanzig Jahre alt – also beinahe selber noch ein Kind –, und da übernimmst du eine solche – eine solche ganz und gar unnötige Verpflichtung.“

„Höre mich an, Carl! Ich habe ihrem Vater versprochen – daß ...“

„Hast du ihrem Vater versprochen, daß sie ständig bei

dir wohnen soll?“

„Ich – ich habe ihm versprochen, daß es Lisbeth an nichts fehlen soll, solange ich gesund bin und arbeiten kann.“

„Das ist etwas ganz anderes! Laß das Kind zu seiner Großmutter gehen, wo es hingehört, und willst du etwas zum Unterhalt beitragen – dann um so besser! – Meine liebe Steffi! Wenn alles nach Wunsch geht, soll Lisbeth reichlich genug zum Leben haben – auf ein paar Kronen soll es gewiß nicht ankommen.“

Hätte mir jemand alles das einige Stunden früher gesagt, so wäre ich wahrscheinlich zornig hochgefahren und hätte den Betreffenden ersucht, gefälligst seinen Mund zu halten. Jetzt aber war ich durch die kleine Szene, die sich vor kurzem abgespielt hatte, völlig aus dem Gleichgewicht geraten. Ich war enttäuscht über den harten Trotz bei meinem kleinen Mädchen, und ich schämte mich, weil Carl es gesehen hatte. Daher war ich außerstande, entschlossen und überlegen aufzutreten, und beschränkte mich gänzlich auf die Verteidigung – noch dazu auf eine recht matte Verteidigung.

„Steffi“, sagte Carl, als wir Kaffee tranken. „Du weißt, wie lieb ich dich habe. Jetzt darf ich es offen bekennen, denn jetzt bin ich frei. Und nun frage ich dich: Wie steht es mit dir? Hast du mich auch ein wenig gern? Hast du mich so gern, daß du bereit bist, deine gegenwärtige Tätigkeit ganz aufzugeben, um ständig bei mir zu sein? Willst du in meinem Heim die Hausfrau werden? Meine Begleiterin auf meinen Reisen? Die Wirtin, wenn ich

Gäste habe? Steffi! Willst du mich heiraten? Und bist du gewillt, es bald zu tun?"

Mir schwindelte. Ich hatte ja gewußt, daß es einmal kommen würde. Aber jetzt, wo ich so geradezu gefragt wurde und darauf antworten mußte – da wußte ich nicht, was ich sagen sollte.

Eine ganz leise Stimme in meinem Innern flüsterte wohl: „Welcher Gedanke! Wieder reisen zu können! Paris wiederzusehen! Steffi! Hast du es nicht satt, mehr oder weniger langweilige Übersetzungsaufträge auszuführen? Willst du nicht lieber in einem großen Haus wohnen, unter Menschen leben, die dir den Hof machen und dich feiern? Bist du nicht froh, wenn diese Examensquälerei ein Ende hat? Wenn du dich nicht länger mit Gleichungen zweiten Grades herumplagen mußt, obwohl du es vor Kopfschmerzen kaum noch aushalten kannst? Willst du nicht lieber an der Seite eines gut aussehenden Mannes durch Europa reisen – an der Seite eines Mannes, der dich liebt? Dumme Steffi! Weshalb sagst du nicht auf der Stelle ja?

Aber es meldete sich in mir noch eine andere Stimme. Und diese Stimme sprach nur ein einziges Wort: „Lisbeth!"

Nun: Lisbeth konnte ja zu ihrer Großmutter fahren. Ich würde sie selber hinbringen. Sie würde schöne Kleider, die für mehrere Jahre reichten, mitbekommen – einen ganzen Koffer voll. Und jeden Monat würde ich Geld für sie schicken.

Würde ich sie aber nicht vermissen?

Ich hatte ja Carl. Natürlich hatte ich Lisbeth lieb. Aber war es zu verantworten, daß ich um eines kleinen Mädchens willen mein eigenes Lebensglück opferte? Noch dazu um eines verzogenen kleinen Trotzkopfes willen? Aber was würde Lisbeth dazu sagen?

Du lieber Gott! Lisbeth hatte es nach dem Tod ihres Vaters wieder gelernt, zu lachen und vergnügt zu sein. Sie war ja schließlich erst sieben Jahre alt. Ein siebenjähriges Kind ist elastisch. Und sollte nun einmal eine Veränderung in ihrem Leben eintreten, dann war es am besten, ich wartete nicht erst so lange, bis sie hier bei mir zu fest eingewachsen war.

Diese Gedanken wirbelten mir durch den Kopf. Noch nie in meinem Leben hatte ich einer so folgenschweren Entscheidung gegenübergestanden. Ich fühlte mich verzweifelt hilflos.

Wäre Lisbeth heute nett gewesen – hätte sie in diesem Augenblick – wie schon so oft – ihre Arme um meinen Hals geschlungen und gesagt: „Ich habe dich so lieb, Steffi!" – dann hätte ich wohl sicher auf Carl und die Reisen, das elegante Auto, das vornehme Haus und alles andere auf der Stelle verzichtet. Aber nicht Lisbeth legte mir den Arm um den Hals, sondern Carl. Und Carl war es, der mir mit seiner warmen, weichen Stimme ins Ohr flüsterte: „Steffi! Ich habe dich so lieb!"

Ich sprang auf und ging ein paarmal auf und ab. An der Schlafzimmertür blieb ich stehen. Wie merkwürdig still es da drinnen war!

Ich machte die Tür auf und blickte hinein. Das

Zimmer war leer.

So ein Kind! Nun hatte Lisbeth sich durch das Badezimmer und den Flur leise davongestohlen und war doch zu Frieda gegangen!

Ich war auf dem Sprung, ihr nachzueilen und sie zurückzuholen. Aber dann war die böse kleine Stimme in meinem Innern wieder da: „Laß sie doch laufen! Dann hast du wenigstens für eine Weile Ruhe!"

Ich kehrte zu Carl zurück.

Wir saßen beide auf dem Sofa. Nach langem Verhandeln hatten wir, wie Carl es ausdrückte, einen Vergleich geschlossen. Er sähe ja ein, daß manche Schwierigkeiten zu überwinden wären, sagte er. Ich solle also die Tage seiner Abwesenheit benutzen, um schriftlich und mündlich alles zu ordnen, und wenn er dann von Stockholm zurückkäme, sollte ich sagen – nicht *ob* ich ihn heiraten wolle, denn diese Frage hätte ich schon mit einem Ja beantwortet – sondern *wann.*

„Morgen nimmst du dir einen freien Tag", sagte Carl. „Wir fahren irgendwohin, wo es schön ist, und um acht bringst du mich an den Zug. Geht das nicht?"

„Doch!" sagte ich.

Ich hörte, wie die Wohnungstür ganz leise geöffnet und wieder geschlossen wurde. Lisbeth hatte einen eigenen Schlüssel. Sie mußte einen haben, weil es gelegentlich einmal vorkam, daß ich nicht zu Hause war.

Ich ging auf den Flur.

„Wo bist du gewesen, Lisbeth?"

„Bei Frieda.“

„Ich hatte dir doch gesagt, du dürftest nicht zu ihr gehen.“

„Ja, Steffi – aber dann – dann hätte Frieda es doch erfahren, daß ich – daß du – daß – daß ...“ Lisbeth schluckte ein paarmal und blinzelte mit den Augen. Es fiel mir ungeheuer schwer, kalt und streng zu bleiben.

„Gut. Darüber sprechen wir morgen. Die Milch und die Kekse stehen auf deinem Nachttisch. Geh nun schlafen.“

„Gute Nacht“, sagte Lisbeth mit leiser Stimme.

„Gute Nacht“, sagte ich.

Carl machte Reisepläne. Wie wäre es mit Cannes zu Weihnachten? Oder vielleicht Davos? Er wolle das gänzlich mir überlassen. Auf jeden Fall würden wir eine Hochzeitsreise machen, die sich sehen lassen könnte. Ob ich Lust hätte, Lissabon und andere alte, vertraute Stätten wiederzusehen?

Mir schwindelte. *Ob* ich Lust hatte! Mein altes Reisefieber kam wieder über mich. Ich sollte neue Orte sehen, neue Menschen kennenlernen, ich sollte abends in großer Toilette ausgehen, mich in der Oper, auf Gesellschaften zeigen, wieder einmal fremde Sprachen sprechen – und ich wußte, daß ich mich an Carls Seite wohl sehen lassen konnte, daß er sich meiner nicht zu schämen brauchte.

Und das ganze Dasein, das er mit wenigen Worten vor mir erstehen ließ, stand in einem schreienden Gegensatz zu dem Dasein, das ich in diesem Augenblick führte:

Anstrengende Arbeit, große Verantwortung, Vorbereitung aufs Examen, Haushaltssorgen – und ein von Leben übersprudelndes kleines Wesen, das mich ganz und gar für sich in Anspruch nahm.

Es war schwer.

Carl blieb lange sitzen. Als er endlich fort war und ich ins Schlafzimmer ging, um mich hinzulegen, warf ich einen Blick auf Lisbeth.

Es sah so aus, als zögen sich über ihre Wangen ein paar Streifen.

Aber vielleicht waren es nur die Schatten von den Gitterstäbchen ihres Kinderbettes.

Wie konnte ich nur so niederträchtig sein?

Lisbeth kam aus dem Badezimmer.

„Du mußt reine Strümpfe anziehen, Lisbeth."

Sie holte Strümpfe aus der Kommodenschublade. Sie war gewandt und selbständig und konnte sich ohne Hilfe anziehen.

„Was war eigentlich gestern mit dir los, Lisbeth? Weshalb warst du so ungezogen?"

Keine Antwort.

„Antworte, wenn ich dich frage. Weshalb warst du so unhöflich gegen Herrn Lövold?"

„Er ist dumm."

„Pfui! Daß du so etwas sagen kannst! Er bringt dir ein hübsches Geschenk mit, ist nett und freundlich zu dir ...“

„Er ist dumm“, wiederholte Lisbeth. Dann kniff sie die Lippen zusammen – ein richtiger kleiner Trotzkopf.

Ich wußte nicht, was ich sagen sollte.

„Er ist doch immer so nett zu dir gewesen, Lisbeth ...“, machte ich einen neuen Versuch.

„Das tut er nur, weil du denken sollst, er ist nett“, sagte Lisbeth. Damit sah sie offenbar den Gesprächsgegenstand als erschöpft an.

Sie war fertig angezogen, nahm ihren Kamm, ging in die Küche und bat Erna, ihr bei dem Ordnen des Haares zu helfen.

Ich hörte, wie sie in der Küche ihr Frühstück bekam. Sie bat mich nicht, mit ihr zusammen zu frühstücken. Sie ging zur Schule, ohne sich von mir zu verabschieden.

Ich dachte über ihre letzte Bemerkung nach. Es war etwas daran, was mich stutzig machte, und ich hielt es nicht für geraten, das Gespräch fortzusetzen.

Ich frühstückte im Bett, als Lisbeth fortgegangen war, und sagte zu Erna, ich würde den ganzen Tag abwesend sein. Sie möchte Herrn Skar sagen, ich könne heute keine Stunde nehmen.

Ich streckte mich und gähnte und dachte über das Gespräch nach, das ich gestern mit Carl geführt hatte. Ich war schrecklich unsicher. Was sollte ich tun?

Da läutete es, und Erna brachte mir einen Brief. Ich las ihn viele Male:

Liebes Fräulein Sagen!

Sie werden verstehen, um was es sich handelt, wenn Sie sehen, wer an Sie schreibt. Der Gedanke an die kleine Lisbeth läßt mir keine Ruhe. Als Sie mich im Sommer von dem Tod meines Schwiegersohnes unterrichteten, schrieb ich, wie Sie sich erinnern werden, ich wäre Ihnen dankbar, wenn Sie sich Lisbeths annehmen würden. Damals war ich gesundheitlich gar nicht auf dem Posten. Mein Ischias macht mir von Zeit zu Zeit böse zu schaffen.

Jetzt geht es mir indessen besser. Ich habe mit meiner Tochter oft über Lisbeth gesprochen, und wir sind uns einig geworden, daß wir sie gern zu uns nehmen wollen. Wir sind ja auch ihre nächsten Verwandten. Der Gedanke, daß Sie von uns eine sehr schlechte Meinung haben müssen, ist mir sehr schmerzlich. Sie müssen ja glauben, daß wir uns unseren Verpflichtungen entziehen wollen; das ist aber nicht unsere Absicht. Natürlich habe ich das Kind meiner lieben Elisabeth sehr lieb, und ich will gern alles für sie tun, was ich kann.

Nun leben meine Tochter und ich, wie Sie wissen werden, in etwas engen Verhältnissen. Ich will nicht leugnen, daß es uns nicht leichtfällt, ein weiteres Familienmitglied in unseren Familienhaushalt aufzunehmen. Aber da Lisbeth ja etwas Geld besitzt, wird es schon gehen.

Was bei meinen Überlegungen jedoch die größte Rolle spielt, ist der Umstand, daß Sie, die Sie jung, den Tag über von Ihrer Arbeit voll in Anspruch genommen und doch nur sehr entfernt mit Lisbeth verwandt sind, nicht eine Verantwortung auf sich nehmen sollen, zu der Sie doch nichts verpflichtet. Meine Tochter will im nächsten Monat nach Oslo reisen. Sie könnte bei dieser Gelegenheit Lisbeth mitnehmen. – Ich hoffe, bald von Ihnen zu hören, wie Sie darüber denken. Ich muß ja einige Vorkehrungen treffen, wenn wir vom nächsten Monat ab ein kleines Kind im Hause haben sollen.

Mit den freundlichsten Grüßen an Sie und einem Kuß für die kleine Lisbeth.

Ihre ergebene
Maria Elisabeth Bredal

Nun sah alles sehr viel einfacher aus. Wohl selten geschieht es, daß ein Brief in einem so günstigen Augenblick eintrifft. Während ich mir noch den Kopf darüber zerbrach, was ich tun sollte, brachte mir der Postbote die Lösung fix und fertig ins Haus.

Weshalb war ich eigentlich gar nicht richtig froh und erleichtert? Weshalb schrieb ich nicht auf der Stelle an Frau Bredal, beruhigte sie über die wirtschaftliche Seite der Angelegenheit und erklärte mich bereit, zu Lisbeths Unterhalt beizutragen? Weshalb frohlockte ich nicht bei dem Gedanken, daß mich nun nichts mehr hinderte, Carl zu heiraten?

Als ich aber neben Carl im Wagen saß und wir auf der Landstraße nach Sollihögda dahinsausten, da fing ich doch an, mich zu freuen, daß sich alles so schön gefügt hatte – und noch dazu auf die so angenehme Weise, daß der Vorschlag von Frau Bredal kam.

Ich erzählte Carl von dem Brief. Er war begeistert.

„Aber dann, Steffi – dann brauchen wir doch gar nicht mehr zu warten! – Also: in einem Monat! – Ist es dir recht? – Sobald Lisbeth fort ist?"

„Ich muß erst die Sache mit der Wohnung ordnen", sagte ich, „und über die Möbel verfügen – und ich muß die Übersetzung für Rambech, an der ich gerade arbeite, erst fertigmachen."

„Wann können wir also heiraten, kleine Steffi?"

Ich überlegte.

„An meinem Geburtstag", sagte ich. „Am zehnten November."

Wie merkwürdig! Schluß mit dem Einpauken zum Abitur! Für die Aufgaben, denen ich mich nun künftig gegenübergestellt sehen würde, bedurfte es keines Examens. Die Kenntnisse, die ich bereits besaß, genügten vollauf. – Schluß mit dem Strümpfestopfen, dem Abhören der Schularbeiten und dem Ludo-Spielen am Abend! Schluß mit dem Übersetzen von Büchern und Reklamebroschüren! Jetzt gab es für mich keine wirtschaftlichen Schwierigkeiten mehr. Ich brauchte künftig weiter nichts zu tun, als einen großen Haushalt zu leiten, mich ausführen zu lassen und zu „repräsentieren". Und ich bekam einen gut aussehenden, netten, reichen Mann – einen Mann, der mich auf den Händen tragen, der auf mich stolz sein würde.

War ich nicht ein Glückspilz?

„Nun sind wir wieder einmal auf dem Bahnhof", sagte Carl. „Aber diesmal fällt es mir nicht so schwer, dich zu verlassen, Steffi. In ein paar Wochen sehen wir uns wieder!"

Carl hielt meine Hand fest, bis der Zug sich in Bewegung setzte. Ich ging zu Fuß nach Hause. Ich brauchte frische Luft und ich mußte meine Gedanken ordnen.

Wann sollte ich es Lisbeth sagen? Und wie?

Lisbeth und ich hatten uns in Unfreundschaft getrennt. Zuerst mußten wir wieder Freunde werden – richtige, gute Freunde – und dann mußte ich ihr sagen, daß – daß – ja, was? – Daß ihre Großmutter sich so nach ihr sehne – und daß ich Carl heiraten wolle – da würde sie sicher bei mir nicht bleiben wollen – und bei der Großmutter würde sie es so gut haben.

Daß ich das fertigbrachte! Daß ich es fertigbrachte, so erbärmlichen Gedanken Raum zu geben, daß ich im Ernst die Absicht hegen konnte, die ehrlichste, treueste kleine Kameradin von der Welt zu verraten!

Ich schäme mich – ich erröte, wenn ich daran denke. Und mir scheint, daß ich diese Niedertracht nie wieder gutmachen kann.

„Lisbeth hat sich hingelegt", sagte Erna, als ich nach Hause kam.

„Jetzt schon? Es ist ja erst halb neun. Sie durfte heute doch bis neun aufbleiben."

„Sie sagte, ihr wäre übel."

„Sie wird heute mittag zuviel Schokoladenpudding gegessen haben. Ist Frieda hiergewesen?“

„Nein. Man hat sagen lassen, sie dürfe nicht ausgehen, weil ihr kleiner Bruder Scharlach hat.“

Es lief mir eiskalt über den Rücken. Scharlach! Ich hatte selber als kleines Kind Scharlach gehabt, und ich konnte mich noch erinnern, daß Übelkeit und Erbrechen die ersten Anzeichen gewesen waren. Ich hatte wochenlang gelegen. Wir hatten damals in Helsinki gewohnt. Eine reizende finnische Krankenschwester hatte mich gepflegt und mir zu essen gegeben, und als es mir wieder besser ging, hatte sie mir Märchen vorgelesen.

Ich entledigte mich schnell meines Mantels und Huts und eilte zu Lisbeth.

Sie stöhnte leise. Ihre Wangen und ihre Stirn waren stark gerötet.

„Kleine Lisbeth – bist du krank?“

Lisbeth versuchte zu antworten, brachte aber keinen Ton hervor. Sie erbrach sich so heftig, daß das ganze Bett beschmutzt wurde.

Beinahe wäre ich ihrem Beispiel gefolgt; aber zum Glück konnte ich den Drang gerade noch unterdrücken. Ich wollte Erna rufen, unterließ es aber. Wenn es nun wirklich Scharlach war – und wenn Erna ihn noch nicht gehabt hatte!

Ich bezog das Bett frisch und wusch Lisbeth. Dann maß ich die Temperatur. 39,8!

Zwanzig Minuten später war der Arzt da!

Er blickte ihr in den Hals, zählte ihre Pulsschläge, untersuchte ihren kleinen Körper, um sich zu überzeugen, ob sich schon Ausschlag zeige.

„Es ist höchstwahrscheinlich Scharlach“, meinte er. „Ich werde morgen vormittag wiederkommen. Wir müssen sie ins Krankenhaus bringen, wenn . . .“

„Nein, Herr Doktor! Nein! Nehmen Sie sie mir nicht fort! Ist es gesetzlicher Zwang? Muß ein an Scharlach erkranktes Kind ins Krankenhaus?“

„Nein“, sagte der Doktor. „Haben Sie selber Scharlach gehabt?“

„Ja.“

„Dann können Sie sie pflegen – vorausgesetzt natürlich . . .“

„Ich werde sie so gewissenhaft pflegen, wie es überhaupt nur möglich ist, Herr Doktor.“

„Gut. Wir werden sehen. Haben wir Glück, so ist es gar kein Scharlach. Also, wie gesagt: ich komme morgen wieder.“

Die Temperatur stieg. Das Erbrechen wiederholte sich. Lisbeth jammerte die ganze Nacht. Ich kam nicht aus meinen Kleidern.

Ich hatte Erna fortgeschickt. Sie hatte eine Schwester, bei der sie sein konnte. Erna hatte noch nie Scharlach gehabt.

In den frühen Morgenstunden klagte Lisbeth, sie schwitze fürchterlich. Ich schlug die Decke zurück, zog ihr den verschwitzten Schlafanzug aus, rieb sie trocken und zog ihr einen frischen Schlafanzug an.

Im Schein der Nachtlampe sah ich die kleinen roten Punkte dicht an dicht auf den Schenkeln und dem

Unterleib.

Kleine Lisbeth! Mein liebes, kleines Mädchen!

Ich maß aufs neue die Temperatur. Lisbeth lag im Halbschlaf und merkte es nicht. Über vierzig!

Auf einmal fühlte ich mich so allein – so grenzenlos allein, so verzweifelt, so hilflos. Wenn doch nur Carl in der Stadt gewesen wäre!

Carl? Was würde Carl wohl gesagt haben? „Schicke sie sofort ins Krankenhaus! Du darfst dich nicht übernehmen! Du mußt an dich selber denken! Schicke sie sofort weg! Ich bezahle."

Ganz plötzlich wurde mir klar, was ich bisher nicht gesehen hatte, nicht hatte sehen wollen: Carl war ein grenzenloser Egoist. Hätte er mich wirklich liebgehabt, dann wäre Lisbeth kein Hindernis gewesen. Dann hätte er gesagt: „Lisbeth! Willst du mit Steffi zu mir kommen und bei mir wohnen? Glaubst du nicht, du könntest auch mein kleines Mädchen werden?"

Aber etwas dergleichen war ihm auch nicht einen Augenblick in den Sinn gekommen.

Nie hatte ich das so klar erkannt wie in dieser qualvollen, einsamen Nacht.

Hatte er mich überhaupt lieb? Nein! Wenn er sich um mich bemühte, so veranlaßte ihn dazu nur seine Eitelkeit. Er wollte eine gut aussehende Frau haben. Hatte Frau Rawen nicht erzählt, seine erste Frau habe es nicht verstanden, aus sich „etwas zu machen"?

Carl wollte eine Frau haben, die französisch und englisch sprechen konnte, die repräsentieren konnte und

„eine gute Figur machte", wenn sie sich einen Hermelinumhang über die Schultern hängte.

Ja! Das war es, was er brauchte! Und er verstand es, jemand, den er nicht gebrauchen konnte, loszuwerden: seine erse Frau, seine kleine Tochter – und jetzt Lisbeth!

Nein! Nein! Tausendmal nein! Niemals sollte es Carl gelingen, Lisbeth von mir zu trennen! Was war seine vornehme Villa, sein elegantes Auto, sein Haus in den Bergen, seine Besitzung am Meer – was waren seine Reisen durch Europa, die schönen Kleider und Hüte, die ich mir in Paris kaufen sollte – welchen Wert hatte das alles im Vergleich zu einem warmherzigen, lebendigen kleinen Mädchen, das zwei weiche Arme um meinen Hals legen und mit einer hellen, freudigen Stimme sagen konnte: „Ich habe dich so lieb, Steffi!"

Kleine Lisbeth – kleine treue Kameradin, die mich nie verraten würde – mein ehrliches, trotziges kleines Mädchen – daß ich auch nur eine Sekunde daran denken konnte, dich fortzuschicken!

Ach! Ich war so allein – so voller Angst – so klein und hilflos! Wo war mein Selbstvertrauen geblieben?

Plötzlich kam mir ein Gedanke. Ich rief bei der Zeitung an, für die Heming arbeitete.

Es dauerte eine kleine Weile – dann wurde der Hörer abgenommen, und eine etwas atemlose Stimme meldete sich. Es war Heming.

„Hallo, Heming! Hier ist Steffi."

„Du bist es? – Ich hatte gerade hinter mir abgeschlossen und war im Begriff zu gehen, als das Telefon läutete. Ist etwas passiert, Steffi?"

„Ich bin so verzweifelt, Heming. – Ich *mußte* einfach mit jemandem sprechen – Lisbeth . . ."

„Was ist mit Lisbeth?" Die Stimme war schnell und hart und bange.

„Sie hat Scharlach und über vierzig Temperatur und . . ."

„Schließe die Haustür auf. In zehn Minuten bin ich bei dir."

Heming ging sofort in das Schlafzimmer. Ich hielt ihn zurück.

„Hast du Scharlach gehabt?"

„Ja. Du auch?"

„Ja."

„Das ist gut."

Er beugte sich über Lisbeth. Sie schlug die Augen auf. Sie war jetzt bei klarem Bewußtsein.

„Kleine Lisbeth! Du willst uns doch nicht etwa krank werden?" Wie zärtlich seine Stimme klang!

„Bleibe bei mir, Heming!"

„Natürlich bleibe ich bei dir. Steffi auch."

„Steffi nicht", murmelte Lisbeth. „Steffi ist mir böse."

Jetzt konnte ich mich nicht länger beherrschen. Die Tränen flossen mir über die Wangen.

„Aber nein, meine kleine Maus – ich bin dir nicht böse. Ich bin nicht nett zu dir gewesen, Lisbeth, und das tut mir so leid. Wir müssen wieder Freunde werden, Lisbeth. Willst du?"

Lisbeth richtete ihre Augen auf mich. Es war, als strenge sie sich an, meine Worte zu verstehen. Dann schloß sie die Augen und sagte nichts mehr. Wir hörten sie nur noch hin und wieder leise wimmern.

Heming ging in die Küche und kochte Kaffee. Dann legte er mir sanft den Arm um die Schultern und bewog mich, von dem Stuhl an Lisbeths Bett aufzustehen und mit ihm ins Wohnzimmer zu gehen.

„Trinke eine Tasse Kaffee, Steffi!"

Ich gehorchte. Mitten in meinem Kummer, meiner Angst und Beschämung empfand ich es wohltuend, daß jemand bei mir war, der bestimmte, was zu geschehen hatte.

„Was meinte Lisbeth, als sie sagte, du wärest ihr böse?" fragte Heming.

Ich erzählte ihm alles und schonte mich selber nicht. Ich erzählte von Carl, von Lisbeths Abneigung gegen ihn und ihrem unhöflichen Benehmen. Ich gestand auch offen ein, daß ich daran gedacht hatte, an Lisbeth schmählichen Verrat zu üben, und daß ich mich unsagbar schämte.

„Wie konnte ich nur so gemein, so niederträchtig – ein solcher Unmensch sein?" schluchzte ich.

Heming wartete geduldig, bis ich mich ausgeweint hatte. Als meine Tränen langsamer zu fließen begannen, hob er leise und ruhig zu sprechen an. Wie erwachsen er auf einmal geworden war – der fröhliche Junge mit der Haarsträhne in der Stirn!

„Du bist töricht gewesen, das ist das Ganze. Du hast

Lisbeth gegenüber einen Fehler gemacht. Du hast geglaubt, man könne eine tiefe Abneigung mit Vernunftsgründen bekämpfen. Das ist völlig aussichtslos. Hast du nicht selber Menschen kennengelernt, die du nicht ausstehen konntest?"

„Doch", gab ich zu.

„Da hättest du am liebsten genauso gehandelt wie Lisbeth."

„Ja . . ."

„Aber du tust es nicht, weil du wohlerzogen bist. Lisbeth aber ist erst sieben Jahre alt. Sie hat noch nicht die Hemmungen eines Erwachsenen. Sie hat es bisher noch nicht gelernt, Theater zu spielen. Du hättest bei ihr mehr erreicht, wenn du gesagt hättest: Hör mal, Lisbeth! Du magst den Mann nicht. Dafür kannst du nichts. Aber wenn du unhöflich zu ihm bist – dafür kannst du etwas. Wir müssen es alle lernen, höflich zu sein – auch zu Menschen, die wir nicht leiden können. – Das ungefähr hättest du zu Lisbeth sagen sollen."

„Du hast recht, Heming." Wir schwiegen beide eine Weile. Heming schenkte Kaffee ein und holte Kekse.

„Weißt du, Heming – es ist eigentlich merkwürdig, wie gut du Kinder verstehst. Man sollte fast glauben, du hättest selber welche."

„Um Kinder zu verstehen, braucht man nicht selber welche zu haben. Es genügt, daß man einmal ein Kind gewesen ist und nicht vergessen hat, wie einem damals zumute war."

„Aber Kinder können dich so gut leiden. Du mußt

wohl etwas Besonderes an dir haben."

„Das ist wohl möglich. Und wenn es so ist – dann um so besser. Es wird sich als nützlich erweisen, wenn ich erst einmal Lehrer bin."

Lisbeth wimmerte wieder leise. Wir gingen zu ihr. Plötzlich murmelte sie etwas.

„Pfui, Steffi! Nicht schlagen!"

Es ging mir durch und durch, als ich das hörte.

„Er *ist* dumm! Er *ist* dumm! Er *ist* dumm! Du kannst mich ruhig schlagen. Aber er *ist* dumm!"

Dann murmelte sie etwas, was wir nicht verstehen konnten. Nach einer Pause kam ein langer Seufzer: „Vater!"

Heming legte tröstend den Arm um mich, als mir wieder die Tränen kamen.

„Nimm es nicht so schwer, Steffi! Du mußt Lisbeth richtig verstehen. Sieh mal: Sie ist natürlich noch nie in ihrem Leben geschlagen worden; und sie begreift das alles nicht. Du mußt dich mit ihr aussprechen, sobald sie wieder gesund ist."

„Ja – wenn sie nur nicht . . ."

Keiner von uns wagte es, den Satz zu vollenden.

Aber plötzlich fragte Heming: „Du hast sie doch wohl ärztlich untersuchen lassen? Ich meine: damals, als du erfuhrst, woran ihr Vater gelitten hatte?"

„Selbstverständlich. Als wir wieder in der Stadt waren, bin ich sofort mit ihr zu einem Arzt gegangen. Er sagte, sie wäre so gesund wie ein Fisch im Wasser. Und das wäre ein wahres Wunder. Es wäre völlig unbegreiflich, wie sie jahrelang mit einem Tuberkulosekranken zusammen hätte wohnen können, ohne von ihm angesteckt zu werden. Daß sie aber kerngesund ist, daran besteht, wie der Arzt sagte, nicht der geringste Zweifel."

„Das ist ausgezeichnet", sagte Heming. „Dann wird sie mit dieser Geschichte leichter fertig. Bei der kräftigen Ernährung, die du ihr hast zukommen lassen, wird sie eine ganz hübsche Portion Widerstandskraft sozusagen aufgespeichert haben."

„Glaubst du das?"

„Darauf kannst du dich verlassen. Ich finde, du pflegst sie direkt vorbildlich. Ausgezeichnetes Essen – Milch, Eier, Obst, gute Butter – peinlichste Reinlichkeit – jeden Tag eine warme Dusche – viel an frischer Luft – einen ganzen Sommer im Gebirge: könnte sie es wohl besser haben?"

„Daß du das alles gemerkt hast!" Ich mußte lächeln.

„Kinder interessieren mich", sagte Heming. „Ich habe des öfteren dies oder das an dir auszusetzen gehabt, wie du aber für Lisbeth sorgst, ist des höchsten Lobes wert. Glaubst du, ich wüßte nicht, daß man in deiner Wohnung vergeblich nach Lutschstangen und Bonbons suchen würde? Glaubst du, ich hätte nicht gehört, wie du Lisbeth anhieltest, ihre Zähne ordentlich zu putzen? Glaubst du, ich erinnerte mich nicht mehr, wie du nein sagtest, als Lisbeth ihr Stück Zucker in deinen Kaffee tauchen wollte, und wie du ihr erklärtest, sie könne leicht am Kaffee Geschmack finden, und das wäre nicht gut für sie? Glaubst du, ich wüßte nicht, daß in der Küche eine

Flasche Sanasol steht, und daß Lisbeth jeden Tag davon etwas trinken muß?“

Wie tröstlich klang das alles in diesem Augenblick, da ich so ganz verzweifelt war und mich so unsagbar schämte!

Eigentlich verdiente ich dieses Lob freilich gar nicht.

Es war für mich etwas ganz Selbstverständliches, daß ich auf Lisbeths Gesundheit und Wohlergehen bedacht war. Mir selber war es ja nicht anders ergangen, als ich klein gewesen war.

Der Tag brach an. Wir hörten, wie das Leben auf der Straße erwachte. Ich bereitete das Frühstück. Heming und ich frühstückten zusammen. Dann mußte er gehen. Er hatte eine Vorlesung.

„Ich komme später wieder her, Steffi. Schreibe auf, was du besorgt haben willst. Ich bringe es dann mit.“

„Das ist furchtbar nett von dir, Heming.“

Als er schon auf dem Flur war, steckte er noch einmal den Kopf durch die Tür.

„Und wenn ein Ferngespräch von Stockholm kommt, mußt du ein braves Mädchen sein!“

Die Wohnungstür fiel ins Schloß. O ja, ich würde brav sein. Heming brauchte keine Angst zu haben.

Der Doktor kam und fand bestätigt, was er schon vermutet hatte. Es war kein Zweifel mehr möglich. Lisbeth hatte Scharlach. Nun waren wir beide auf unbestimmte Zeit isoliert.

Ich rief bei Rambech an. Glücklicherweise war die Übersetzung, an der ich gerade arbeitete, nicht sehr eilig.

Dann sprach ich mit Anne-Grete. Sie versprach, am Nachmittag zu mir zu kommen. Gegen Mittag aber rief sie bei mir an und sagte mit klagender Stimme, Knut hätte noch keinen Scharlach gehabt, und sie hätte Angst, sie könnte den Krankheitsstoff auf ihn übertragen.

Heming aber ließ sich nicht fernhalten. Er beschaffte sich einen weißen Arztmantel und eine weiße Kappe und sah darin wie ein fröhlicher junger Bäckergeselle aus. Er wusch sich andauernd die Hände, spülte sich immer wieder den Mund aus und war überhaupt so vorsichtig, wie man es nur sein konnte – aber kommen wollte er.

Ich selber trug eine weiße Schürze mit Ärmeln und eine weißleinene Kappe, wusch Lisbeth, zog ihr frische Nachthemden an, kochte Hafersuppe, preßte Apfelsinen aus, erwärmte Milch. Das Fieber blieb hoch. Sie sollte nur flüssige Nahrung bekommen.

„Ißt du selber eigentlich etwas?" fragte Heming eines Tages.

„O ja."

„Was hast du gestern zu Mittag gegessen?"

„Wie du fragst! – Spiegeleier, glaube ich."

Heming ging fort und kehrte mit einigen Paketen zurück. Dann ging er in die Küche und schmorte und briet. Nach einer Weile brachte er mir auf einem Brett ein Beefsteak mit Gemüse.

„Du mußt ordentlich essen, Steffi. Vor dir liegen noch viele anstrengende Wochen."

Von da an brachte er jeden Tag Fleisch und andere gute Dinge mit und paßte auf, daß ich sie gut zubereitete und mir Zeit zum Essen ließ. Er war wundervoll!

Der Doktor verordnete kalte Packungen und zeigte mir, wie man dabei verfahren müsse. Heming ging in die Apotheke und holte geölte Leinwand. Dann hoben wir zusammen den kleinen, fieberheißen Körper hoch und packten ihn ein: zuerst kam ein nasses Bettuch, dann die wasserdichte Leinwand und schließlich eine wollene Decke.

Lisbeth war kaum wiederzuerkennen: über und über mit roten Tüpfeln besät, die Wangen merkwürdig geschwollen, die Lippen brennend rot und die Umgebung des Mundes unnatürlich weiß.

Sie phantasierte oft. Eines Tages sprach sie viel von Perle und Graubein. Offenbar erlebte sie noch einmal die Sommertage im Gebirge. Ein anderes Mal murmelte sie etwas von ihrem Fahrrad. Am häufigsten aber sprach sie von Heming. Mich erwähnte sie selten, und wenn sie es tat, machte sie mir meistens Vorwürfe. Es war kaum auszuhalten.

Der Doktor trug mir auf, ich solle sie baden. Sie hatte es immer sehr geliebt, in der Badewanne zu planschen.

Es war erschütternd, den kleinen, abgemagerten, scharlachroten Körper so schlaff und matt in der Badewanne zu sehen.

Eines Tages wimmerte sie wieder. Sie war bei Bewußtsein, und ich fragte sie, ob sie Schmerzen hätte.

„Das Ohr tut so weh", jammerte Lisbeth.

Ich rief bei dem Doktor an. Er machte ein bedenkliches Gesicht, als er Lisbeth untersucht hatte.

„Ohrengeschichten sind eine sehr häufige Begleiterscheinung des Scharlachfiebers", suchte er mich zu trösten. Wahrscheinlich sollte es für mich ein Trost sein, daß dergleichen häufig vorkam.

Aber was nützte mir das? Darum wurden die Schmerzen, die meine kleine Lisbeth aushalten mußte, nicht geringer.

Der Doktor mußte das Trommelfell durchstechen. Lisbeth war geduldig. Sie schrie nicht, sondern weinte nur still und leise vor Schmerz.

Lieber Gott! Hätte ich ihr doch die Schmerzen abnehmen können! Warum mußte das arme kleine Kind so leiden?

Der Doktor kam jetzt häufiger. Jeden Tag behandelte er Lisbeths Ohren, und mehrmals täglich wischte ich vorsichtig die braune Flüssigkeit weg, die herausrann. Da sah ich plötzlich ein Bild vor mir, das sich mir unvergeßlich eingeprägt hatte.

Es war in Holland gewesen. Ein kleines Mädchen mit einem seltsam leblosen, verschlossenen Gesicht. Wir kauften im gleichen Geschäft ein. Das Mädchen legte einen Zettel und das Geld, das in Papier gewickelt war, auf den Ladentisch. Die Verkäuferin holte die Waren, das Mädchen bekam sie und das Wechselgeld in ihren Korb und ging.

Nie sagte sie ein Wort.

Ich fragte eines Tages die Verkäuferin.

„Die arme Kleine!" sagte sie. „Sie ist taubstumm. Sie wurde es, nachdem sie Scharlach gehabt hatte."

Wenn ich jetzt Lisbeths Ohren wusch und wenn der Doktor ein ernstes Gesicht machte, sah ich immer das taubstumme kleine holländische Mädchen vor mir.

Ich hatte keine Ahnung mehr, welchen Wochentag wir hatten oder welches Datum wir schrieben. Ich war immer todmüde. Aber die Müdigkeit war bedeutungslos, verglichen mit der Angst, die ich um Lisbeth fühlte. „Leg dich jetzt hin und schlafe!" sagte Heming eines Tages.

„Ich schlafe ja so oft. Heming."

„Ja. Und jedesmal höchstens eine halbe Stunde. Ich komme heute von der Zeitung direkt hierher. Dann legst du dich hin, und ich bleibe bei Lisbeth, bis du von selber aufwachst. Verstanden?"

Ich mußte mich fügen. Ich machte den Diwan im Wohnzimmer zurecht, und als Heming bei Lisbeth war, sank ich todmüde ins Bett.

Ich schlief bis zum nächsten Tage um zwölf Uhr mittags. Als ich aufwachte, fühlte ich mich wie ein neuer, besserer Mensch. Heming brachte mir Kaffee ans Bett.

„Nun gehe ich in die Küche, während du dich duschst. Dieses bunte gespensterhaft aussehende Dings hier ist vermutlich ein Morgenrock. Nun geh und nimm ein Bad!"

Es war eigentlich merkwürdig. Hier war ein junger Mann, der buchstäblich bei Tag und bei Nacht kam und ging, wie er wollte. Er hatte einen Schlüssel für die Haustür und einen für die Wohnung. Er schickte mich ins Bett, er brachte mir meinen Morgenkaffee, er spazierte in meiner Küche, meinem Badezimmer, meinem Schlafzimmer umher, als wäre er bei sich zu Hause.

Und doch waren unsere Beziehungen von Anfang an so rein kameradschaftlicher Natur gewesen, daß keiner von uns je auf den Gedanken gekommen war, wir könnten uns ineinander verlieben.

Heming hatte bei mir gegessen und war dann in die Redaktion gegangen. Ich hatte in der ganzen Wohnung Ordnung gemacht und mich dann mit einem Buch ins Wohnzimmer gesetzt.

Lisbeth schlief. Ihre Temperatur war nicht besonders hoch. Etwas über achtunddreißig. Plötzlich schrie sie auf. Ich warf das Buch hin und stürzte ins Schlafzimmer.

„Kleine Lisbeth – was hast du?"

„Die Ohren – die Ohren ...", jammerte sie und preßte ihre Hände auf die kleinen Ohren.

„Tun sie so weh, Lisbeth? – Alle beide?"

„Am meisten das eine – aber das andere auch – o Steffi, – es tut so weh – kannst du nichts daraufschmieren? – Hilf mir doch, Steffi – oh!"

Sie brach in ein verzweifeltes Schluchzen aus.

Ich rief wieder einmal bei dem Doktor an. Er machte gerade Krankenbesuche. Da rief ich bei einem anderen an, einem Ohrenarzt. Er kam sofort.

Lisbeth war sehr geduldig, als er sie untersuchte. Es war ein netter, freundlicher Mann, und er verstand es gut, mit Kindern umzugehen.

„So, Kleine", sagte er, als die Untersuchung beendet war. „Nun wollen wir dafür sorgen, daß die häßlichen Schmerzen aufhören, damit du heute nacht gut schläfst –

und Mutti auch."

Lisbeth schien es nicht weiter merkwürdig zu finden, daß der Doktor mich für ihre Mutter hielt.

Sie bekam eine Spritze mit irgendeiner Flüssigkeit in den Arm. Bei dem Stich zuckte sie etwas zusammen, sagte aber nichts. Bald darauf war sie eingeschlafen.

„Wir wollen die Sache bis morgen abwarten", sagte der Doktor. „Ich muß Sie aber darauf vorbereiten, daß wir wahrscheinlich zu einer doppelseitigen Meißelung werden schreiten müssen." Er merkte wohl, daß ich ein sehr erschrockenes Gesicht machte, denn er legte seine Hand beruhigend auf meinen Arm. „Sie brauchen sich nicht zu ängstigen, gnädige Frau. Es ist eine verhältnismäßig einfache Sache, die gut auszugehen pflegt."

„Müssen Sie – wollen Sie – muß Lisbeth ins Krankenhaus?"

„Das wird sie wohl müssen – jedenfalls auf kurze Zeit. Und nun, gnädige Frau, sollten Sie versuchen, etwas zu schlafen. Sie sehen sehr müde aus. Sind Sie ganz allein mit Ihrer kleinen Tochter?"

„Ja", sagte ich. „Ich will es selber so. Ich mag sie nicht von mir fortlassen, sofern es nicht unbedingt sein muß."

„Das kann ich gut verstehen", sagte der Doktor.

Da erzählte ich ihm, daß Lisbeth meine Pflegetochter wäre, nicht meine Tochter – und ich selber ein Fräulein, keine Frau. Er schien das nicht weiter merkwürdig zu finden.

Lisbeth war glühend heiß. Sie hatte einen schweren Schlaf. Ich blieb an ihrem Bett sitzen.

Ich mußte an viele kleine Begebnisse in den letzten Monaten denken. Ich hörte die helle Kinderstimme, die damals im Frühling gesagt hatte: „Vater! Der Hut der Dame da sieht genauso wie eine Bananenschale aus!“ Ich dachte an die Autofahrt nach Drammen. Wie war Lisbeth doch zuerst schüchtern und fassungslos gewesen! Und wie war sie dann nach und nach aufgetaut! Ich dachte an Lisbeth in den Bergen. Wie sonnenverbrannt und zerzaust und schmutzig und glücklich war sie doch gewesen! Ich dachte an das zitternde, schluchzende kleine Wesen, das nach Georgs Tod auf meinem Schoß gesessen und sich an mich geklammert hatte. Ich dachte an die ersten Schultage – es war kaum einen Monat her – und wie stolz ich auf sie gewesen war. Sie hatte ein ganz allerliebstes Schulkleid, das ich selber für sie zusammengestellt hatte: blauer Faltenrock, knappe blaue Jacke, darunter eine weiße Bluse, breiter gestärkter Kragen und eine schwarze Seidenschleife. Ihr Haar war weich und schmiegsam. Es hatte mir nicht viel Mühe gemacht, es in eine richtige Pagenfrisur zu verwandeln. Sie hatte hinreißend ausgesehen.

Ich dachte daran, wie sie mit Heming spielte, hörte ihr jubelndes, glückliches Lachen. Und ich dachte an ihr Verhalten Carl gegenüber – voller Ablehnung und Trotz. Wie dumm von mir, daß ich mich darüber geärgert hatte! Denn erstens verdiente Carl es nicht besser, und zweitens ließ sich nichts dazu sagen, wenn ein Mensch gegen einen anderen eine unüberwindliche Abneigung fühlte. Ich wollte Lisbeth bei passender Gelegenheit einmal sagen, daß man es lernen müsse, sich in einem solchen Falle zu beherrschen.

Lisbeth war in mein Dasein eingetreten – gewiß hatte sie es in mancher Hinsicht auf den Kopf gestellt, mir Sorgen und Schwierigkeiten bereitet, aber dennoch – sie war ein Teil, ein wesentlicher Teil meines Lebens geworden. Ich versuchte, mir meine Tage ohne Lisbeth vorzustellen. Du lieber Gott! Wie würde sie mir fehlen! Ich konnte es mir gar nicht ausdenken, wie es sein würde, wenn ich sie nicht mehr im Badezimmer schwätzen und lachen hörte – wenn ich ihr beim Ankleiden nicht mehr zusähe, ihr nicht mehr das Haar bürstete, es nicht mehr um die Finger wickelte, um ihm den richtigen Sitz zu geben – wenn ich ihr nicht mehr bei den Mahlzeiten gegenübersäße, nicht mehr ihre Schritte auf der Treppe hörte! Welcher Gedanke, ich sollte nicht mehr meine Arbeit liegenlassen, um mit ihr Ludo zu spielen oder mit ihr Schreibhefte anzusehen, in das sie Glanzbilder und Sterne aus Goldpapier eingeklebt hatte!

Nein, mein geliebtes kleines Mädchen, ich möchte auf nichts verzichten, was zu dir gehört: nicht auf die Löcher in deinen Strümpfen, die immer gerade dann gestopft werden müssen, wenn ich am meisten zu tun habe – nicht auf deine kleine Stimme, die mich immer dann am liebsten stört, wenn ich in eine besonders schwierige Arbeit vertieft bin – nicht auf die Röcke, die gebügelt werden müssen, nicht auf den Mantel, den ich in späten Abendstunden verlängern oder auslassen muß! Ich liebe dich so, wie du bist, Lisbeth, und mit allem, was dazu gehört – allem Guten und allem Beschwerlichen, allem Glück und allem Schmerz!

Ich beugte mich über sie. Sie schlief noch immer und wimmerte im Schlaf leise vor sich hin. Ich legte vorsichtig meine Hand auf ihre fieberheiße Stirn. Großer Gott! Wenn sie nur nicht . . .

Ich wagte diesen Gedanken nicht zu Ende zu denken.

Ich maß ihre Temperatur. Einundvierzig.

In diesem Augenblick läutete das Telefon.

Ich schloß die Schlafzimmertür, bevor ich den Hörer abnahm.

Ferngespräch aus Stockholm.

Carls Stimme fragte mich: „Steffi, meine Liebe! Hast du im Bett gelegen?"

„Nein", sagte ich.

„Denkst du ein wenig an mich?"

„Nein!" schrie ich. Meine ganze Verzweiflung und meine ganze unsagbare Angst machten sich in heftigen, sich überstürzenden Worten Luft.

„Ich denke nicht an dich – und ich schäme mich, daß ich jemals an dich gedacht habe. – Lisbeth ist krank – Lisbeth hat einundvierzig Grad Fieber. Und es ist meine Schuld – ich habe sie zum Spielen fortgeschickt, statt mich selber ihrer anzunehmen. – Sie hat sich eine Ansteckung geholt – sie hat Scharlachfieber – sie soll morgen operiert werden – ich weiß nicht, ob sie das überlebt – und ich schäme mich, daß ich daran habe denken können, mich von ihr zu trennen . . ."

„Aber Steffi! Liebe Steffi! Beruhige dich doch – versuche doch, dich etwas zu beruhigen. – Ich kann es ja gut verstehen, daß du aufgeregt bist – aber du wirst sehen: es wird noch alles gut."

„Was weißt du davon? – Du hast nur daran gedacht, Lisbeth loszuwerden – und es ist dir gelungen, mir einzureden, daß es wohl das vernünftigste wäre – aber jetzt verliere ich sie vielleicht. – Du hast immer nur an dich gedacht – du wolltest eine Frau haben, mit der du dich sehen lassen kannst, die es versteht, standesgemäß aufzutreten – und es macht dir nicht das geringste aus, daß das beste und ehrlichste Mädchen von der Welt dabei seelisch zugrunde gerichtet würde – das verzeihe ich dir nie!"

„Steffi! Höre mich doch an! Ich will dir so gern helfen, Steffi …"

„Das willst du nicht, und das kannst du auch gar nicht. Ich werde dir nie verzeihen – und auch mir selber nicht – wenn nun Lisbeth …"

Tränen erstickten meine Stimme. Ich wurde so heftig vom Weinen geschüttelt, daß ich kein Wort mehr hervorzubringen vermochte. Ich legte den Hörer auf die Gabel. Aber bei all meiner Verzweiflung spürte ich doch eine Art Erleichterung. Ich hatte mich an Lisbeth versündigt, das war sicher und gewiß, aber ich hatte jetzt doch wenigstens getan, was ich tun konnte, um meine Schuld zu sühnen.

Es war mir, als wüsche der Tränenstrom mich gleichsam rein. Die Angst um Lisbeth war genauso groß, genauso schmerzhaft wie zuvor – aber der Schmerz war jetzt reiner. So empfand ich es jedenfalls.

Diese Nacht war die fürchterlichste, die ich je erlebt habe. Der schwere Schlaf war noch schlimmer als die Fieberphantasien und das Wimmern. Es war etwas Unheimliches daran.

In den anderen Nächten hatte ich mich ausgezogen, ohne das Licht auszuschalten, und sogar ein wenig geschlafen. Bei dem leisesten Ton, den Lisbeth hören ließ, war ich aber sofort munter geworden. In dieser Nacht jedoch kam ich gar nicht auf den Gedanken, mich auszukleiden. Ich saß still auf meinem Stuhl an Lisbeths Bett, den Blick starr auf ihr kleines Gesicht gerichtet. Von Zeit zu Zeit fühlte ich ihr den Puls und legte meine Hand auf ihre glühend heiße Stirn.

Als es hell zu werden begann, warf sie sich unruhig im Bett herum und murmelte etwas. Da bemerkte ich, daß aus dem einen Ohr Eiter rann. Ich wischte ihn weg und hob dann vorsichtig Lisbeths Kopf an, um besser heranzukommen. Da floß er über ihre Wange und über meine Hand.

Wie merkwürdig! Ich hatte bisher nie einen heftigen Widerwillen gegen alles, was mit Krankheit zusammenhing, überwinden können. Und jetzt – jetzt beseitigte ich Ausgebrochenes, lief mit Becken herum, verabreichte Klistiere und wusch Eiter ab – und das alles machte mir gar nichts aus.

So geht es, wenn man einen Menschen wirklich lieb hat. Lisbeths Schlaf wurde leichter und ruhiger. Ich maß wieder die Temperatur. Sie ging beträchtlich herunter.

Ich wechselte die Bettwäsche und ließ frische Luft ins Schlafzimmer. Als ich damit fertig war, erreichte die Morgensonne gerade das Fenster. Ein Sonnenstrahl stahl sich durch die leichten, luftigen Vorhänge und streifte Lisbeths Gesicht. Alles schien auf einmal leichter und lichter geworden zu sein.

Lisbeth murmelte wieder etwas, drehte sich herum – und schlug die Augen auf.

„Kleines Häschen – geht es dir besser?"

Sie blinzelte mit den Augen und sah mich an. Sie war von dem langen Schlaf noch ganz benommen. Aber plötzlich kam ihr die Erinnerung.

„Heute tut es nirgends weh, Steffi!"

„Das ist ja herrlich, Mäuschen!"

„Du, Steffi! Ich habe Hunger."

„Gedulde dich nur einen Augenblick. Ich bringe dir gleich deine Haferschleimsuppe."

Lisbeth machte eine kleine Pause.

„Steffi!"

„Ja, mein Liebling?"

„Weißt du, was ich furchtbar gern essen möchte?"

„Nun?"

„Es ist aber schrecklich teuer."

„Du sollst es trotzdem haben, wenn es sich beschaffen läßt. – Also: was ist es?"

„Solche Torte, wie wir sie an meinem Geburtstag gegessen haben – mit einer Masse Schlagsahne und Ananas."

Die Torte wurde sofort bestellt.

Und als die Ärzte kamen – alle beide: der Kinderarzt und der Ohrenspezialist –, da saß Lisbeth, von vielen Kissen gestützt, aufrecht im Bett, und ich saß neben ihr – und auf dem Nachttisch stand eine große Ananastorte, in die wir schon tüchtige Lücken gerissen hatten. So fürchterlich die Nacht gewesen war, so wundervoll wurde der Tag.

Beide Ärzte waren überrascht und erfreut. Die Ohrenentzündung war in der Rückbildung begriffen. Der starke Eiterfluß hatte wohl sehr erleichternd gewirkt. Es hatte den Anschein, als würde Lisbeth die Aufmeißelung erspart bleiben.

Du lieber Gott! Wie glücklich ich war!

Natürlich mußte Lisbeth noch lange das Bett hüten. Natürlich stand mir noch manche schlaflose Nacht, manche Besorgnis, manche Plackerei bevor – aber das Schlimmste war überstanden, und ich war entschlossen, keinerlei Anstrengungen zu scheuen, um Lisbeth wieder gesund zu machen.

Als die Ärzte gegangen waren, wusch ich in der Küche die Kuchenteller ab. Ich kochte übrigens alles Geschirr. Das war zwar etwas umständlich, aber mir schien, ich könne nicht vorsichtig genug sein.

Die Sonne hatte das Küchenfenster erreicht. Die blaugewürfelten Vorhänge bewegten sich sacht im schwachen Luftzug. Draußen auf dem eingezäunten Platz in der Mitte des Hofs schimmerte das Herbstlaub in rotgoldener Pracht.

Es war ein wundervoller Tag!

Und ich war so froh – so erleichtert und dankbar. Es war mir, als hätte ich auch eine Art Entzündung gehabt und als hätte das Telefongespräch mit Carl Lövold eine Zwischenwand durchstoßen, so daß der Eiter hatte ausfließen können. Nur eine reine, frische Wunde war zurückgeblieben.

Ich faltete die Hände.

„Lieber Gott, ich danke dir, daß ich Lisbeth behalten darf."

Wir drei bleiben zusammen!

„Steffi!"

„Ja, Lisbeth!"

„Es riecht so gut. Was machst du?"

„Essen für dich."

„Aber was?"

„Rate mal!"

Lisbeth schnüffelte.

„Frikadellen sind es nicht – Beefsteak auch nicht. – Du, Steffi, ist es etwas, was ich schon mal gegessen habe?"

„Ich weiß, daß du es schon einmal wenigstens gegessen hast. Auf einem Ausflug."

Lisbeth sann nach und schnüffelte wieder.

„Oh! Jetzt weiß ich es! Gebratene Hühnchen!"

„Stimmt! Aber leg dich solange hin! Du bekommst

bald dein Essen.“

„Kann ich nicht ein Buch haben?“

„Doch. Hier ist eins. Du hast es zu Boden fallen lassen.“

„Das habe ich schon aus.“

„Du Leseratz! Dann mußt du dich mit dem ‚Familienjournal‘ begnügen, bis ich ein anderes Buch besorgt habe. Uff! Hättest du doch nie lesen gelernt!“

„Kann ich nicht lieber das Plastilin haben?“

„Natürlich. Aber dann mußt du das Brett haben.“

Ich hatte eine Sperrholzplatte besorgt, die quer über das Bettgitter gelegt wurde. Auf diese Weise hatte Lisbeth ihr Glas mit dem Apfelsinensaft, ihre Bücher und Spielsachen immer bequem zur Hand.

„Steffi! Kann ich nicht etwas Apfelsinensaft haben?“

„Ja, gern – aber jetzt muß ich laufen, sonst brennt mir mein Hühnchen an!“

Wie gehetzt rannte ich in die Küche.

Ich schleppte Spielsachen herbei, preßte Apfelsinen aus, kochte die raffiniertesten Sachen, wusch den Fußboden, wischte Staub, lüftete, machte Betten, wusch und kämmte Lisbeth, ging ans Telefon – und räumte dauernd auf. Es ist unglaublich, was ein kleines Kind, das an sein Bett gefesselt ist, alles anrichten kann. Bücher auf dem Fußboden, Krümel im Bett, Haufen von Papier auf dem Nachttisch, am Bettuch festklebendes Zuckerwerk, Plastilinklumpen an allen möglichen und unmöglichen Stellen! Ihr Brett mußte jeden Tag gescheuert werden, und was sie an Bettüchern und Kopfkissenbezügen verbrauchte, ging in die Dutzende.

Müde war ich, das leugne ich nicht. Aber was machte das? Lisbeth ging es besser und besser, die Ohrenentzündung war überstanden, sie aß mit Appetit und plauderte vergnügt: Was spielte es da für eine Rolle, daß ich müde war?

Ich hatte an Lisbeths Großmutter geschrieben, ich würde das Kind sehr gern behalten, und weil ich jung wäre und gut verdiente, könnte ich es auch. Ich versprach, Lisbeth zu adoptieren und zu meiner Erbin einzusetzen.

Wenn Frau Bredal darauf einging, dann wollte ich meine Leibrente verkaufen und das Geld in sicheren Papieren anlegen. Die Zinsen wollte ich verbrauchen, das Vermögen selber aber sollte nicht angetastet werden. Das sollte Lisbeth bekommen.

Ich sprach mit Heming darüber.

„Jetzt gefällst du mir, Steffi", sagte Heming.

Und er gefiel mir auch. Er war so wundervoll nett zu Lisbeth. Sie jauchzte jedesmal, wenn er kam. Sie hörte seine Schritte schon auf der Trppe. Sie kannte sie ganz genau und irrte sich nie. Er pflegte ihr nichts mitzubringen – oder jedenfalls doch nur äußerst selten. Und dann handelte es sich nur um Kleinigkeiten. Aber wie freute sie sich, wenn er sich an ihr Bett setzte und mit ihr plauderte!

Als sie eines Nachmittags eingeschlafen war und Heming und ich zusammen beim Essen saßen, fragte er plötzlich: „Du hast die Schulbücher wohl seit dem Tag, an dem Lisbeth krank wurde, nicht mehr geöffnet?"

„Natürlich nicht", antwortete ich. „Wann hätte ich das auch wohl tun sollen? Aber wenn schon ... Ist es nicht unendlich viel wichtiger, daß Lisbeth nun bald wieder gesund ist? In einigen Tagen darf sie schon etwas aufstehen."

„Natürlich ist das wichtiger", sagte Heming. „Und das Abitur kannst du ja auch im nächsten Jahr noch machen. Wenn du nicht ..."

„Wenn du nicht ...?"

Heming antwortete nicht. Er blickte lächelnd vor sich hin. Plötzlich aber sah er auf und sagte: „Nein – es ist noch nicht soweit – aber ich wollte sagen – wenn ich mein Examen gemacht habe und angestellt bin – dann werde ich zu dir kommen und dich fragen, ob ich dich bekommen kann – und Lisbeth dazu. – Du brauchst jetzt nicht zu antworten, ich habe dich noch gar nicht gefragt, aber ich *werde* es tun. – Himmel! – Es ist schon nach sieben! – Ich muß laufen! Auf Wiedersehen, Steffi!"

Wie war die Welt doch schön und gut! Beim Abwaschen summte ich vergnügt vor mich hin – was eigentlich nicht meine Gewohnheit war.

Nach dem Abwaschen setzte ich mich in einen bequemen Sessel, streckte die Hand nach dem Bücherbord aus und griff nach dem erstbesten Buch. Es war ein „Französisches Lehrbuch für das Gymnasium". Ich blätterte darin. Wahrhaftig! Es begann mit einem Märchen, das ich als kleines Kind gelesen hatte und beinahe auswendig konnte. Wenn beim Abitur nicht mehr verlangt wurde, dann konnte das Examen im Französischen von mir aus schon am nächsten Tag losgehen.

„Steffi!“

Ich stand auf.

„Was ist, kleine Maus?“

„Was machst du?“

„Ich lese.“

„Was liest du?“

„Ein Märchen – ob du es nun glaubst oder nicht.“

„Lies es mir vor.“

„Das geht nicht, Lisbeth. Es ist ein französisches Märchen.“

„Dann kannst du es doch übersetzen.“

Welch ausgezeichnete Übung für mich! dachte ich. Ja. Ich mußte es versuchen.

Und so übersetzte ich denn das Märchen von den zwölf Monaten, die im Wald um ein Lagerfeuer versammelt waren – von „Bruder Juni“, der Erdbeeren herbeischaffte – von „Bruder September“, der für Äpfel sorgte – und von „Bruder März“, der mitten im Winter Veilchen hervorzauberte.

Lisbeth lauschte mit kugelrunden Augen. Anfangs stotterte ich etwas, aber bald ging es recht gut. Jedenfalls stotterte ich nicht so arg, daß Lisbeths Interesse dabei erloschen wäre.

„Du, Steffi!“ sagte Lisbeth, als das Märchen zu Ende war. „Alle Stiefmütter sind doch nicht so schlimm? Sind sie das nicht bloß im Märchen?“

„Es gibt sicher sehr viele nette Stiefmütter."

„So wie du zum Beispiel", sagte Lisbeth.

„Ich?" fragte ich.

„Ja. Denn für mich bist du doch eigentlich eine Stiefmutter."

„Aber leider nicht immer eine nette", sagte ich. Nun war der Augenblick zu einer Aussprache gekommen.

„Nur einmal warst du nicht nett", sagte Lisbeth.

„Damals waren wir beide nur dumm", sagte ich.

„Wieso dumm?"

Dann wiederholte ich, was Heming mir erklärt hatte – von der Abneigung – und von der Pflicht, sie zu beherrschen.

„Du kannst natürlich nichts dafür, daß du Herrn Lövold nicht leiden kannst ..."

„Nein, dafür kann ich wohl nichts", sagte Lisbeth, und es klang, als wollte der alte Trotz wieder hervorbrechen. Aber plötzlich lächelte sie: „Ich werde höflich sein, Steffi, wenn Herr Lövold das nächste Mal kommt."

„Herr Lövold kommt nicht mehr, Lisbeth."

Ein strahlendes Lächeln verbreitete sich über Lisbeths Gesicht.

„Oh! Das ist schön!" Sie blickte mich nachdenklich an. Dann sagte sie mit etwas unsicherer Stimme: „Verzeihe mir, Steffi! Ich war gewiß sehr unartig. Sei mir nicht mehr böse!"

„Nein, kleine Lisbeth. Ich bin dir nicht die Spur böse. Aber du mußt mir versprechen, daß du es nicht wieder tun wirst."

„Ja. Das verspreche ich dir", sagte Lisbeth.

„Sieh mal, Lisbeth – es tut mir schrecklich leid, daß ich dich geschlagen habe. Du kannst mir glauben, daß ich es bitter bereut habe. Du mußt mir nun auch nicht mehr böse sein, Lisbeth."

„Nein", sagte Lisbeth großmütig. „Ich bin dir nicht mehr böse. Aber du mußt mir versprechen, daß du es nicht wieder tun wirst!"

Lisbeth hatte am Vorlesen Geschmack gefunden. Ich mußte täglich mehrere Stunden lesen. Ich las ihr nach und nach mein ganzes französisches Pensum vor. Es war leichter Stoff, den zu übersetzen Vergnügen machte. Und Lisbeth schluckte alles – Wort für Wort.

Und ich hatte einen herrlichen kleinen Plan. Ich wollte Heming bitten, mit mir weiterzuarbeiten, sobald Lisbeth wieder ganz gesund wäre. Heming selber sollte das Staatsexamen im Frühling machen. Lisbeth sollte in die zweite Klasse versetzt werden. Sollte ich die einzige sein, die kein Examen machte? Den Prüfungsstoff in Biologie prägte ich mir selber ein.

„Was liest du da, Steffi? Kannst du es mir nicht übersetzen?"

„Diesmal ist es Norwegisch. Aber ich glaube nicht, daß du es amüsant finden wirst."

„Wovon handelt es denn?"

„Von etwas sehr Unappetitlichem – von Trichinen."

„Was ist das?"

„Kleine ekelhafte Tiere, die im Schweinefleisch leben."

„Ih! Wie sehen sie aus?"

„So." Ich zeigte ihr die Abbildung.

„Nie wieder esse ich Schweinefleisch", erklärte Lisbeth bestimmt.

„Das ist nicht weiter gefährlich, vorausgesetzt, das Fleisch ist ordentlich gebraten."

„Und wenn es das nicht ist?"

„Dann kannst du eine gefährliche Krankheit bekommen – die sogenannte Trichinose."

„Was ist das?"

„Wenn du lebende Trichinen verschluckst, dann spazieren sie in deinem Körper herum und setzen sich schließlich in deinen Muskeln fest. Da bleiben sie dann."

Lisbeth fragte und fragte mit Augen, die vor Wissensdurst glänzten. Ich machte es mir schließlich fast zur Gewohnheit, ihr zu erzählen, was ich gerade lernte. Das Amüsante daran war, daß mir alles viel klarer wurde, wenn ich den Stoff in leicht verständliche Worte kleiden, ihn jemand anderem vortragen mußte. Sogar die Biologie verlor auf diese Weise ihre Schrecken.

Lisbeths Wiederherstellung sollte mit einem Festessen gefeiert werden.

Sie war für gesund und ansteckungsfrei erklärt worden und hatte schon vor mehreren Tagen aufstehen dürfen. Auch die Ohren waren wieder ganz in Ordnung, wenn sie auch noch durch eine Kappe mit warmem Wollfutter geschützt wurden.

Die Wohnung war desinfiziert, und – Erna war wieder

da. Glücklich, wieder bei Lisbeth und mir sein zu können, vollbrachte sie in der Küche wahre Wunder ihrer Kunst. Lisbeth hatte die Speisefolge bestimmen dürfen. Die Haupt- und Glanzstücke waren Schneehühner und Ananastorte.

Als Gäste waren Anne-Grete, Knut, Heming und Tante Helga erschienen.

Die Stimmung war ausgezeichnet. Lisbeth in ihrem neuen Kleid – sie war während ihrer Krankheit gewachsen – sah entzückend aus.

Anne-Grete und Knut machten geheimnisvolle Gesichter. Als Erna zum zweiten Male Schneehuhn herumgereicht hatte, kam es:

Ob Lisbeth Lust hätte, am 15. Dezember Brautjungfer zu sein.

Und ob sie Lust hatte!

Anne-Grete und Knut hatten eine kleine Wohnung gemietet, und nun wollten sie also heiraten. Die Hochzeit sollte bescheiden sein und im kleinsten Kreise gefeiert werden. Aber Heming und ich wurden dennoch feierlich eingeladen.

„Wie ist es denn mit dir Steffi?“ fragte Knut. „Du konntest ja wochenlang nicht lernen. Aus dem Abitur zum Sommer wird nun wohl nichts?“

„Sag das nicht!“ erwiderte ich.

„Was ist das?“ rief Heming.

„Mit den Sprachen und der Biologie bin ich fertig. Was im Norwegischen verlangt wird, kann ich mir selber beibringen, und wenn du mir noch tüchtig in Mathematik, Chemie und Geographie hilfst, sollte es wohl gehen."

„Steffi!" rief Heming. Er sprang hoch und küßte mich mitten auf den Mund.

Aber dann sah ich ihn zum ersten Male verwirrt und äußerst verlegen.

„Entschuldige, Steffi – aber du kannst dir wohl denken, wie ich mich freue – und wie stolz ich auf dich bin . . ." Plötzlich wandte er sich mit entschlossener Miene an die anderen: „Ihr müßt nämlich wissen, daß auch wir heiraten wollen – und zwar, sobald Steffi das Abitur gemacht hat und ich das Staatsexamen."

In dem unbeschreiblichen Durcheinander von Rufen, Lachen, Glückwünschen, das nun folgte, merkte ich, wie jemand zaghaft an meinem Kleid zupfte.

„Steffi! Ist es wahr? Willst du wirklich Heming heiraten?"

Ich hatte ein Gefühl, als säße mir ein Kloß im Halse. Ich drückte Lisbeth fest an mich und verbarg mein Gesicht in ihrem Haar, so daß ihre schöne Pagenfrisur ganz in Unordnung geriet.

„Ja", sagte ich ganz leise.

„Aber – soll ich – sollst du . . ." Lisbeth blickte mich fragend an. Heming kam uns zu Hilfe. Er hob Lisbeth hoch in die Luft, setzte sie aber sogleich wieder nieder.

Dann ergriff er ihre beiden Hände und zog sie an sich heran.

„Du, Lisbeth? Was du sollst? Willst du es wissen?"

„Ja."

„Zuerst sollst du wieder in die Schule gehen – und im Herbst sollst du in die nächste Klasse aufrücken – aber ich glaube kaum, daß du dann noch hier wohnen wirst."

„Ich soll hier nicht mehr wohnen?" fragte Lisbeth mit Augen, die vor Angst groß waren.

„Nein. Denn dann wohnen wir alle drei in einem kleinen Haus auf dem Land, und das Haus hat einen Garten, und in dem Garten wirst du spielen."

„Mit wem soll ich spielen?"

„Tja. Mit wem wohl? – Du könntest ja zum Beispiel mit einem jungen Hund spielen. Möchtest du das?"

„O ja! Schrecklich gern."

„Aber da ist noch eins", sagte Heming. „Wenn dich nun jemand fragt, wessen Tochter du bist, weißt du, was du dann sagen mußt?"

Lisbeth blickte Heming unsicher an.

„Steffis."

„Dann sagst du, du bist die Tochter von Herrn und Frau Skar! Und dann bleibt dir nichts weiter übrig, als zu Steffi Mutti und zu mir Vati zu sagen."

„Aber – aber – soll ich dann auch Skar heißen?"

„Natürlich. Aber . . ." Heming schien zu erraten, was in Lisbeth vorging. „Aber darum sollst du deinen lieben guten Vater, den du verloren hast, nicht etwa vergessen. Glaube nur ja nicht, daß du seinen Namen wegwerfen sollst! Weißt du, wie du heißen sollst? Liz Jensen Skar. *So* sollst du heißen!"

„Ja", sagte Lisbeth, die von jetzt ab Liz hieß.

*

Es läutete an der Wohnungstür.

Erna kam herein.

„Eine Dame wünscht Sie zu sprechen, Fräulein Sagen."

Ich stand auf und ging hinaus.

Eine nett aussehende ältere Dame stand vor der Tür – eine Dame mit müden Gesichtszügen und in einem abgetragenen Kleid, aber mit schönen, leuchtenden braunen Augen unter der runzligen Stirn.

„Fräulein Sagen? Ich bin ..."

„Sie müssen Lisbeths Großmutter sein."

Sie nickte lächelnd.

„Haben Sie das sofort sehen können?"

„Das war nicht schwer. – Bitte, Frau Bredal, treten Sie näher. Ich habe im Augenblick gerade Besuch, aber ..."

„Ich bin an Stelle meiner Tochter nach Oslo gefahren, denn ich wollte Sie doch gern kennenlernen und die kleine Lisbeth sehen, bevor ich sie aus den Händen gebe."

„Sie sind also damit einverstanden, daß ich sie adoptiere?"

„Ich habe nicht das Recht, Einspruch zu erheben, Fräulein Sagen. Aber, wie gesagt, ich wollte Sie doch gern erst kennenlernen."

Liz stand mitten im Zimmer, als wir eintraten. Ein wenig neugierig, etwas unsicher lächelnd. Das neue Kleid stand ihr so gut, und ihre Haare waren braun mit einem goldenen Schimmer. Wunderhübsch war sie, meine kleine Liz.

Wenn meine Gäste Frau Bredal außerordentlich freundlich begrüßten, so taten sie das nicht nur, weil sie wohlerzogene Menschen waren, sondern es kam auch daher, weil Frau Bredal gleich auf den ersten Blick überaus sympathisch wirkte.

Liz' Großmutter sagte nicht viel. Sie zog ihre Enkelin an sich und strich ihr mit ihrer rauhen Hand leicht über das Haar.

„So sieht die kleine Lisbeth also aus!" sagte sie leise. Ihr Blick schien weit in die Ferne zu schweifen. Liz sah sie aufmerksam an.

„Wie glaubtest du denn, daß ich aussähe, Großmutter?" fragte sie.

„Das kann ich selber nicht sagen, mein Kind. Als ich dich das letztemal sah, warst du ein kleines Bündel, das in der Nacht schrie und dessen Windeln ich wechseln mußte. Heute braucht wohl niemand mehr deine Windeln zu wechseln?"

Frau Bredal lächelte schelmisch, und Liz lachte laut.

„Mäuschen, geh mal zu Erna und bitte sie, uns noch etwas Kaffee zu bringen, willst du?"

Liz ging. Wie war doch die kleine Gestalt schlank und anmutig!

Mein Zimmer war geräumig. Tante Helga, Anne-Grete, Knut und Heming setzten sich um den Tisch am Fenster. Ich saß mit Frau Bredal am Kamin, wo wir ungestört plaudern konnten. Ich erzählte, was ich hinsichtlich Liz' Zukunft beschlossen hätte und fügte noch hinzu, daß ich im Sommer zu heiraten gedächte und daß Heming an dem Kind genauso hing wie ich selber.

Frau Bredal lauschte und nickte. Dann legte sie ihre

rauhe Arbeitshand auf meine.

„Sie sind lieb zu Lisbeth, Fräulein Sagen", sagte sie. „Ich sehe ja, wie gut sie es bei Ihnen hat. Ich weiß nicht, wie sie es bei dem Vater ..."

„Ihr Schwiegersohn war ein unvergleichlicher Vater", sagte ich – dann kam Liz zurück. Sie brachte selbst die schwere Kaffeekanne.

„Tüchtiges Mädchen", lächelte Frau Bredal. Dann streichelte sie Liz über den Kopf. „Was für helles Haar du hast, Lisbeth! Genau wie deine Mutter."

Dann – dann – wie soll ich es erzählen können – wie kann ich es erklären – die paar Worte, die mich so wahnsinnig glücklich machten ...

Liz sah verwundert erst mich, dann ihre Großmutter an.

„Mutti hat doch ganz braunes Haar!"

„Braun?"

„Ja – sieh!" Eine kleine Hand näherte sich meiner Schläfe und zupfte eine meiner teuren Dauerlocken hervor. „Siehst du? Ganz braun!"

Liz plauderte weiter. Sie ahnte nicht, daß sie mir den glücklichsten Augenblick meines Lebens geschenkt hatte.

Ich erwachte mitten in der Nacht. Seit Liz' Krankheit hatte ich mir einen sehr leichten Schlaf angewöhnt. Es war nichts. Nur ein Fensterhaken bewegte sich im Winde. Ich machte ihn fest und blieb einen Augenblick am Fenster stehen. Es war kalt draußen und sternenklar.

Ich war unendlich glücklich.

Ich sollte Heming heiraten – den einzigen Mann, den ich wirklich liebgewonnen hatte. Ich mußte daran denken, daß Anne-Grete gesagt hatte: Wenn Knut seinen Kopf eines Tages auf den Richtblock legen müßte, dann wüßte sie, daß sie ihren neben seinen legen würde.

Genauso erging es mir, wenn ich an Heming dachte.

Und Liz hatte mich Mutti genannt.

Frau Bredal und ich waren uns einig geworden. Alle Papiere waren in Ordnung. Binnen kurzem würde Liz meine eigene Tochter sein, die mir niemand mehr würde wegnehmen können. Sie sollte meine Alleinerbin sein. Und das war nicht schlecht. Ich war selber ganz erstaunt, als ich entdeckte, wieviel ich tatsächlich besaß, nachdem meine Leibrente in bares Geld verwandelt und dieses wieder in Papieren angelegt worden war.

„Nur eins will mir nicht recht gefallen", meinte Frau Bredal. „Wenn du nun (als Liz' Großmutter konnte sie natürlich nicht gut „Sie" zu mir sagen) – wenn du nun Liz adoptierst, so bekommt sie ja nun deinen Namen. Wäre es nicht praktischer, wenn sie gleich den Namen deines Mannes erhielte? Ob du deshalb mit der Unterzeichnung der Papiere nicht lieber wartest, bis du verheiratet bist?"

„Das ist wohl richtig", sagte ich nachdenklich. „Aber auf der anderen Seite möchte ich diese Sache je früher, je lieber in Ordnung gebracht sehen. Eher habe ich keine Ruhe. Angenommen, es stößt mir etwas zu – nein, ich möchte auf keinen Fall noch lange warten."

*

Ich dachte über meine Unterredung mit Frau Bredal nach.

Da kam mir ein guter Gedanke, ein ganz hervorragender Gedanke, muß ich selbst sagen.

Ich zog den Mantel an, setzte den Hut auf und ging zur Universität. Heming hatte eine Vorlesung, die bis zwei Uhr dauerte. Ich erwartete ihn am Eingang. Ungeduldig trippelte ich auf und ab und schaute jede Minute nach der Uhr.

Endlich! Da kam er – ich erkannte ihn sofort an dem abgetragenen Anzug und der widerspenstigen Haarsträhne, die ihm in die Stirn hing. – Wie mir das Herz klopfte!

„Hallo, Steffi! Wartest du auf mich?" fragte er mit froher Stimme.

„Ja – ich muß dir etwas sagen – ich habe eine Idee." Ich merkte es selber, daß ich vor lauter Eifer ganz abgehackt sprach.

Ich schob meinen Arm unter seinen. Wir wandten uns nach dem Schloßpark.

„Du, Heming – wir wollen doch heiraten?"

„Was für eine Frage!"

„Ja, aber weißt du – ich wollte dich fragen, ob du nicht so nett sein willst, dich schon jetzt mit mir zu verheiraten?"

Heming blieb ganz verblüfft stehen.

„Ob ich so nett sein will ... Du, willst du das nicht noch einmal sagen?"

„Ja, Heming – sieh mal – ich möchte gern deinen

Namen tragen, noch bevor ich Liz adoptiere – dann könnten wir sie doch zusammen adoptieren – das wäre doch viel einfacher – ich meine: wenn du nichts dagegen hast?"

Statt zu antworten, fing Heming an zu lachen. Und *wie* er lachte!

„Aber so sage doch etwas! Willst du oder willst du nicht?"

Er sah mich mit ernster Miene und nachdenklich gekräuselter Stirn an. In jedem seiner Augenwinkel aber lauerte ein Schalk.

„Tja – das wäre für mich natürlich ein großes Opfer – aber da du so nett bittest, so werde ich wohl sehen müssen, was ich für dich tun kann . . ."

Eines Tages traf ich Liz' Lehrerin. Sie erzählte mir lachend von einem Zwischenfall in der Klasse.

Einen Tag vor der Hochzeit kam Liz mit aufgewickelten Locken in die Schule.

„Nun, Liz?" fragte die Lehrerin. „Wozu brauchst du denn so schöne Locken?"

„Zur Hochzeit", antwortete Liz mit leuchtenden Augen. „Ich soll Brautjungfer sein. Ich freue mich schon mächtig darauf, Fräulein."

Ja, meinte die Lehrerin, das könne sie gut verstehen.

„Aber wer feiert denn Hochzeit, Liz?"

„Vati und Mutti", sagte Liz.

Ein Mädchen von 17 Jahren

Ein Mädchen von 17 Jahren

Rückblick ins Album

Im oberen Stockwerk wurde leise eine Tür geschlossen. Dann hörte man leichte, schnelle Schritte auf der Treppe, und gleich darauf trat Lisbeth in die Stube. „Jetzt schläft er endlich! Aber, Mutti – was soll ich antworten, wenn er fragt, wie alt Gott ist, und ob die Engel in der Nacht die Flügel ablegen?"

„Antworte doch, daß du es nicht weißt!"

Lisbeth lachte.

„Ja, das habe ich auch gesagt. Aber da blickte er mich vorwurfsvoll an und sagte: ‚Das weißt du nicht und bist doch so groß?' – Und da versuchte ich, ihm von den Wichtelmännern zu erzählen. Aber davon wollte er nichts hören. Es müssen durchaus Indianergeschichten mit möglichst vielen Skalpen sein. Er ist schrecklich blutdürstig."

Ich seufzte. Kein Zweifel: mein Sohn stand im Begriff, in eine neue Phase seines Lebens einzutreten. Die Zeit der blonden Locken, des munteren Kindergeplauders und der Wichtelmänner war endgültig vorüber. Er fühlte sich als Junge, interessierte sich für Autos, sprach sachkundig über die verschiedenen Flugzeugtypen und protestierte laut und energisch gegen übertriebene persönliche Reinlichkeit. Kurz: mein Sohn Peik hatte das respektable Alter von sechs Jahren erreicht, und seine Entwicklung auf dem Weg zum Mann nahm ihren normalen Verlauf.

„Du, Mutti! Leihst du mir deine blaue Tasche?"

„Weiter nichts?"

„Nein – das heißt – nein, ich brauche nichts weiter."

Lisbeth machte einen verzweifelten Versuch, ihre langen Beine zu verstecken; aber es war zu spät. Ich hatte meine neuen Nylonstrümpfe schon gesehen.

„Hör mal, Lisbeth, wie oft soll ich dir denn noch sagen, daß ..."

„... daß du deine eigenen Sachen zum Anziehen hast, liebe Lisbeth, und es paßt mir nicht, daß du die meinen nimmst, und auf jeden Fall sollst du mich vorher fragen, und es ist eine Schande, daß du keine ganzen Strümpfe zum Anziehen hast, wenn du ausgehen willst, – und hast du noch immer nicht die Flecken aus dem gelben Kleid entfernt? Ich weiß nicht, was du dir eigentlich denkst, Lisbeth. Und du mußt deine braunen Schuhe zum

Schuhmacher bringen, bevor die Absätze noch schiefer werden ..."

Lisbeth ahmte meine Stimme und meinen vorwurfsvollen Tonfall so vollkommen nach, daß ich mich geschlagen geben mußte und laut lachte.

So geht es immer.

Meine vereinzelten und hilflosen Versuche, Lisbeth Vernunft und Ordnungssinn beizubringen, endeten stets damit, daß wir beide lachten.

Da fühlte ich Lisbeths warme, weiche Wange, die sich an die meine schmiegte.

„Ja, ich bin abscheulich, Ma. Ich weiß es. Aber ist es nicht wenigstens nett von mir, daß ich Peik wasche und zu Bett bringe? Obwohl er mich mit seiner ewigen Fragerei manchmal zur Verzweiflung bringt? Also, Ma, ich haue ab! Bist du nun ganz allein? Kommt Vater nicht bald?"

„Das glaube ich nicht. Es wäre das erstemal, daß er von seinem Studentenverein früh nach Hause käme. Aber mach dir darüber keine Gedanken, mein Mädchen. Geh nur! Und viel Vergnügen!"

„Und was machst du?"

„Ich? Ach, ich genieße natürlich die Ruhe und den Frieden. Vielleicht raffe ich mich auf und klebe die Bilder vom Sommer in das Album. Und wenn ich meine Tochter richtig kenne, wird es auch nicht schaden, daß ich in ihrem Zimmer etwas Ordnung mache."

Zu Lisbeths Ehre sei vermerkt, daß sie errötete.

„Tu das nicht, Ma! Ich mache es selber, wenn ich nach

Hause komme. Oder morgen früh. Auf Ehre! Im Augenblick habe ich wirklich keine Zeit."

„Es kommt mir beinahe so vor, Lisbeth, als hätte ich diese Antwort schon einmal gehört."

„Ja, aber . . ."

„Laß es gut sein, mein Kind. Mach, daß du fortkommst! Wenn ich mich nicht sehr irre, höre ich draußen einen Motor pochen."

Ich irrte mich nicht. Lisbeth schloß mich schnell in ihre Arme und verschwand. Ich trat ans Fenster. Sie kletterte auf den Soziussitz des Motorrads und legte die Hände vertraut und zuversichtlich auf Mortens Schultern. Beide wandten sich um und nickten mir lächelnd zu. Dann fuhren sie los.

Ich blieb einen Augenblick am Fenster stehen. Mir war so warm ums Herz, und ich war so ruhig und glücklich. Oben in seiner Dachkammer schlief Peik – mit roten Backen, rund und gesund. Und meine große Tochter machte eine Motorradfahrt mit diesem prächtigen Jungen, der für sie durchs Feuer ging. Mein liebes großes Mädel mit ihrer Unbefangenheit und ihrem Mangel an Ordnungssinn, mit ihrer Ehrlichkeit und ihrem guten Herzen, mit ihrer Jungenhaftigkeit und ihrer weiblichen Anmut, mein Mädel mit ihrem sportgestählten Körper und ihren funkelnden braunen Augen!

Nun wollte ich mich ernsthaft daranmachen, die Fotos vom Sommer hervorzusuchen und sie in das Album zu kleben. War ich damit fertig, dann war es vielleicht so spät, daß Heming nach Hause kam. Natürlich ist es naiv, aber obwohl wir schon fast zehn Jahre verheiratet sind, bin ich in meinen Mann noch immer so verliebt, als hätten wir uns eben erst verlobt. Ich spüre immer mein Herz im Halse pochen, wenn ich höre, daß er die Gartenpforte öffnet.

„Steffi und Heming werden nie alt", sagte meine Kusine Anne-Grete einmal. „Sie benehmen sich genauso wie vor zehn Jahren."

„Und dabei haben wir eine Tochter von siebzehn Jahren!" sagte Heming.

„Vielleicht liegt es daran", sagte Anne-Grete. „Vielleicht erhält Lisbeth euch jung."

Darin kann sie recht haben.

Ich setzte mich also mit den Fotos vom vergangenen Sommer, dem Album und den Fotoecken an den Tisch.

Bevor ich mit dem Einkleben der neuen Bilder begann, blätterte ich in dem Album zurück und betrachtete die alten. Eines nach dem anderen zogen an diesem stillen Herbstabend die letzten Jahre an mir vorüber.

Lisbeth auf dem Rad. Es war ihr erstes Rad – jenes kleine, rot lackierte, das sie bekommen hatte, als wir unseren ersten Sommer gemeinsam in der kleinen Berghütte zu Geilo verbrachten. Das war vor zehn Jahren.

Die Bilder von Hemings und meinem Hochzeitstag. Lisbeth in einem langen weißen Kleid mit einem Blumenstrauß in der Hand. „Als Brautjungfer bei der Hochzeit der Eltern!" lacht Lisbeth, wenn sie dieses alte Bild sieht. „Nicht jeder kommt in diese Lage!"

Lisbeth und Tass auf dem Rasen. Damals war Tass ein

kleines, rundes, weißes Knäuel. Jetzt ist er ein gesetzter und lebenserfahrener Terrier von neun Jahren. Er geht mit seinen Kräften sparsam um und blafft nur noch besonders große Lastkraftwagen und besonders laut knatternde Motorräder an.

Lisbeths Geburtstagsfeier, als sie elf Jahre alt wurde. Es war während des Krieges, und Heming war zu dieser Zeit untergetaucht. Schlaflose Nächte und angsterfüllte Tage. Lisbeth und ich klammerten uns aneinander an, und die eine suchte der anderen Mut zu machen.

Das erste Bild von Lisbeth und Peik. Sie sitzt auf einem der Gartenstühle, hält den kleinen Bruder auf dem Schoß und strahlt vor Glück. Ich erinnere mich noch genau an den Tag, an dem ich ihr erzählte, was bevorstand.

„Lisbeth“, sagte ich eines Abends, als sie gerade zu Bett gegangen war. „Heute will ich dir etwas erzählen, worüber du dich freuen wirst.“

Lisbeth machte große Augen. Sie war neugierig und voller freudiger Erwartung.

„Du hast einmal gesagt, es gäbe etwas, das du furchtbar gern haben möchtest. Ich glaube fast, du wirst es jetzt bekommen.“

Lisbeth dachte nach.

„Hockeyschlittschuhe“, riet sie.

„Etwas noch Besseres!“

„Vielleicht – eine Skihose?“

„Falsch geraten, Lisbeth! Denk nur gründlich nach!“ Sie dachte so angestrengt nach, daß ihre kleinen Fäuste sich tief in ihre runden Backen eingruben. Endlich blickte sie zu mir auf.

„Mutti!“ Ihre Stimme war ganz leise, sie zitterte leicht und hatte einen beinahe feierlichen Klang. „Ich weiß wohl, daß ich gesagt habe, ich wünsche mir einen Bruder oder eine Schwester, aber . . . Mutti! Ist es das?“

Ihre warme kleine Hand schob sich in meine.

Ich drückte sie ein wenig.

„Ja, das ist es, Lisbeth. Aber es dauert noch eine ganze Weile. Vielleicht noch ein halbes Jahr. Freust du dich darüber, Lisbeth?“

„Oh, Mutti – ich freue mich ganz fürchterlich – ganz schrecklich freue ich mich – du kannst dir gar nicht vorstellen, wie ich mich freue. Wie wollen wir ihn nennen, Mutti?“

„Wie wollen *wir* ihn nennen?“ sagte Lisbeth. Gleich von Anfang an war Peik *unser.* Er war für Lisbeth kein Rivale. Er gehörte ihr genausogut, wie er Heming und mir gehörte. Peik gehörte uns allen dreien. Lisbeth sagte nie: „Wenn du das Baby bekommst, Mutti“ – sondern: „Wenn wir unser Baby bekommen.“ Und das sagte sie oft. Sie zählte die Tage und die Wochen, und sie umgab mich mit einer rührenden Fürsorge.

„Trag nicht zu schwer, Mutti! Geh nicht zu schnell, Mutti! Denk an das Baby! Kann ich heute nicht aufwaschen, Mutti? Iß etwas Gutes, Mutti! Denk an das Brüderchen!“

Und dann kam Peik.

Als er eine Stunde alt war, bekam Lisbeth ihn zu

sehen. Sie streckte vorsichtig ihre kleinen Finger in seine Hand und starrte unentwegt auf das winzige rosige Geschöpf in dem Babykorb. Dann wandte sie sich nach mir um, ging auf Zehenspitzen zu meinem Bett, beugte sich über mich und küßte mich auf die Backe. Da merkte ich, daß zwei Tränen aus Lisbeths Augen mir auf das Gesicht tropften.

„Weinst du, mein Kind?"

Lisbeth lachte durch die Tränen.

„Ich weiß nicht, weshalb ich weine, Mutti – vielleicht, weil ich mich zu sehr freue. Es ist, als weinte ich, weil Brüderchen so schrecklich klein ist, und weil – ja, weil ich dich so fürchterlich liebhabe." Hilflos brach Lisbeth ab.

Heming kam ihr zu Hilfe.

„Merkwürdig, wie gut wir einander verstehen, Lisbeth", sagte Heming. „Genauso, wie es dir ergeht, ergeht es mir auch. Aber nun soll das Brüderchen schlafen, und wir beide rufen jetzt bei Anne-Grete an und erzählen ihr, daß er angekommen ist."

Lisbeths Tränen versiegten sofort.

„Oh! Darf *ich* es ihr erzählen?"

„Das darfst du", sagte Heming.

Zwei Jahre später. Ein Bild von Lisbeth auf dem Sprungturm des Strandbades. Ihr kleiner Körper ist eine einzige Stahlfeder, ihr Gesicht braun und sonnenverbrannt.

Lisbeth zu Pferde. Sie reitet für ihr Leben gern. Vor etwa einem Jahr hat sie damit angefangen.

Lisbeth auf Skiern. Heming hat ihr das Skifahren beigebracht. Sie ist furchtlos und waghalsig. Die beiden haben mich längst abgehängt. Wenn wir über Ostern in unserer Berghütte sind, machen Heming und Lisbeth Tagestouren, während Peik und ich auf den kleinen Hängen in der Nähe der Hütte üben.

Ein Bild von dem Tag, an dem Lisbeth anfing, das Gymnasium zu besuchen.

„Ich will in den Sprachen etwas Tüchtiges leisten – wie Mutti", sagte Lisbeth. „Und ich will Gymnasiallehrerin werden – wie Vater." Sie ist in der sprachlichen Abteilung. Im Französischen und Englischen ist sie die Beste ihrer Klasse. Das hat sie Heming zu verdanken.

„Du mußt Lisbeth Fremdsprachen beibringen", sagte Heming, als wir eben verheiratet waren. „Laß sie mit Hilfe der Ohren lernen – genauso, wie du es selber gelernt hast. Denke daran, wieviel Arbeit ihr erspart bleibt, wenn sie später aufs Gymnasium kommt. Und zugleich zwingst du mich auf diese Weise, ebenfalls in der Übung zu bleiben."

Wir führten unser Vorhaben wirklich durch. Bei den Mahlzeiten sprachen wir stets französisch. Später gingen wir zum Englischen über. Jetzt halten wir es mit Peik ebenso. Er plappert jetzt schon ganz nett französisch, und es ist ganz lustig zu beobachten, wie leicht und schnell ein kleines Gehirn und kleine Ohren eine neue Sprache aufnehmen.

Das ist freilich alles, was ich die Kinder habe lehren können. Sprachen sind noch immer das einzige, was ich kann – aber die kann ich auch wirklich. Ich übersetze noch immer für den Verlag Rambech, und er ist mit meiner Arbeit sehr zufrieden.

Ich blättere im Album weiter.

Lisbeth und Morten auf Skiern. Lisbeth und Morten im Boot. Lisbeth und Morten in Kopenhagen auf dem Rathausplatz. Dieses Bild stammt vom vergangenen Sommer, als wir alle eine Reise nach Kopenhagen machten, zu der wir Morten eingeladen hatten.

Morten und Lisbeth gehen in dieselbe Klasse. Sie sind seit ihrem vierzehnten Lebensjahr miteinander befreundet.

Zum Schluß kommen die Bilder von Lisbeths siebzehnten Geburtstag im letzten Frühjahr. Die Bilder, die wir seither gemacht haben, liegen ungeordnet vor mir auf dem Tisch und warten darauf, daß sie sortiert und in das Album geklebt werden.

Ich betrachte die Gruppenaufnahmen von Lisbeths Geburtstag. Junge Mädchen mit kurzgeschnittenen Lockenköpfen, große Jungen in dunklen Anzügen, zwei von ihnen im Smoking. Das Geburtstagskind in der Mitte. Lachende und glühende Gesichter. Morten steht neben Lisbeth und hat den Arm um ihre Schultern gelegt.

In der hinteren Reihe entdeckte ich Mariannes bleiches Gesicht mit dem hellblonden welligen Haar. Ich erinnere mich noch des blaßgrünen Kleides, das sie an jenem Abend trug. Es war genauso farblos wie ihre ganze Erscheinung.

Mein Blick kehrt zu meinem eigenen, sonnenverbrannten, kerngesunden großen Mädchen zurück, und mich durchströmt ein Gefühl heißen Glückes und tiefster Dankbarkeit dem Schicksal gegenüber, das mir Lisbeth an jenem Frühlingstag vor zehn Jahren geschickt hat.

Meine Tochter Lisbeth ...

Genau besehen, begann es an Lisbeths siebzehntem Geburtstag. Bis dahin war alles zwischen ihr und uns recht einfach gewesen. Manchmal sprach ich mit Heming darüber. „Entweder sind wir die reinen Mustereltern", so stellten wir jedesmal fest, „oder Lisbeth ist eine Mustertochter. Wir haben ja noch nie ernstliche Schwierigkeiten mit ihr gehabt!"

„Ihr seid jung genug, um Lisbeth verstehen zu können", sagte Anne-Grete. „Deshalb ist das Verhältnis zwischen euch und ihr so kameradschaftlich."

Die Tatsache, daß wir noch so jung sind, hat natürlich im Laufe der Jahre allerlei Mißverständnisse zur Folge gehabt. Aber Lisbeth ist nicht auf den Mund gefallen. Sie bleibt in solchen Fällen niemals die Antwort schuldig.

„Ich bin eine Adoptivtochter", sagte sie laut und völlig unbekümmert.

„Wieso hast du so junge Eltern?" forderte eine Klassenkameradin sie einmal heraus. „Das ist doch merkwürdig, wenigstens finde ich das."

„Was ist daran merkwürdig?" erwiderte Lisbeth. „Mein Vater ist sechsunddreißig und meine Mutter vierunddreißig Jahre alt. Sie heirateten, als ich sieben Jahre alt war, und da hatten sie mich schon eine Weile gehabt."

„Merkwürdig!" sagte das vorwitzige Mädchen noch einmal. Ganz offensichtlich brannte es schon darauf, die sensationelle Neuigkeit weiterzutragen.

„Wenn du noch mehr wissen willst, dann kann ich dir erzählen, daß meine richtige Mutter bei meiner Geburt starb, mein Vater folgte ihr, als ich sieben Jahre alt war. So kam ich zu meiner jetzigen Mutter, und die heiratete dann später meinen jetzigen Vater. Dämmert es dir jetzt, warum ich so junge Eltern habe?"

Lisbeths Klassenkameradin machte ein sehr enttäuschtes Gesicht.

Heming und ich brachten es nie fertig, uns unserer Tochter gegenüber aufs hohe Roß zu setzen. Wir haben mit ihr erörtert, was uns wichtig schien. Aber wir haben ihr nie etwas verboten. Wir haben uns ihre gesunde und aufrichtige Kritik gefallen lassen und ihr ebenso aufrichtig unsere Meinung gesagt. Wir waren für sie da, wenn sie uns etwas anzuvertrauen wünschte, und haben ihr immer unser volles Vertrauen geschenkt.

In unserem Heim gab es kein Verschweigen, und zu kleinen Lügen brauchte niemand seine Zuflucht zu nehmen. Alles war ganz einfach und unproblematisch – bis zum diesjährigen Frühling.

Wir haben den 27. April immer festlich begangen. Die Bewirtung unserer Gäste war zwar nicht immer die gleiche. Eines aber durfte auf der Geburtstagstafel niemals fehlen: Ananastorte.

Während des Krieges war es mehr als schwierig, Ananastorte zu beschaffen. Ich ließ mir vom Land Sahne schicken, stellte aus Kürbis Ananasersatz her und zerbrach mir den Kopf über die Zutaten. Ananastorte war das erste, worüber Lisbeth und ich uns zusammen gefreut hatten, als wir uns vor zehn Jahren kennenlernten, und wir sind beide in diesem Punkt etwas sentimental.

Die Tradition mußte aufrechterhalten werden, und sie wurde aufrechterhalten.

Auch in diesem Jahr war mal wieder der wichtigste Programmpunkt des Abends gerettet.

Eine ganze Anzahl von Ananasbüchsen standen für die Torte bereit.

Lisbeth ist zu unserer Freude in mancher Hinsicht noch immer ein richtiges Kind. Das zeigt sich unter anderem auch darin, daß sie an ihrem Geburtstag immer sehr früh aufwacht, zu Heming und mir ins Zimmer huscht, in mein Bett kriecht und nach den Geschenken fragt. Und Erna, die liebe, unersetzbare Erna, die noch immer bei uns ist und mit uns alle unsere Sorgen und Freuden teilt, erscheint dann mit dem Kaffeebrett, auf dem sich Geschenke, Kuchen und farbige Lichter befinden. Lisbeth möchte ihren Kaffee nämlich gern im Bett genießen. Und das erlauben wir ihr natürlich an diesem Tag.

„Du, Vati", sagte Lisbeth, als die Geschenke ausgepackt und mit Jubel begrüßt waren, „ich habe gestern vergessen, etwas zu sagen. Ich kam nicht dazu, alle Rechenaufgaben zu lösen. Glaubst du, ich könnte ein Entschuldigungsschreiben mitbekommen?" Ihre Stimme klang unsicher.

„So, so ... Du hast deine Schularbeiten nicht gemacht. Und weshalb kamst du nicht dazu?"

„Ich – ich hatte doch so viel zu tun, weißt du ..., ich mußte die Festtafel decken und ausschmücken ... und ich mußte mein Kleid verlängern ... und dann mußte ich Peik zu Bett bringen ..."

„Und dann hast du dich bei dem Gedanken beruhigt, daß dein Vater es heute, an deinem Geburtstag, nicht übers Herz bringen wird, mit dir zu schelten, nicht wahr?"

„Ja, Vati. Denn du kannst mir doch unmöglich meinen Geburtstag verderben? Und wenn ich kein Schreiben von dir mitbekomme, dann muß ich nachsitzen. Das weißt du doch ..."

Heming blickte sie forschend an.

„Du, Lisbeth! Versetze dich einmal in meine Lage. Was würdest du an meiner Stelle tun? Du verlangst, daß ich lüge, um dir deinen Geburtstag nicht zu verderben. Du setzt mir sozusagen das Messer an die Kehle. Nicht wahr? Was soll ich tun? Was ist nach deiner Meinung das richtige?"

Lisbeth erwiderte seinen Blick und schlug errötend die Augen nieder.

„So habe ich die Dinge nicht gesehen ... Aber wenn ich es recht bedenke, dann war das, was ich getan habe, eigentlich sehr häßlich."

„Ja, das war es."

Lisbeth biß sich auf die Lippe.

„Was meinst du, Lisbeth, was soll ich nun tun?"

Sie besann sich. Mir wurde wieder einmal klar, was für ein guter Psychologe und Erzieher mein Mann war. Denn wie hätte er wohl sonst auf den Gedanken kommen sollen, den Sünder selber in dieser Frage zu Rate zu ziehen!

„Ich finde, du solltest Gnade vor Recht ergehen lassen, da ich doch nun einmal Geburtstag habe ... das heißt natürlich, wenn du eine Strafe für mich weißt, die mir nicht den ganzen Tag verdirbt ... ja, ich glaube, das würde wohl das richtige sein."

„Und was für eine Strafe soll das sein? Soll ich dir für morgen Hausarrest anordnen, damit du dich heute schon darüber ärgern kannst? Oder soll ich dir eines von den Geschenken wegnehmen? Was meinst du?"

Lisbeth stand in ihrem blauen Schlafanzug neben dem Bett. Wie war sie doch jung! Und wie sah sie doch lieb aus, als sie da so hilflos mit roten Wangen vor Heming stand! Ich konnte es schwer begreifen, daß er es fertigbrachte, in diesem strengen und ernsten Ton mit ihr zu reden.

Aber Heming ist Lehrer, und obendrein ein sehr beliebter und geachteter Lehrer. Die Grundsätze, nach denen er seine Schüler erzieht, wendet er hin und wieder auch Lisbeth gegenüber an.

„Komm her, Lisbeth."

Er richtete sich im Bett auf.

„Schau mich an! Auf das Nächstliegende bist du anscheinend noch nicht gekommen."

„Ich ... du meinst, ich soll es ausbaden ... und nachsitzen?" Lisbeth traten die Tränen in die Augen. „Gut", sagte sie dann, „du hast recht, Vati." Sie lächelte wieder. „Eigentlich ist es gar nicht so schlimm, wie es zuerst aussah. Mein Geburtstag . . ."

„Den lassen wir uns dadurch nicht verderben, Lisbeth. Nun ist die Sache in Ordnung, und den Rest des Tages wollen wir es alle recht schön haben."

Lisbeth schlang die Arme um Hemings Hals.

„Du bist wirklich ein feiner Kerl, Vati", sagte sie. „Du bist der anständigste Mensch von der ganzen Welt."

Heming lachte.

„Danke für das Kompliment. Aber ist es nicht schön, daß wir uns so gut verstehen? – So, und nun zieh dich schnell an, damit wir nicht zu spät zur Schule kommen."

Es wurde ein geschäftiger Vormittag. Lisbeth hatte kurz und bündig erklärt, es kämen einige zwanzig Gäste zur abendlichen Geburtstagsfeier. Sie hatte schon am Vortage im Wohnzimmer und in meinem Arbeitszimmer kleine Tische gedeckt.

Das Speisezimmer sollte ausgeräumt werden, damit Platz genug zum Tanzen wäre.

Erna und ich widmeten uns mit Eifer dem Kuchenbacken. Außerdem mußten wir das Mittagessen bereiten, das ebenfalls ein für alle Male festgelegt war. An ihrem siebenten Geburtstag aß Lisbeth bei mir zum ersten Male. Sie hatte sich damals Fleischklöße gewünscht. Seitdem gibt es am 27. April stets Fleischklöße zum Mittagessen.

Meine Gedanken flogen in die Vergangenheit zurück, während ich Eier und Zucker verquirlte, Torten ausschmückte und vorsichtig die Geleeformen umkippte.

Wie deutlich ich das siebenjährige kleine Mädchen in dem zerschlissenen Matrosenkleidchen vor mir sah! Und vor allem ihre glückstrahlenden, blanken Augen! Ganz unfaßbar, daß inzwischen zehn Jahre vergangen waren, zehn lange Jahre seit jenem Tag, an dem die reichste und schönste Zeit meines Lebens begann!

Ich errötete bei dem Gedanken an das Unheil, das Lisbeth abgewehrt hatte. War ich damals doch drauf und dran gewesen, Carl Lövold zu heiraten – den egoistischen Carl, der von Lisbeth nichts wissen wollte. Die liebe Lisbeth! Ihr allein habe ich mein Glück zu verdanken: Ihr verdanke ich Heming, ihr meinen Sohn, den kleinen Peik!

Ich blickte aus dem Fenster. Peik baute sich im Garten ein Haus. Von Zeit zu Zeit unterbrach er seine Arbeit, um mit dem Foxterrier Tass zu plaudern, der mit halbgeschlossenen Augen neben ihm auf dem Rasen lag.

Ich erinnere mich noch genau, wie glücklich Lisbeth gewesen war, als wir Tass als kleines, kugelrundes Hündchen bekamen. Damals bellte er den ganzen Tag, jetzt aber ist er ein gesetzter Herr von neun Jahren und blafft nur noch Motorräder an.

Ich dachte an den Tag, an dem Lisbeth vierzehn Jahre alt geworden war. An jenem Abend machte ich die Entdeckung, daß sie kein Kind mehr war. In ihrem neuen, langen Kleide und mit ihrer neuen Frisur sah sie wie ein richtiger Backfisch aus. Sie war ein schlankes, gesundes, gut aussehendes junges Mädchen geworden, um das sich die Jungen scharten. Lisbeths Schulkamerad Morten umkreiste sie wie eine Fliege ein Stück Zucker.

„Ein netter Junge, dieser Morten“, sagte Heming. Morten gehörte zu seinen Schülern.

Und nun begann die glückliche Zeit, da Lisbeth anfing, zu rudern und zu paddeln, Handball und Tennis zu spielen. Sie strotzte vor Gesundheit. Sie und Morten hingen zusammen wie die Kletten. Kam sie nach Hause, so platzte sie beinahe vor Mitteilungsbedürfnis. Morten war der feinste Kerl, den sie kannte. Und er besiegte sie immer beim Tennis. Aber das gefiel ihr. Es wäre ja auch noch schöner, meinte sie, wenn sie als Mädchen ihm überlegen gewesen wäre.

„Ich glaube fast, Morten ist etwas verliebt in mich“, sagte Lisbeth ein paar Monate später.

„Und du?“ fragte Heming. „Bist du in ihn verliebt?“

„Klar!“ antwortete Lisbeth aufrichtig. „Ganz närrisch. Es ist übrigens herrlich, verliebt zu sein.“

„Ganz meine Meinung“, sagte Heming.

Lisbeth blickte uns beide mit ihren klugen, hellwachen Augen an.

„Seid ihr noch immer ineinander verliebt?“ fragte sie geradeheraus.

„Ja“, antwortete Heming.

„Durchaus“, sagte ich.

„Merkwürdig“, sagte Lisbeth, „daß eine Verliebtheit so viele Jahre lang andauern kann!“

„Ich hoffe, sie wird auch noch weiterhin eine ganze Reihe von Jahren andauern“, lachte Heming.

„Ihr seid einfach reizend", stellte Lisbeth fest.

Meine Gedanken wanderten zu Lisbeths fünfzehntem Geburtstag zurück. Wieder Tanz am Abend. Wieder Morten. Ich beobachtete, daß Lisbeth und Morten für eine Weile im Garten verschwanden. Und Lisbeths Wangen waren brennend rot, als sie zurückkam und weitertanzte. Das Abschiednehmen an der Gartenpforte zog sich lange hin. Morten ging als letzter.

Als Lisbeth ins Haus zurückkehrte, ging sie langsam, und ein Lächeln zog sich um ihren Mund, das ich noch nie bei ihr gesehen hatte. Es lag etwas Leuchtendes über ihrem Gesicht, ein warmer Schein strahlenden Glücks.

Ich hatte den Eindruck, als müsse sie sich sehr zusammennehmen, um meinem Blick begegnen zu können. Und als Heming fragte: „Nun, Lisbeth? Hast du einen schönen Tag gehabt?" – da kam ihre Antwort wie aus weiter Ferne und mit einer neuartigen, gedämpften Stimme:

„Es war wunderbar – ganz wunderbar..." Und sie starrte wieder vor sich hin, und die Farbe auf ihren Wangen kam und ging. „Ich habe noch nie einen so schönen Geburtstag gehabt", sagte sie.

Ich legte den Arm um ihre Schultern. Zum ersten Male schmiegte sie sich nicht an mich. Ihre Glieder wurden aber auch nicht starr. Sie waren weich, und ein leichtes Zittern ging über ihren Körper, als sie sich behutsam aus meinem Arm löste.

„Gute Nacht, Mutti – gute Nacht, Vati... Vielen, vielen Dank für alles..." Sie ergriff Hemings Hand mit ihrer linken, die meine mit ihrer rechten und führte unsere Hände einen Augenblick an ihre Wangen.

„Gute Nacht – und tausend Dank, euch allen beiden . . .“ Gleich darauf war sie verschwunden, schnell und lautlos.

Heming und ich blieben stehen, wie sie uns verlassen hatte, und blickten einander lächelnd an. Ich fühlte, daß es mir feucht in die Augen stieg.

„So geht es“, sagte Heming.

„Unser kleines Mädel!“ sagte ich.

„Laß uns froh sein, daß es so gekommen ist“, sagte Heming. „Ich meine, wir wollen froh sein, daß es Morten war – der Lisbeth den ersten Kuß gegeben hat.“

Die Ananastorte war fertig. Ich sah auf die Uhr. Heming und Lisbeth mußten jeden Augenblick eintreffen. Peik rannte gerade mit Höchstgeschwindigkeit den Weg entlang. „Aha!“ dachte ich. „Er hat sie an der nächsten Biegung entdeckt!“

Kurz darauf hörte ich lebhafte Stimmen und Lachen. Dort kamen sie. Heming mit Peik auf den Schultern.

„Sag mal, Lisbeth“, sagte ich beim Mittagessen, „welche Gäste erwartest du eigentlich heute abend?“

„Mußt du das so genau wissen?“ erwiderte Lisbeth. „Es ist wirklich nicht ganz einfach, sie alle aufzuzählen. Ein ganzer Haufen von Jungen und Mädchen. Ich kenne ja so unglaublich viele.“

Damit hatte sie recht. Lisbeths Bekanntenkreis ist sehr groß und wird ständig größer.

„Jedenfalls kannst du beruhigt sein“, fuhr Lisbeth fort, „es sind alles sehr nette Menschen.“ Heming und ich beeilten uns, ihr zu versichern, daß wir daran keinen Augenblick gezweifelt hätten.

„Wie fühlst du dich eigentlich, Lisbeth?“ fragte Heming beim Nachtisch, als wir unsere Gläser mit selbstgemachtem Obstwein gefüllt und auf das Wohl des Geburtstagskindes angestoßen hatten. „Ich meine, wie fühlt man sich, wenn man eine ungeküßte Siebzehnjährige ist?“

„O danke! Man fühlt sich gar nicht so übel, wenn man siebzehn ist“, erwiderte Lisbeth unangefochten, und dabei tat sie eine so gewaltige Portion Schokoladenpudding auf ihren Teller, daß ich sie hätte zurechtweisen müssen, wenn nicht gerade ihr Geburtstag gewesen wäre.

„Es muß sehr eigenartig sein“, sagte ich ziemlich nachdenklich.

„Was muß eigenartig sein?“ fragte Lisbeth, während sie eine ansehnliche Menge Schlagsahne auf ihren Pudding häufte.

„Eine ungeküßte Siebzehnjährige zu sein.“

„Ja, das muß sehr eigenartig sein“, sagte Lisbeth mit der denkbar größten Gemütsruhe. Und dann eröffnete sie nüchtern und zielbewußt einen Großangriff auf ihren geliebten Pudding.

Unser Haus füllte sich mit lachender und lärmender Jugend. Es war alles so, wie es bei Gesellschaften dieser Art sein soll. Es wurden Reden gehalten, und es wurde auf das Wohl des Geburtstagskindes getrunken. Lisbeths

Klassenkameraden hatten Verse auf sie geschmiedet, die sich bei einigermaßen gutem Willen sogar singen ließen. Dann wurde das Radioprogramm eingeschaltet, Tanzschlager ertönten, es wurde getanzt, etwas geflirtet, und die Mädchen betrachteten mit kritisch abschätzenden Augen die Kleider ihrer Freundinnen und Rivalinnen.

Lisbeth hat auch andeutungsweise noch nie den Wunsch geäußert, Heming und ich möchten uns zurückziehen, wenn sie eine Gesellschaft hat. Und es scheint, daß es ihren Freunden und Freundinnen bei uns ebenso gut gefällt wie in den Häusern, wo die Eltern der Jugend das Schlachtfeld allein überlassen.

„Ihr bekommt ja wohl nicht gleich einen Schlaganfall, wenn ihr zufällig sehen solltet, daß sich zwei irgendwo in einem Winkel einen Kuß geben", sagte Lisbeth einmal. Und sie hat recht: Davon bekommen wir keinen Schlaganfall, und außerdem ist es noch gar nicht so sehr lange her, daß wir selber jung und unbekümmert waren.

Heming tanzte mit Lisbeths Freundinnen; sie schwärmen im stillen etwas für ihn, was ich gut verstehen kann. Ich fühle mich ja auch geschmeichelt, wenn Lisbeths achtzehnjährige Freunde mich zum Tanz auffordern.

Diesmal sah ich einzelne neue Gesichter unter den Gästen. In der Tat: Lisbeths Freundeskreis wächst schnell und sicher. Manchmal genügt schon eine Bekanntschaft von sehr kurzer Dauer, um Lisbeth zu einer Einladung zu veranlassen.

Ein junges Mädchen fiel mir auf. Es schien etwas älter als die anderen zu sein und unterschied sich auch sonst von ihnen. Nicht etwa durch seine Eleganz. Im Gegenteil. Das blaßgrüne Kleid hing merkwürdig schlaff von den mageren Schultern herab. Das Gesicht war blaß und farblos, die Augen waren hell, die Augenbrauen fein gezeichnet, die braunen Wimpern lang. Weiches, platinblondes Haar umrahmte wellenförmig das Gesicht. Die Lippen waren bleich, und um den Mund lag ein ernster Zug.

Dieses stille Antlitz ließ mir keine Ruhe. Immer wieder wandten sich meine Blicke dem Mädchen zu. Eine ungewöhnliche Erscheinung. Sie besaß etwas, das ich weder bei meiner gesunden und unbeschwerten Adoptivtochter noch bei ihren munter schwätzenden Freundinnen fand. Es war etwas Empfindsames, Zartes an ihr – etwas Weiches, Nachgebendes.

Sie hatte Seele.

Heming tanzte mit ihr mehrere Male. Ihr Körper war biegsam und federnd, ihre Füße glitten leicht und gefügig über das gebohnerte Parkett. Ich hätte gern ein paar Worte mit ihr gesprochen, aber ich kam nicht dazu, da ich mich um das kalte Büfett kümmern und Erna und den beiden Aufwartemädchen Anweisungen geben mußte.

Erst beim Aufbruch sah ich sie wieder. Die anderen jungen Mädchen waren etwas übermüdet, ein wenig zerzaust, hatten blanke Nasen, nur noch die halbe Lippenstiftfarbe auf dem Mund, sprachen nervös und lachten krampfhaft. Die junge Fremde in dem grünen Kleid aber war blaß und zart, kühl und still geblieben, ihr Haar war genauso ordentlich und umrahmte in den gleichen weichen Wellen das Gesicht wie vordem, als sie Heming und mir die Hand reichte und sich für den schönen Abend bedankte.

„Ich kann mich wahrhaftig nicht auf deinen Namen besinnen“, sagte ich. „Lisbeth hat so viele Freundinnen ...“

„Ich heiße Marianne Vesterholm“, sagte das junge Mädchen in Grün.

Marianne

„Am Tag nach einer Gesellschaft mit Tanz soll man nun einen Aufsatz schreiben!“ seufzte Lisbeth, als sie zum Abendessen herunterkam. „Das müßte gesetzlich verboten sein!“ Sie gähnte herzhaft und streckte ihre mit Tinte befleckte Hand nach dem Brotteller aus.

„Eigentlich hättest du deinen Aufsatz von dem Tanzvergnügen schreiben können“, sagte Heming. Aber seine Stimme klang resigniert. Er hatte mit Lisbeths Neigung, immer alles aufzuschieben, schon manche bittere Erfahrung gemacht.

„Ja, in der Theorie“, antwortete Lisbeth. „Es wird nur nie etwas daraus. Außerdem arbeite ich am besten, wenn ich unter Druck stehe.“

„Hast du schon jemals versucht, ohne Druck zu arbeiten?“ fragte Heming sanft.

„Nein“, sagte Lisbeth. „Aber du brauchst nicht den gestrengen Pädagogen herauszukehren. Solange ich ‚sehr gut‘ in meiner Muttersprache bekomme, hast du keinerlei Veranlassung, mir Vorhaltungen zu machen.“

„Leider muß ich zugeben, daß deine Logik unangreifbar ist. Aber vielleicht könntest du ‚lobenswert‘ bekommen.“

„Wo denkst du hin!“ rief Lisbeth. „Hast *du* in deiner Muttersprache jemals ‚lobenswert‘ bekommen?“

„Nein“, gestand Heming, „im allgemeinen nur ‚gut‘.“

„Da siehst du es.“

Wir aßen weiter. Peik und Lisbeth wetteiferten miteinander, was den Appetit betraf.

„Du, Lisbeth“, erkundigte sich Heming plötzlich. „Wo hast du Marianne Vesterholm kennengelernt?“

„Marianne? Ich traf sie auf einer Gesellschaft bei Berit. Sie machte einen so verlassenen Eindruck, und da dachte ich, es könnte ihr ganz gut tun, an unserem kleinen Hausball teilzunehmen. Findest du sie nett?“

„Ja“, antwortete Heming. „Es ist etwas an ihr. Ich hätte Lust, mich ihrer ein wenig anzunehmen, gut zu ihr zu sein.“

„Paß auf, Mutti!“ lachte Lisbeth. „Wenn ein Mann von sechsunddreißig Lust verspürt, zu einem Mädchen von zwanzig gut zu sein, dann sieht die Sache gefährlich aus.“

„Rede keinen Unsinn!“ sagte ich. „Erzähle uns lieber von Marianne! Auch mir hat das junge Mädchen gefallen.“

„Du bist eine geschickte Diplomatin, Ma. Du teilst die Interessen deines Mannes im großen wie im kleinen –

sogar dann, wenn es sich um junge Damen handelt . . .“

„Hör endlich auf, solch dummes Zeug zu reden!“ rief Heming. Seine Stimme klang so energisch, daß Peik, der gerade an einem Stück Brot mit Honig kaute, erschrocken aufblickte. Lisbeth wurde rot.

„Entschuldigt. – Ja, ich rede heute vielleicht zuviel dummes Zeug. Ich bin aber auch ganz schrecklich schläfrig. – Marianne ist zwanzig Jahre alt“, fuhr sie sachlich fort, „und sie und ihre Mutter haben bei Berit ein Zimmer und eine Behelfsküche.“

„Geht Marianne in eine Schule?“

„Nein! Sie ist als Hilfskraft in einem Kindergarten tätig. Ihre Mutter ist in einem Modegeschäft angestellt. Sie garniert Hüte. Ich habe Frau Vesterholm nur selten gesehen. Sie sieht übrigens sehr nett aus, ist aber ebenso blaß wie Marianne und spricht kaum ein Wort. – Ein mächtig sympathisches Lächeln hat sie“, fügte Lisbeth noch schnell hinzu.

„Mir hat das junge Mädchen sehr gut gefallen, Lisbeth. Und ich bin derselben Meinung wie Heming: wir sollten etwas für sie tun. Glaubst du, daß sie sehr einsam ist?“

„Ja. Sicher. Sie wohnen ja erst seit einem Monat hier, und es liegt ihnen nicht, mit anderen Leuten Bekanntschaft zu schließen.“

„Kannst du nicht Marianne hin und wieder mitbringen? Vielleicht tut es ihr gut, wenn sie unseren mehr oder weniger lebhaften Gedankenaustausch und Peiks philosophische Betrachtungen mit anhören kann und . . .“

„... kurz gesagt, zu einem normalen und keineswegs langweiligen, aber glücklichen Heim Zugang erhält", vollendete Lisbeth den Satz.

„Ganz recht", sagte Heming. „Manchmal kann ich es direkt verstehen, daß du in deiner Muttersprache die Note ‚sehr gut' hast. Es kommt tatsächlich vor, daß du die richtigen Ausdrücke findest."

„Danke für das Kompliment", sagte Lisbeth feierlich, dann wandte sie sich wieder mir zu. „Aber sicher, Ma. Ich will Marianne gern fragen, ob sie zu uns kommen will."

Bei Lisbeth liegen Gedanken und ihre Ausführung nie weit auseinander. Am nächsten Tag hatten wir Marianne zum Mittag bei uns. Ich will nicht gerade behaupten, daß es mir über die Maßen gut paßte; denn Peik plagte sich mit einem beginnenden Schnupfen herum und war schlecht aufgelegt, Erna hatte mit der Kleinwäsche zu tun, und ich selber stand in der Küche und war dabei, ein Mittagessen zusammenzustellen.

„Das ist aber fein", sagte ich, als Lisbeth mit lauter Stimme verkündete, Marianne werde heute bei uns zu Mittag essen. „Du mußt aber mit dem vorliebnehmen, was wir dir vorsetzen können, Marianne. – Lisbeth, lege noch ein Gedeck auf!"

„Lisbeth läßt ja keine Ruhe, wenn sie sich einmal etwas in den Kopf gesetzt hat", entschuldigte sich Marianne. Sie lächelte dabei warm und anmutig. „Ich habe versucht, ihr klarzumachen ..."

„Aber liebe Marianne! Lisbeths Freundinnen sind uns immer willkommen. Es ist nicht das erstemal, daß sie einen Gast mit nach Hause bringt, das kannst du mir glauben. Ihr bekommt ein geheimnisvolles Allerlei aus Resten und ein selbstkomponiertes Dessert. Reicht das nicht, dann können wir euch noch Spiegeleier und Brot zur Verfügung stellen."

Wir hörten die Gartenpforte knarren. Lisbeth sprang auf: „Vati kommt!"

Sie flog Heming entgegen. Mitten auf dem Gartenweg hatte sie ihn erreicht. Genau wie früher als kleines Mädchen schlang sie ihm die Arme um den Hals. Dann schritten beide, eng aneinandergeschmiegt, auf das Haus zu.

Wir hatten das alles durch das Fenster sehen können. Zufällig warf ich einen Blick auf Marianne. In ihrem Gesicht war ein Ausdruck, der mir fast die Tränen in die Augen trieb. Ich spürte einen höchst merkwürdigen Drang – den Drang nämlich, das junge Mädchen in die Arme zu schließen und fest an mich zu drücken. Aber so etwas tut man ja nicht.

„Wir haben sicher einen ordentlichen Schnitzer gemacht", warf Heming beim Mittagessen ein. „Obwohl Marianne eine junge Dame und obendrein berufstätig ist, sagen wir seelenruhig ‚du' zu ihr."

„Aber das finde ich ja gerade so nett", meinte Marianne mit ihrer leisen, ruhigen Stimme.

„Dann mußt du aber auch zu uns ‚du' sagen", schlug ich vor. „Das sind wir bei Lisbeths Freundinnen und Freunden so gewohnt."

„Reg dich darüber bloß nicht auf!" lachte Lisbeth.

„Vati und Mutti sind nun mal so. Ich glaube, sie werden nie richtige erwachsene Menschen."

Trotz seines Schnupfens zeigte unser Sohn sich von seiner ritterlichsten Seite. Er saß bei Tisch neben Marianne, betrachtete sie aufmerksam und bildete sich offensichtlich eine Meinung über sie. Das Ergebnis war für ihn zweifellos äußerst befriedigend.

„Veux-tu des pommes de terre?" sagte Peik und reichte ihr die Schüssel mit den Kartoffeln.

Marianne machte ein etwas verblüfftes Gesicht. Dann lächelte sie: „Merci bien!"

„Sprichst du französisch?" fragte unser wohlerzogener Sohn.

„Ein wenig", sagte Marianne. „Aber das ist so lange her, daß ich fürchte, ich habe das meiste vergessen."

„Wir sprechen französisch, wenn wir bei Tisch sind", fuhr Peik in der Sprache der Diplomaten fort. Er war nun einmal entschlossen, mit Marianne Konversation zu führen.

„Sei froh!" sagte Marianne. „Dann kannst du schon Französisch, wenn die anderen auf der Schule sich damit erst noch abplagen müssen."

„Das sagen Vati und Mutti auch", erklärte Peik.

Wir fuhren fort, französisch zu sprechen. Marianne mußte hin und wieder nach einem Wort suchen und stammelte dann etwas, aber ihre Aussprache war ganz ausgezeichnet und akzentfrei.

„Du redest ja, als hätte deine Wiege in Frankreich gestanden", sagte Lisbeth. „Sag mir, wo hast du das bloß gelernt?“

„Ich hatte ... Von einer französischen Dame ...“, sagte Marianne.

„Komm nur immer zu uns. Dann bleibst du in der Übung. Du mußt nämlich wissen, Mutti ist ein Sprachgenie – obgleich man ihr das gar nicht ansieht. Brauchst du einen finnischen Dolmetscher oder einen holländischen: bitte schön, Mutti steht dir zu Diensten ...“

„Schwatz kein dummes Zeug, Lisbeth!“ unterbrach ich sie.

„Ich schwatze durchaus kein dummes Zeug“, sagte Lisbeth. „Im allgemeinen leide ich nicht gerade an Minderwertigkeitskomplexen ...“

„Nein, das wissen die Götter!“ seufzte ihr Vater.

„... aber wenn ich mir die Bücher ansehe, die Mutti liest und begutachtet und übersetzt, dann wimmelt es bei mir nur so von lauter Minderwertigkeitskomplexen!“

Bei einem Mittagessen, an dem meine Tochter Lisbeth und mein Sohn Peik teilnehmen, gibt es nie Verlegenheitspausen.

So wurde denn auch diesmal munter darauflosgeplaudert, und Marianne hatte öfter Veranlassung, auf ihre so sympathische Art zu lächeln.

„Willst du mein Segelboot sehen?“ fragte Peik, als wir gegessen hatten, und zupfte Marianne am Ärmel.

„Peik, nun mußt du Marianne aber in Ruhe lassen. Sie spielt den ganzen Vormittag mit Kindern.“

„Dann kann sie ja ganz gut mit mir am Nachmittag spielen“, sagte Peik ruhig.

„Ich möchte gern dein Segelboot sehen, Peik", sagte Marianne freundlich.

Peik stürmte davon und holte sein Boot. Es ist ein Modellboot, das er im Winter auf einem Kinderfest gewann. Er ist mit Recht stolz darauf.

Marianne nahm das Boot in ihre Hände und betrachtete es von allen Seiten.

„Das ist das Großsegel", erklärte Peik. „Man kann es heißen und niederholen."

Marianne ging mit dem Boot sehr vorsichtig um, so daß man es ihren Händen ordentlich anmerkte, welchen Genuß es ihnen bereitete, einen schönen Gegenstand zu halten.

„Und das hier", fuhr Peik mit seiner Erklärung fort, „ist – ist ..." Er saß fest und blickte fragend zu Heming auf.

„Das ist das Stagsegel", sagte Marianne. „Und ein Klüversegel ist ja auch da!"

Peik staunte über so viel Sachkenntnis. Ich warf einen schnellen Blick auf Marianne.

Sie fuhr fort, mit Peik zu plaudern, und seine Begeisterung über die kluge neue Freundin wurde von Minute zu Minute größer.

Marianne fügte sich schnell bei uns ein. Sie sprach nicht viel und erzählte nichts von sich selber. Unser alltägliches, harmloses Geplauder gefiel ihr. Sie machte mit und hatte eine ruhige und sichere Art, sich zu benehmen. Eine sichere Art. Ja, das war das richtige Wort. Sie war nicht gehemmt und erst recht nicht laut und großsprecherisch, wie junge Menschen oft zu sein pflegen, wenn sie eine aufkommende Unsicherheit verdecken wollen. Lisbeth hatte im Laufe der Zeit so viele Freundinnen bei uns eingeführt, daß es wohl kaum noch eine Sorte gab, die ich nicht gekannt hätte. Aber Marianne war für mich etwas ganz Neues. Sie gefiel mir über die Maßen gut. „Nein“, sagte Lisbeth und streckte die Glieder. „jetzt muß ich mir etwas Bewegung machen. Ich bin so satt, daß ich mich kaum noch rühren kann. Hast du Lust, Marianne? Wollen wir beide eine Partie Federball spielen?“

„Furchtbar gern!“ sagte Marianne.

Und so gingen die beiden denn in den Garten, wo ein kleiner Ballspielplatz hergerichtet war.

Wir waren an der Kaffeetafel sitzengeblieben. „Reizendes Mädchen!“ sagte Heming. „In jeder Hinsicht anders als Lisbeth.“

„Willst du etwa behaupten, Lisbeth wäre nicht reizend, du Barbar?“

Heming lachte.

„Lisbeth ist Lisbeth. Sie steht außer Konkurrenz, du stolze Mutter! Aber vergleiche die beiden einmal miteinander! Lisbeth, kräftig und braungebrannt und breitschultrig und lärmend – bewahre: um nichts in der Welt möchte ich sie anders haben – und Marianne, blaß und mager und still und – ja, was soll ich sagen – etwas farblos – und so bescheiden in ihrer Sicherheit und Wohlerzogenheit!“

„Der Verkehr mit Marianne wird Lisbeth gut tun“, stellte ich fest.

„Und umgekehrt", bemerkte Heming kampfbereit.

„Natürlich – stolzer Vater!" lachte ich.

So begann die Freundschaft zwischen Lisbeth und Marianne. Und wir freuten uns sehr, als wir sahen, daß sie Bestand hatte.

Marianne wurde bald ein beinahe täglicher Gast bei uns und nahm auf ihre ruhige Art an allen unseren kleinen Freuden und kleinen Sorgen teil.

„Man fühlt sich bei euch so richtig wohl", sagte Marianne eines Nachmittags. Sie stockte einen Augenblick, und ihre Wangen färbten sich ein wenig rot. „Ich meine – weil ihr immer so gut gelaunt seid – und weil – weil ihr über alles miteinander reden könnt ..." Sie verstummte und schluckte.

„Ja, das kannst du glauben", lachte Lisbeth. „Das können wir. So ist es, wenn man junge Eltern hat, weißt du. Man hat eine ziemliche Plage, sie zu erziehen, aber du mußt doch zugeben, daß ich meine Sache ganz gut gemacht habe."

Eine verflixte Geschichte

Mortens Motorrad hielt kreischend vor der Gartenpforte. „Hallo, Lisbeth! Lust zu 'ner Fahrt in die Stadt?"

Lisbeth strich sich mit ihrer schmutzigen Hand das Haar aus dem Gesicht. Sie half Peik, einen etwa einen Quadratmeter großen Garten anzulegen, und wenn Lisbeth etwas unternimmt, kann man sicher sein, daß es Spuren hinterläßt. Ihr Kittel war befleckt, ihr Gesicht schmutzig und ihre Frisur glich einem Krähennest.

„Ja, wenn du mich zum Tattersall bringen willst."

„Heute ist doch Mittwoch. Hast du nicht am Dienstag und Freitag Reitstunde?"

„Wir reiten heute Quadrille, weißt du. Eine Extrastunde. Wie spät ist es? – Morten, sei ein Engel und beschäftige meinen hoffnungsvollen Bruder, während ich mich umziehe! Ich muß mir auch ein paar hundert Gramm Vaterland von den Händen waschen. Ich komme in zehn Minuten!"

Ein paar Türen, die krachend ins Schloß fielen, und lange Schritte auf der Treppe verkündeten, daß Lisbeth nach oben ging.

Ich blickte aus dem Fenster.

„Willst du nicht hereinkommen, Morten?"

„Nein, danke, ich mache lieber mit Peik solange eine kleine Spritzfahrt. Hast du Lust, Peik?"

„Sicher!"

Peik kletterte gewandt auf den Soziussitz. Man merkte, daß er darin einige Übung besaß. Sein Mund ging unaufhörlich. Er war mit Morten durch eine alte und solide Freundschaft verbunden.

Zehn Minuten später waren sie zurück, und kurz darauf erschien Lisbeth im Reitkostüm und mit klirrenden Sporen.

„Na, da bist du ja, du vornehme Dame", sagte Morten lachend. „Dein untertänigster Diener wartet."

Morten legte den Arm um Lisbeths Schulter, als müßte es so sein. Lisbeth ließ sich dadurch in ihrer munteren Plauderei nicht stören. Sie winkte mir mit der Reitpeitsche zu, und das Motorrad knatterte davon.

„Vornehme Dame", hatte Morten gesagt. Ich blieb nachdenklich am Fenster stehen. Handelte ich Lisbeth gegenüber falsch? Sie war wirklich verwöhnt. Ich konnte es nicht leugnen. Heming machte von Zeit zu Zeit den Versuch, etwas abzubremsen. Er hatte es dabei mit mir nicht leicht. Ich war zu sehr in meine Tochter vernarrt. Ihre Wünsche – nun, ich erfüllte sie, soweit es möglich war. Schöne Kleider, Reisen, Gesellschaften, Reit- und Tennisstunden – schadet ihr das etwa? Sie nahm es als selbstverständlich hin und freute sich darüber. Und wenn ich Gewissensbisse bekam, dann tauchte stets ein ganz bestimmtes Bild vor meinen Augen auf: Lisbeth an ihrem siebenten Geburtstag. Das bleiche kleine Mädchen in dem Matrosenkleid, aus dem es herausgewachsen war. Das verständige kleine Ding, das daheim in einer dunklen Küche stand, Geschirr abwusch und sich mit tiefem Ernst eine Kochplatte zum Geburtstag wünschte. Schon damals hatte ich das Verlangen gespürt, Lisbeth aller Freuden teilhaftig werden zu lassen, die mir meine Kindheit verschönt hatten. Auch ich hatte Reitunterricht bekommen. Ich war viel gereist, hatte schöne Kleider gehabt und Vergnügen aller Art mitmachen dürfen. Warum sollte Lisbeth es nicht ebenso gut haben? So einfach schien es mir.

Ja, alles war bisher einfach gewesen. – Genau bis zu

diesem Tag.

„Wo bleibt bloß Lisbeth?“ fragte Heming. Die Uhr war acht, und Lisbeth hätte schon vor einer Stunde zu Hause sein sollen.

„Ich habe keine Ahnung. Wenn sie nur nicht mit dem Pferd gestürzt ist. Sie reitet schrecklich waghalsig.“

In diesem Augenblick läutete das Telefon. Gott sei Dank, es war meine Tochter. Sie schien aufgeregt und redete sehr schnell.

„Ich bin es bloß, Mutti. Ich komme bald. Ich bin nur mit einigen von der Reitstunde eine Tasse Tee trinken gegangen. – Ja, ja – wundervoll! – Uff! – Ja, ich weiß, aber ich habe bloß Englisch und Geschichte. – Aber ja. – Warte einen Augenblick.“ Sie legte den Hörer aus der Hand, und ich hörte ferne Stimmen. Dann war sie wieder am Apparat. „Ist es in Ordnung, wenn ich um neun zu Hause bin? – Ja, doch. Ganz sicher. – Bis nachher.“

„Na?“ erkundigte sich Heming.

„Nein, es ist nichts weiter“, sagte ich. Es war ja nicht das erstemal, daß Lisbeth anrief, um zu erzählen, daß sie durch eine Verabredung aufgehalten sei.

„Wirklich nicht?“ fragte Heming. „Glaubst du, ich kenne meine Frau nicht? Womit bist du nur halb zufrieden?“

Ich mußte lachen.

„Man kann vor dir auch nicht die allerkleinste Gemütsbewegung verbergen. Aber es ist tatsächlich nichts. Es war nur etwas in Lisbeths Stimme – sie war so ungewöhnlich aufgeregt. So – so fieberhaft erregt – und das pflegt sie doch sonst nie zu sein!"

„Hm!" sagte Heming. Und mehr war ja im Grunde auch nicht dazu zu sagen.

Kurz nach neun hörten wir draußen auf dem Weg das Summen eines Autos und Lisbeths helles Lachen – etwas lauter und etwas heller als sonst. Wir traten schnell und voller Neugierde an das Fenster. Lisbeth verabschiedete sich von einem gutgekleideten jungen Mann in einem eleganten Auto.

Aha! dachten Heming und ich.

„Na?" sagten wir im Chor, als Lisbeth hereinkam.

„Einfach phantastisch!" rief Lisbeth aus. „Wir tranken im Frascati Tee. Es war ganz reizend. Am Montag reiten wir wieder Quadrille, und hinterher gehen wir zusammen essen."

„Im Reitkostüm?" fragte Heming.

„Aber, nein! Ich komme natürlich nach Hause und ziehe mich um!"

„Das ist eine weite Reise: erst nach Hause und dann wieder in die Stadt."

„Pah! Was ist schon dabei? Ich fahre natürlich per Auto!"

„Ja so! – Mit demselben wie heute?"

„Hast du es gesehen? Ist es nicht klasse?"

„O ja. – Und der Kavalier? – Ist er auch – klasse?"

Lisbeth lachte schallend.

„Du ahnst gar nicht, Vati, wie schlecht es dich kleidet, wenn du so sprichst. – O ja, er ist prima. Er reitet sehr gut. Er ist mein Partner bei der Quadrille. Und er war so

– so wie ein Gentleman – er drückte sich selber die Hand und beglückwünschte sich, weil er die – die jüngste und – die hübscheste von allen Damen als Partnerin bekommen hatte ...“

„Bescheidenheit ist eine Tugend, aber vielleicht nicht deine hervorragendste, junge Dame“, brummte Heming.

Lisbeths Gesicht überzog sich mit einer feinen Röte. Reizend sah sie dabei aus.

„Ja, aber – das habe doch *ich* nicht gesagt – ich erzähle doch bloß, was Erling gesagt hat ...“

„Erling? Nennt ihr euch schon beim Vornamen?“

„Ja, das tun wir wohl. Er sagte, er könne es mir ansehen, daß ich Lisbeth heiße. Aber das war gelogen, denn er hatte meinen Namen auf der Tafel im Stall gelesen. – Ich freue mich riesig auf Montag, du!“

„Und was, glaubst du, wird Morten zu deinem neuen Kavalier sagen?“

„Morten ...“ Ein schwacher Schatten zog über Lisbeths Gesicht. Doch dann warf sie den Kopf in den Nacken. „Pah! Morten hat mich ja schließlich nicht gepachtet. – Oder? – Ich werde mir doch wohl noch einen anderen ansehen dürfen?“

„Nur ansehen, aber nicht anfassen!“ kam es mit einer dünnen, aber klaren Stimme von der Tür. Es war unser Sohn, der im gestreiften Schlafanzug mit dem Pferd Max im Arm auf der Schwelle erschien. Max ist sein Lieblingsspielzeug seit vier Jahren und sieht auch danach aus. Jetzt kam Peik, um zu fragen, ob er ein Glas Limonade bekommen könne. Er hatte versucht, vom Schlafzimmer aus uns zu rufen, aber niemand hatte ihn gehört.

Peik bekam die Limonade und wurde wieder ins Bett geschickt. Aber die Worte, mit denen er sich einen so wirkungsvollen Auftritt verschafft hatte, blieben in der Luft hängen. „Nur ansehen, aber nicht anfassen!"

„Du hast für Montag also einen kleinen Bummel vor?" sagte Heming. „Entschuldige, wenn ich mir eine Frage erlaube. Willst du so freundlich sein, einen etwa fälligen Aufsatz und die Mathematikaufgaben vorher zu erledigen?"

„Soll geschehen", sagte Lisbeth. „Und wißt ihr was? Erling ist vierundzwanzig Jahre alt, und ihm persönlich gehört das flotte Auto ... ich meine, er hat es sich selber gekauft. Jedes Jahr tauscht er es gegen ein neues um. Er sagt, es lohnt sich, weil er dann nie mit dem Motor Ärger habe."

Ich warf einen schnellen Blick auf meinen Mann und las seine Gedanken. Sie sahen ungefähr so aus: Als ich vierundzwanzig war, fuhr auch ich Auto. Ich fuhr schwere Touristenwagen für ein Reisebüro, weil ich Geld verdienen mußte, um meine Studien fortzusetzen. Und ich wohnte in einer Dachkammer und pfiff auf das Mittagessen. Und ich gab Steffi Mathematikunterricht für Geld ...

Als Heming in seinen Gedanken so weit gekommen war, lächelte er und streckte mir die Hand hin.

„Man muß halt Glück haben in der Welt", sagte er.

„An wen denkst du dabei?" fragte Lisbeth neugierig. „An Erling? Oder an mich? Oder an dich selber?"

„An uns alle drei“, sagte Heming. „Aber wenn du mich fragst, möchte ich behaupten, daß ich am meisten Glück gehabt habe.“

„Du bist und bleibst ein sentimentaler Ehemann, Vati“, lachte Lisbeth. „Übrigens muß ich jetzt nach oben gehen. Das elende Geschichtsbuch wartet.“

Sie streckte sich und gähnte laut. Dann ging sie zur Tür. „Wie heißt das Wundertier noch außer Erling?“ rief ich ihr nach.

„Boor“, sagte Lisbeth. „Du weißt: Schiffsreeder Boor. – Aber jetzt muß ich mich in die verflixte Geschichte versenken.“

Sie verschwand, vergnügt pfeifend, und nahm zwei Stufen auf einmal, als sie nach oben eilte. Heming und ich aber blieben sitzen und sahen einander an.

„Verflixte Geschichte!“ wiederholte Heming Lisbeths Worte. „Ja, weißt du, Steffi – dies ist wirklich eine verflixte Geschichte!“

Die Uhr schlug eins.

Heming war leise nach oben gegangen und hatte die Tür zu Peiks Zimmer geschlossen. Denn wir plauderten noch immer im Bett. Keiner von uns konnte schlafen.

„Erling Boor!“ knurrte Heming. „Offen gestanden, er ist der letzte, den ich Lisbeth als Kavalier wünsche. Daß sie auch gerade auf den hereinfallen mußte!“

„Es kommt mir so vor, als hätte ich seinen Namen in irgendeinem Zusammenhang gehört“, überlegte ich.

„Sicherlich in keinem erfreulichen, darauf möchte ich

wetten", sagte Heming düster. „Ich jedenfalls weiß, in welchem Zusammenhang ich selber ihn gehört habe. Erinnerst du dich noch an den Schulskandal vor sieben, acht Jahren? Die Geschichte mit dem fünfzehnjährigen Mädchen, das von einem Schüler zu häßlichen Dingen verleitet wurde? Natürlich erinnerst du dich daran. Ich auch. Der Schüler war Erling Boor. Er sollte von der Anstalt verwiesen werden, aber Papa Boor ordnete die Sache so, daß er ihn freiwillig aus der Schule nahm. Er wurde dann auf ein Internat geschickt, und die Sache konnte so einigermaßen vertuscht werden. Es liegt mir nicht, alte Geschichten aufzuwärmen, aber ..."

„Vielleicht hat er sich zu seinem Vorteil geändert", suchte ich den jungen Boor zu verteidigen. „Es wäre ungerecht, ihm eine Schulgeschichte auf Zeit und Ewigkeit anzuhängen, findest du nicht?"

„Im Prinzip ist das auch meine Meinung. Aber Erling Boor hat leider auch heute noch einen schlechten Ruf. Viele Frauengeschichten, so hörte ich."

„Und sagen wir das Lisbeth, dann ..."

„Dann wird er natürlich für sie nur noch interessanter. Oder sie zeigt sich höchst empört und verlangt, daß wir beweisen sollen, was wir behaupten. Das aber ist eben die Sache. Ich weiß nichts Bestimmtes, das sich anführen ließe; ich weiß nur, daß an ihm etwas – nun ja, etwas Unzuverlässiges ist, um einen vorsichtigen Ausdruck zu gebrauchen. Der einzige Sohn eines reichen Mannes kann es nicht vermeiden, daß man von ihm spricht. Und es wird sehr viel von ihm gesprochen."

„Vielleicht ist es mit Lisbeth nicht so ernst, Heming. Natürlich schmeichelt es ihr, daß ein erwachsener junger Mann sich für sie interessiert. Sie ist ja schließlich nur ein Schulmädchen von siebzehn Jahren. Am Ende malen wir den Teufel an die Wand, Heming. Lisbeth ist doch bis jetzt immer zuverlässig und offen gewesen!"

Heming lag eine Weile still da und runzelte die Stirn.

„Ja, ehrlich ist sie. Aber, Steffi" – er richtete sich auf den Ellbogen auf und wandte sich mir zu –, „es war heute etwas in ihrer Stimme, das mir nicht gefiel. Ich hörte – einen falschen Ton."

„Sie war doch so lieb und angeregt und begeistert und erzählte so bereitwillig . . ."

„Ja. Glücklicherweise. Und solange sie das tut, können wir froh sein."

„Solange sie es tut? Ja, weshalb sollte sie es denn nicht auch weiterhin tun?"

Heming wartete eine Weile, bevor er antwortete. Dann sagte er langsam und wohlüberlegt: „Bisher, Steffi, war es nicht schwer für uns, Lisbeths vertrauliche Mitteilungen anzuhören und ihr mit Verständnis zu begegnen. Wie aber wird es werden, wenn wir ihre Offenherzigkeit mit Ermahnungen und Vorwürfen beantworten müssen? Dann beginnt unsere Lisbeth ihre eigenen Wege zu gehen. Wir können den Kontakt mit ihr verlieren. Das Problem, vor dem wir stehen, lautet: Wie passen wir auf sie auf, und wie helfen wir ihr, ohne den Verlust ihres Vertrauens zu riskieren?"

„Nein, Heming, jetzt dürfen wir aber nicht über das

Ziel hinausschießen. Es ist ja nichts weiter geschehen, als daß sie ein junger Mann vom Reitklub in seinem Wagen nach Hause gebracht hat. Das ist der einfache, nüchterne Tatbestand, und es liegt kein Grund vor, sich deshalb besonders aufzuregen."

„Vergiß nicht, daß er sie für Montag eingeladen hat! Gebe Gott, daß sie an diesem Tag einen ganz fürchterlichen Schnupfen bekommt – oder vielleicht ein riesiges Zahngeschwür!"

Da mußte ich trotz allem lachen.

„Oder gebe Gott, daß der junge Boor von irgendeinem Frauenzimmer eingefangen wird und für unser kleines Mädchen das Interesse verliert."

„Da habe ich wenig Hoffnung", brummte Heming. „Über eines mußt du dir klar sein: unsere kleine Lisbeth hat einen ganz gefährlichen Charme. Ich kann es im Grund sehr gut verstehen, daß der junge Bursche von ihrer Frische und Jugend begeistert ist. Einen gescheiten Kopf hat sie auch, die kleine Hexe . . ."

Hemings Stimme bekam einen warmen Klang, als er „kleine Hexe" sagte.

„Machen wir uns nicht wie alte, besorgte Eltern um unsere erwachsene Tochter Gedanken?" sagte ich. „Es ist gar zu plötzlich gekommen, und ich weiß nicht, wie wir die Sache angreifen sollen."

„Vorläufig einmal müssen wir abwarten", meinte Heming. „Und wir wollen alles tun, daß wir Lisbeths Vertrauen nicht verlieren. Wir dürfen ihr nichts verbieten, solange es nicht absolut notwendig ist. Wir müssen uns ihr Geplauder anhören. Sie soll das Gefühl haben, daß sie noch immer mit allem, was sie auf dem Herzen hat, zu uns kommen kann. Einen anderen Rat weiß ich auch nicht."

„Heming, du bist prächtig!"

„Dann mußt du mich angesteckt haben", lächelte Heming. Sein Arm schlich sich unter meinen Nacken. „Steffi, mein Mädchen! Wir sind doch immerhin unser zwei in dieser schwierigen Lage. In dieser wie in allen anderen."

„Und wir sind unser zwei an allen glücklichen Tagen", murmelte ich mit dem Mund an seiner Wange.

„Dich schickt der Himmel, Marianne!" sagte Lisbeth, als Marianne am Samstagnachmittag bei uns erschien. „Du hast so geschickte Finger. Sag mir, was ich mit diesem Kleid machen soll!"

Lisbeth hatte ein ganz allerliebstes Nachmittagskleid angezogen, das ihr ausgezeichnet stand.

„Was du mit dem Kleid machen sollst? Es sitzt doch wie angegossen!"

„Ach, weißt du, es ist so kurz. Und wenn doch alle Menschen in langen Kleidern herumlaufen . . ."

„Unsinn, Lisbeth, das tun durchaus nicht alle Menschen. Du bist schließlich noch ein siebzehnjähriges Mädchen. Und außerdem solltest du dich so anziehen, daß das Kleid zu deinem Typ paßt. Du bist ein Sporttyp, Lisbeth. Hemdbluse und Hosen, das kleidet dich am allerbesten."

„Ja, besonders, wenn ich im besten Restaurant soupiere!"

„Nein, das geht natürlich nicht. Da mußt du schon dieses Kleid anziehen. Aber ändere es nicht um, Lisbeth! Es sieht so, wie es ist, ganz allerliebst aus. Und niemand erwartet, daß eine Siebzehnjährige im langen Abendkleid auftritt."

Lisbeth riß das Kleid herunter.

„Na ja, meinetwegen. Dann muß ich es eben so anziehen. Aber es ist kein Vergnügen, wie ein kleines Mädchen auszusehen, das ausnahmsweise einmal mit Erwachsenen am Abend ausgehen darf!"

„Aber du bist doch noch ein kleines Mädchen, Lisbeth – ich meine, im Vergleich mit den anderen. Bist du nicht die Jüngste in der Quadrille?"

„Das bin ich wohl", gab Lisbeth verdrießlich zu.

„Mach dich nicht zu etwas, das du nicht bist, Lisbeth!" sagte Marianne lächelnd. „Wenn die anderen dich mithaben wollen, dann gerade deshalb, weil sie dich so, wie du bist, gut leiden können. Vergiß das nicht! Sie würden kein Interesse für dich haben, wenn du plötzlich eine erwachsene Dame nachahmst." Lisbeth mußte lachen.

„Du bist so altklug, Marianne. Es ist gar nicht zu glauben, daß du meine Freundin bist. Man sollte denken, du wärest Muttis Freundin!"

„Aber das ist Marianne doch auch!" lachte ich. „Mir scheint, wir sind im Grunde alle drei Freundinnen. Meinst du nicht?" Da drückte mich Lisbeth flüchtig an sich, und die Stimmung war gerettet. Einen Augenblick darauf kroch Marianne, geduldig wie ein Engel, mit Peik auf dem Rücken über den Fußboden, während Lisbeth in der Mitte des Zimmers stand, kommandierte und den Zirkusdirektor spielte.

Ich lächelte erleichtert. Lisbeth war doch noch immer ein Kind! Sie paßte nicht zu dem jungen Boor. Er würde ihrer bald überdrüssig sein.

Beim Abendessen sprachen wir von unseren kleinen alltäglichen Angelegenheiten, und Marianne plauderte mit. Sie sprach jetzt lebhafter als früher und machte häufig von ihrem hübschen Lächeln Gebrauch. Nun wirkte sie nicht mehr so bleich und farblos. Ihre Wangen hatten eine leichte, rote Färbung bekommen, und wenn ihre Stimme auch noch immer leise und ruhig war, so klang sie doch viel frischer als früher.

Dann setzte ich mich mit dem Stopfkorb an den Tisch. Mein Sohn sorgte dafür, daß ich auf diesem Gebiet nie arbeitslos war. Als wäre es ganz selbstverständlich, nahm sich Marianne ebenfalls ein paar Kniestrümpfe vor. Sie arbeitete schnell und sauber und kümmerte sich nicht um meinen Protest.

„Wie scheußlich“, sagte ich. Nachdem ich an Peiks Strümpfen die schlimmsten Schäden ausgebessert hatte, war ich jetzt bei meinen eigenen angelangt.

„Was ist?“ fragte Marianne.

„Eine Laufmasche an meiner neuen Strumpfhose“, seufzte ich. „Von einem gebrochenen Nagel abgesehen, kenne ich nichts Schlimmeres.“

„Laß *mich* das in Ordnung bringen!“ sagte Marianne.

Sie nahm mir die Strumpfhose aus der Hand und betrachtete sie mit gerunzelter Stirn. „Ich werde sie mit nach Hause nehmen. Wir haben nämlich daheim eine ausgezeichnete Patentnadel für solche Fälle!"

„Nein, Marianne! Das sollst du nicht!"

„O doch! Sei nett und sage ja! Ich tue es sehr gern!"

„Das ist aber wirklich zuviel, Marianne . . ."

„Mit anderen Worten: Du sagst ja! Fein! Ich nehme mir die Strumpfhose morgen vor, und am Montag bekommst du sie wieder. Ich verstehe mich darauf, weißt du! Mutti und ich haben uns eine Zeitlang mit Kunststopfen abgegeben, daher . . ." Sie brach unvermittelt ab und steckte die Strumpfhose in ihre Tasche.

Ich wurde aus Marianne nicht klug. Sie war bescheiden und selbstsicher zugleich; wirtschaftlich schlecht gestellt und durchaus kultiviert. Ein Zimmer mit Küche, Putzmacherei – und dabei sprach sie fließend Französisch. Kunststopfen – und eingehende Kenntnis von Segelbooten. Wie reimte sich das zusammen? Es war etwas an Marianne, das es einem verbot, sie zu fragen. Das junge Mädchen war mir schon sehr ans Herz gewachsen.

Gegen zwei Uhr nachts

Lisbeth bekam weder ein Zahngeschwür noch einen Schnupfen. Der Montag war da, und sie war so glänzend aufgelegt wie nur je.

Ich blickte ihr in mütterlicher Besorgtheit nach, als sie, mir einen Abschiedsgruß zuwinkend, zum Omnibus rannte. Sie nahm sich in ihrem Reitkostüm – ich hätte fast gesagt: beklagenswert gut aus. Ihr Körper war schlank und stark wie eine Stahlfeder. Der junge Boor mußte ein Idiot sein, wenn er sich Lisbeth entschlüpfen ließ.

Zwei Stunden später hielt der Zweisitzer vor der Gartenpforte, und meine hoffnungsvolle Tochter sprang heraus. Ich hatte es so eingerichtet, daß ich gerade in diesem Augenblick eifrig im Garten beschäftigt war, und befand mich daher, rein zufällig selbstverständlich – in der Nähe der Pforte.

Lisbeth winkte mir zu und wollte vorbeihuschen, aber ich hielt sie zurück.

„Willst du deinen Freund nicht bitten, hereinzukommen, Lisbeth? Es ist doch nicht angenehm für ihn, im Wagen auf dich zu warten."

Lisbeth machte ein Gesicht, als gefalle ihr das nicht recht. Aber sie konnte ja schließlich keine Ausflüchte machen. Und so ging sie zum Auto, verhandelte mit dem jungen Boor und kehrte mit ihm zurück. Sie stellte ihn korrekt und manierlich vor. Und ich war ebenso manierlich und korrekt und bat Herrn Boor, drinnen im Hause auf Lisbeth zu warten.

Wir setzten uns ins Wohnzimmer. Ich bot ihm eine Zigarette an und fragte, ob er ein Glas Limonade trinken wolle. „Alkohol will ich Ihnen nicht anbieten, denn Sie fahren ja nachher Auto", sagte ich mit dem liebenswürdigen Lächeln einer Hausfrau.

Er lehnte die Limonade dankend ab. Ich hatte das Gefühl, daß er einen Kognak nicht abgelehnt hätte.

Zu dumm, daß Heming nicht zu Hause war! Jetzt wäre die Gelegenheit günstig für ihn gewesen, sich von Lisbeths Verehrer eine Meinung zu bilden. Erling Boor war glatt und höflich. Etwas zu glatt und etwas zu höflich.

„Sähe man es nicht an der Ähnlichkeit, gnädige Frau, würde ich nie geglaubt haben, daß Sie Lisbeths Mutter sind!" Er lächelte auf eine gewinnende Art, und ich konnte es wohl verstehen, daß ein solches Lächeln das Herz eines jungen Mädchens betört. „Ich hätte wetten mögen, Sie seien Lisbeths Schwester, und ich würde nicht einmal sagen können, welche von Ihnen die jüngere ist."

Sein Kompliment machte auf mich Eindruck. Aber etwas anderes fiel mir auf. Lisbeth hatte zum erstenmal in ihrem Leben offensichtlich verschwiegen, daß sie ein Adoptivkind ist. Ich öffnete den Mund, um zu antworten – aber in der letzten Sekunde spürte ich, daß es falsch war, ihn aufzuklären, und ich schwieg. Lisbeth brauchte gerade im Zusammenhang mit ihm Eltern als Rückhalt, wirkliche Eltern. Mochte sie unsere Familienverhältnisse geschildert haben, wie sie wollte – ich durfte sie auf gar keinen Fall bloßstellen.

„Nun wollen wir hoffen, daß Lisbeth nicht zu lange trödelt", sagte ich – denn etwas mußte ich ja sagen. „Sie pflegt übrigens ziemlich flink zu sein."

„Spielt keine Rolle, gnädige Frau!" Wieder lächelte er

bestrickend. Allmählich wurde mir seine Art unangenehm. Daher stand ich auf und trat an das Fenster.

„Ärgerlich, daß mein Mann nicht zu Hause ist! – Ich dachte, er käme vielleicht gerade ... Er hätte Sie sicher gern kennengelernt."

Der junge Mensch war unermüdlich. Er folgte mir zum Fenster und stellte sich neben mich – etwas näher, als, streng genommen, nötig gewesen wäre. Auch das geschah wohl rein instinktiv, ohne daß er sich dabei etwas dachte.

Aber mir genügte es, ihn zu beurteilen. Nun, ich tat, als sei mir nichts aufgefallen.

„Sie wollen also Lisbeth heute abend ausführen, Herr Boor?"

„Eine ganz harmlose Angelegenheit, gnädige Frau. Was Ihre Tochter betrifft, so können Sie sich vollständig auf mich verlassen."

„Sie ist ja noch ein Kind!" sagte ich. „Ein Schulmädchen!" Ich bemühte mich, ein freundliches und unbeschwertes Lächeln zuwege zu bringen. „Morgen früh um halb neun muß sie in der Schule sein. Sorgen Sie bitte dafür, daß Sie nicht zu spät nach Hause kommt."

„Gnädige Frau, Sie können ganz beruhigt sein. Ich werde auf Lisbeth schon aufpassen ..."

„Heute dauert es bei ihr übrigens recht lange", sagte ich. „Sonst zieht sie sich viel schneller um."

„Das schadet nichts, Frau Skar. Mit dem Wagen da sind wir in zehn Minuten in der Stadt."

Er deutete mit einer Kopfbewegung auf seinen Zweisitzer. Der Gedanke, daß der Wagen sie in zehn Minuten nach der Stadt bringen sollte, war nicht sehr beruhigend für mich. Normalerweise brauchte man eine halbe Stunde.

Plötzlich verwandelte sich der junge Mann. Er riß das Fenster auf und rief: „Willst du dich mal sofort von dem Wagen fortscheren, du Lausebengel! Sonst komme ich raus, und dann kannst du was erleben!“

Ich blickte nach draußen. Peik stand, aufs höchste erschrocken, neben Erlings Auto, das für einen aufgeweckten Jungen von sechs Jahren zweifellos eine große Versuchung bedeuten mußte.

„Komm herein, Peik!“ sagte ich.

Peik schien sich schnell zu beruhigen, als er hörte, daß meine Stimme ganz ungewöhnlich sanft klang.

Ich schloß leise das Fenster. Der Herr Autobesitzer war leicht errötet.

„Oh – verzeihen Sie – ich konnte ja nicht ahnen, daß es Ihr Sohn war ... Ich bin es gewohnt, daß kleine Jungen an meinem Wagen herumspielen ...“

„Jeder normale Junge muß ja vor einem solchen Auto in Ekstase geraten“, sagte ich, indem ich meine letzten Reste von Höflichkeit und Geduld zusammenkratzte.

Dann kam Peik herein, und ich war sehr freundlich zu ihm, als ich ihm auseinandersetzte, dieser Herr hier sei um sein Auto sehr besorgt, und deshalb dürfe er es nicht anfassen.

„Ich darf bei Morten immer aufsitzen“, sagte Peik hoffnungsvoll, indem er Erling Boor einen forschenden Blick zuwarf. Ich vermochte bei Boor keinerlei Reaktion festzustellen.

„Du, Peik! Du darfst dir einen Riegel Kochschokolade aus dem Büfett holen. Und dann kannst du Erna bitten, daß sie dir beim Ausziehen des Overalls und der Stiefel hilft und dir die Pantoffeln gibt."

Peik trabte zielbewußt in das Speisezimmer und machte vor dem Büfett halt.

Endlich kam Lisbeth.

Lisbeth warf mir einen schnellen und flehenden Blick zu, als sie ins Zimmer trat. Der Grund war leicht zu entdecken. Sie hatte sich eines meiner Kleider angezogen. Es paßte ihr nicht schlecht, aber es wirkte bei einem siebzehnjährigen Mädchen viel zu erwachsen und herausfordernd. Daß sie sich über mein Parfüm hergemacht und meinen Lippenstift benutzt hatte, mochte noch angehen. Aber das mit dem Kleid gefiel mir nicht.

Doch etwas anderes gefiel mir noch weniger; sie vor ihrem Verehrer bloßzustellen. Ich fühlte mich mit Lisbeth solidarisch, obwohl ich mir völlig klar darüber war, daß sie mich und die Situation auf eine ziemlich lumpige Art ausgenutzt hatte.

„Gut, daß du kommst, Lisbeth!" sagte ich. „Da braucht ihr doch wenigstens auf der Fahrt nach der Stadt keinen Schnelligkeitsrekord aufzustellen."

„Aber Erling fährt doch so gut!"

„Daran zweifle ich nicht, meine Kleine. Aber man kann nie wissen, wie andere fahren! Du hast keine Garantie, daß der Fahrer in dem Auto, das an dir vorbei will, ebenso gut fährt!"

„Die weibliche Ängstlichkeit ...", lächelte der junge Boor.

„Sicherlich", sagte ich. „Aber ich habe diesmal nicht als ängstliche Frau, sondern als erfahrene Fahrerin gesprochen. Ich fuhr schon Auto, als Lisbeth noch gar nicht geboren war. – Und nun geh, mein Kind, und amüsiere dich gut!"

Lisbeth küßte mich schnell auf die Wange, und ich notierte innerlich die Gefühle, die sie in diesem Augenblick bewegten. In Worte umgesetzt sahen sie so aus: Es war ja sehr kameradschaftlich von dir, Mutti, daß du nichts von dem Kleid gesagt hast. Aber du hättest es ruhig bleibenlassen können, die Bemerkung über das Autofahren zu machen. Was für ein Lampenfieber ich habe! Ich freue mich so, daß es mir ordentlich in den Beinen kribbelt.

Kurz darauf saß Lisbeth glücklich mit glühenden Wangen im Wagen, der mit seinen vielen Zylindern und dem hydraulischen Gang so leise startete, daß man, im Vergleich mit dem Geknatter von Mortens Motorrad, nur von einem zärtlichen Flüstern sprechen konnte.

Wenn es auf der Fahrt in diesem Wagen nur nicht auch sonst zu einem zärtlichen Geflüster kam ...!

Ich stürzte mich auf meine Übersetzung, als Peik zu Bett gebracht war. Wäre doch nur Heming zu Hause gewesen! Aber er war zu einer Sitzung des Pädagogischen Vereins gegangen.

Da hörte ich Schritte auf der Verandatreppe. Jemand

klopfte an die Tür.

„Nein! Bist du es, Marianne? Wie lieb von dir! Ich sitze gerad hier, fühle mich so verlassen und bin voller Sorgen."

Marianne legte den Strumpf, den sie repariert hatte, auf den Tisch und sagte mit ihrem stillen, hübschen Lächeln: „Du fühlst dich verlassen, weil Heming nicht zu Hause ist, und bist voller Sorge, weil Lisbeth ausgegangen ist. Habe ich recht?"

„Ja, Marianne, du hast recht. – Aber geh doch mal in die Küche und bitte Erna, sie möchte uns ein paar extra gute belegte Brote zurechtmachen. Inzwischen schreibe ich die drei Reihen, die auf dieser Seite noch fehlen."

Erna weiß, was „extra gute belegte Brote" bedeuten. Die Platte, die sie eine Weile später auf den Tisch setzte, hätte sich mit Glanz überall und in jeder beliebigen Gesellschaft behaupten können.

„Wie gemütlich es bei dir ist!" sagte Marianne.

Der Abend war kühl. Wir hatten deshalb im Kamin Feuer gemacht.

„Du, Marianne, weißt du, woran ich denke? Willst du nicht eines Tages deine Mutter mitbringen, wenn du zu uns kommst? Natürlich rufe ich bei euch an und lade sie ein."

Ein Schatten glitt über Mariannes Gesicht.

„Mutter – Mutter ist immer so in Anspruch genommen. Jetzt in der Saison macht sie jeden Abend Überstunden. Außerdem – mußt du wissen – ist Mutter so – so – menschenscheu. Sie will am liebsten allein oder nur mit mir zusammen sein. – Soll ich dir Tee einschenken?"

Wie so oft schon lenkte sie flink ab, sobald das Gespräch etwas berührte, das sie selber betraf.

„Gut, Marianne. Ich will dich nicht quälen. Aber wenn deine Mutter irgendwann einmal Lust hat, herzukommen, so weißt du, daß sie willkommen ist – ganz gleich wann. Unangemeldet und ohne jede Förmlichkeit! Und nun sprechen wir nicht mehr davon. – Uff, Marianne! Ich entwickle mich wohl immer mehr zu einer richtigen altmodischen Gluckhenne. Denn es gefällt mir ganz und gar nicht, daß Lisbeth heute abend ausgeht."

„Mir auch nicht", sagte Marianne, nachdenklich in ihrer Tasse herumrührend.

„Dir auch nicht?"

„Nein. Es gefällt mir nicht, daß sie mit Erling Boor zusammen ist."

„Kennst du ihn?"

„Ich begegnete ihm einmal vor langer Zeit. Als er klein war. Er – er hatte eine Katze, die er quälte ..." Mariannes Gesicht verzog sich.

„Aber, Marianne, du weißt ja, daß schrecklich viele Kinder in einem gewissen Alter grausam gegen Tiere sind. Sie können trotzdem später ordentliche Menschen werden."

„Nicht Erling Boor. Weißt du – ich vergesse nie das Gesicht, das er dabei machte ... nein, ich mag und mag nicht daran denken!"

„Erzähle es Lisbeth!"

„Ja, das werde ich tun, wenn – ja, wenn es nötig werden

sollte. Übrigens war er damals gar nicht mehr so klein. Er war zwölf Jahre alt – und ich acht. Ein Junge von zwölf Jahren sollte über das Grausamkeitsalter hinaus sein."

Ein Gedanke fuhr mir durch den Kopf: Wer weiß, ob er jetzt schon darüber hinaus ist? Aber ich schüttelte diesen Gedanken von mir ab. „Man soll sich nicht gar zu viele Sorgen machen, Marianne. Letzten Endes wird Lisbeth es wohl fertigbringen, sich selber zu behüten. Und es ist ja nicht das erstemal in der Weltgeschichte, daß ein junges Mädchen mit einem jungen Mann tanzt, dessen Ruf etwas anrüchig ist."

„Nein", sagte Marianne langsam, ohne mich anzusehen. „Aber es wäre das erstemal in der Weltgeschichte, daß ein junges Mädchen von einem Flirt mit Erling Boor mit heiler Haut davonkommt!"

Ich warf mich unruhig im Bett herum.

„Schläfst du nicht, Steffi?"

„Nein. Du auch nicht?"

„Nein. Wir sind gewiß ein paar lächerlich ängstliche Eltern, du!"

„Ja. Im Grunde ist es häßlich von uns – Lisbeth gegenüber. Wir haben doch keine Veranlassung zu Mißtrauen."

„Nein, das haben wir nicht."

Wir schwiegen eine Weile.

„Aber du – Heming!"

„Ja. Ich weiß, was du sagen willst. Autotour und Wein und Tanzen und ein Jüngling, der es versteht, junge

Mädchen zu betören."

„Ja. Und Lisbeth ist siebzehn Jahre alt."

Es vergingen ein paar Minuten. Heming tastete nach meiner Hand und drückte sie.

„Wieviel ist die Uhr, Heming?"

„Gleich zwei."

„Ich habe solche Angst wegen des verfluchten Autos!"

„Ich auch."

„Sie hätte jetzt zu Hause sein sollen."

„Ja. Das Schlimmste aber ist die Aussprache, die uns morgen mit ihr bevorsteht. Ihr zu erklären... Nein, Steffi! Da sind mir Jungen doch lieber. Sie sind viel leichter zu behandeln als Mädchen."

Wir schwiegen beide. Und auf einmal setzten wir uns in unseren Betten auf. Wir hatten nichts gehört. Dieses Biest von einem Auto ging ja so lautlos. Ich spürte eine heiße Sehnsucht nach Mortens knatterndem Motorrad. Aber das helle Licht des Scheinwerfers hatte das Schlafzimmerfenster gestreift. Gedämpftes Geplauder vor der Gartenpforte. Ein leise rollendes Lachen. Pause. – Ich hätte viel dafür gegeben, wenn ich gewußt hätte, womit die Pause ausgefüllt war. Doch es war vielleicht ganz gut, daß ich es nicht wußte.

Wieder leises Geplauder. Ein paar Worte schälten sich aus dem gleichmäßigen Summen heraus.

„Gute Nacht!"

„Gute Nacht, du!"

„Tausend Dank für den heutigen Abend!"

Wir lauschten ganz unverschämt, lauschten, daß

unsere Ohren wedelten.

„Und Dank für – heute nacht!"

Mein Herz klopfte mir im Halse. Was meinte der Lümmel damit? Wieder Lachen.

„Nein, jetzt gehe ich hinein. Ich muß nämlich früh aus den Federn! Gute Nacht, Erling!"

„Gute Nacht, mein Liebling!"

„Liebling" und „mein". – Oh, ich hätte ihn erwürgen können.

Gott sei Dank! Die Gartenpforte wurde geschlossen. Die Scheinwerfer streiften wieder das Fenster. Das Auto wurde gewendet. – Schritte auf der Treppe. Die Tür zu Lisbeths Zimmer wurde geöffnet und ganz leise wieder geschlossen.

So – das war überstanden! – Ein Gefühl großer Erleichterung und großer Müdigkeit senkte sich auf mich herab. Ich schlief Hand in Hand mit Heming ein.

„Na, du kleine Nachtbummlerin!" sagte Heming am Frühstückstisch. „Hast du einen Kater?"

„Einen Kater? Gar kein Ausdruck! Eine ganze Katzenfamilie miaut in meinem armen Kopf herum! – Aber sonst war es wundervoll. Vielen Dank für die freundliche Nachfrage."

Gott sei Dank! Ihre Stimme klang natürlich. Sie hatte nichts zu verbergen.

„Du bist spät nach Hause gekommen", sagte Heming.

„Ja, das bin ich. Schauderhaft spät. Weißt du, wir machten hinterher noch eine kleine Fahrt."

Ach, mein kleines Mädchen! Sei bedankt für deine

Offenheit! Hättest du etwas zu verheimlichen gehabt, dann hättest du nicht mit freien Blicken erzählt, daß du mitten in der Nacht mit einem berüchtigten Herzensbrecher eine Autofahrt gemacht hast!

„Jaja", sagte Heming. „Möge es dir gelingen, dich sechs Schulstunden lang wach zu halten! Und mögen alle guten Mächte dir beistehen, daß du heute nicht dran kommst!"

Lisbeth fiel es offensichtlich schwer, die Augen offenzuhalten, als sie mit einem Seufzer nach der Schultasche griff und mit Heming zusammen fortging.

Sie kam vor ihm nach Hause, gut gelaunt und mitteilsam. Ihre Müdigkeit schien geschwunden zu sein, aber ich wußte, sie würde nach dem Mittagessen vielfach verstärkt zurückkehren.

„Du, Mutti! Findest du nicht auch, daß es mächtig schwer ist, Krebse zu essen? Wenn man sich dabei doch manierlich benehmen soll! Aber Erling sagt, es wäre absolut nicht nötig, daß man sich manierlich benimmt, wenn man einen Krebs ißt. Und ich habe eine ganze Masse gegessen."

Soweit war alles gut und schön.

„Mutti! Findest du, rote Nägel sehen gut aus?"

„Tja...", antwortete ich zögernd. „Vielleicht – wenn man abends zu einer Gesellschaft oder dergleichen geht..."

„Du? Glaubst du, es würde mich kleiden, wenn ich das Haar aufgerollt trüge – ich meine eine hohe Frisur... Denke dir, gestern tanzte Erling mit einer Dame, die..."

„Einen Augenblick mal, Lisbeth! Ich habe mit dir noch ein Hühnchen zu rupfen."

Lisbeths Gesicht verfinsterte sich ein wenig.

„Meinst du das Kleid?"

„Ja. Du warst gestern nicht fair, Lisbeth."

„Nicht – nicht fair?"

„Nein. Du hast mit meiner Anständigkeit gerechnet und sie ausgenutzt. Natürlich wollte ich dich vor Erling Boor nicht blamieren. Das hattest du erwartet und deshalb etwas getan, von dem du genau wußtest, daß ich damit durchaus nicht einverstanden war."

„Du – du bist so – wie soll ich sagen? – so streng geworden, Mutti. So warst du früher nie. Auf einmal kehrst du deine mütterliche Autorität heraus ..."

„O nein, Lisbeth. Das hat mit mütterlicher Autorität nichts zu tun. Wenn eine meiner Freundinnen sich so benommen hätte wie du, dann hätte ich ihr genau das gleiche gesagt. Weißt du noch, Lisbeth, daß du etwas Ähnliches getan hast wie damals an deinem Geburtstag, als du Heming am Morgen überrumpeltest und ihn batest, er möchte dir einen Entschuldigungszettel schreiben? Das ist nun einmal nicht fair, Lisbeth."

Ich erhob nicht die Stimme. Ich bemühte mich, ruhig und freundlich zu sprechen.

Lisbeth wurde rot und biß sich auf die Lippe.

„Du magst wohl recht haben, Mutti. Aber weißt du, ich fand es so gräßlich, in einem kurzen Kleid zu gehen." Ihre Stimme klang so jung und hilflos, daß ich weich wurde.

„Dann werden wir wohl sehen müssen, daß wir dir ein Cocktailkleid kaufen."

Kaum hatte ich das gesagt, so bereute ich es auch schon. Es war bestimmt falsch, Lisbeths Ungehorsam auf diese Weise noch zu belohnen. Deshalb fuhr ich schnell fort: „Aber die Sache gefällt mir nicht, Lisbeth. Ich glaubte, du hättest gelernt zu unterscheiden, was fair ist und was nicht."

Lisbeth schwieg eine Weile mit niedergeschlagenen Augen. Sie war in diesem Augenblick ein richtiges Kind – ein kleines Schulmädchen, das Schelte bekommen hat. Schließlich blickte sie auf und versuchte zaghaft zu lächeln.

„Nun wirst du mich wohl bestrafen wollen?"

Da mußte ich lächeln.

„Nein, mein Kind. Das habe ich einmal getan, und da warst du sieben Jahre alt. Und ich habe es bitter bereut und dich um Verzeihung gebeten. Weißt du es noch?"

Lisbeth nickte. Ihre Augen waren plötzlich blank.

„Und ich habe dir feierlich versprochen, daß das nie wieder vorkommen solle. Weißt du es noch?"

Sie nickte abermals.

„Gut, dann sprechen wir nicht mehr davon."

Wir schwiegen beide.

Aber es war kein wohltuendes Schweigen.

Ich versuchte es zu brechen.

„Was hattest du sagen wollen, Lisbeth? Du sprachst von roten Nägeln und aufgerolltem Haar. Aber ich habe dich wohl unterbrochen?"

„Ach...", sagte Lisbeth. „Ach nein. Es war nichts weiter."

Ich Närrin! Ich unfähigste Psychologin von der ganzen Welt! Weshalb nur mußte ich anfangen, Moralpredigten zu halten? Weshalb mußte ich das dumme Kleid erwähnen? Weshalb mußte ich Lisbeth unterbrechen, als sie anfing, vertrauensvoll zu erzählen? Selbst wenn sie von roten Nägeln, aufgerolltem Haar und dergleichen redete – so erzählte sie doch jedenfalls und fragte mich um Rat! Und ich törichste aller Törinnen verscherzte mir das, indem ich sie unterbrach und ihr Vorwürfe machte! Was hatte ich damit erreicht? Daß Lisbeth verschlossen und schweigsam wurde! Zum ersten Male erhielt ich die Antwort: „Ach, es war nichts weiter!" Und sonst pflegte ihr Mundwerk wie ein Mühlrad zu gehen, und sie redete – bisweilen „um und dumm" – um ihren eigenen Ausdruck zu gebrauchen.

Nie hätte mein Mädchen mich so nötig gehabt wie eben jetzt! Und gerade in diesem Augenblick mußte ich sie von mir wegstoßen! Um eines Kleides willen! Ich hätte mich ohrfeigen mögen.

Ich hatte eigentlich erwartet, es würde jetzt eine Sturzsee von Telefonanrufen über Lisbeth hereinbrechen, und ich war verwundert und erleichtert, als sie ausblieben.

Aber ich war nicht erleichtert, wenn ich meine Tochter beobachtete.

Lisbeth war ruhelos geworden. Sie fing bald das eine, bald das andere an und ließ ihre Arbeit halb vollendet liegen. Plötzlich konnte sie ganz ausgelassen sein, spielte voller Eifer mit Peik, sang und trällerte – und kurz darauf war sie stumm und beinahe mürrisch. Manchmal sprach sie wie im Fieber, zu anderen Zeiten war sie so geistesabwesend, daß wir sie zwei- oder dreimal fragen mußten, um eine Antwort zu bekommen. Läutete das Telefon, so war Lisbeth so schnell wie der Blitz am Apparat und nahm den Hörer ab. Sie hatte nicht die schwierige Kunst der Verstellung gelernt. Wie eine Fanfare rief sie: „Hier Skar!" – Während ihre Stimme ganz schwach und wie erloschen klang, wenn sie sagte: „Einen Augenblick, bitte – Vati, es ist für dich", oder „Oh, guten Tag, Berit!"

Wenn sie zu ihrer Reitstunde aufbrach, sah sie aus, daß es fast unnormal war. Die Nägel waren manikürt, ihr Reitkostüm glänzte förmlich. Jedesmal zog sie eine reine Hemdbluse an, während sie früher bloß gesagt hatte: „Ach was, ich knöpfe ganz einfach die Jacke zu, dann sieht niemand die Bluse!" Und diese kunstvolle Frisur! Bisher hatte sie sich einfach ein Band um den Kopf gebunden. Oft hatte ich ihr diese Gleichgültigkeit gegen ihr Äußeres sanft vorgeworfen; aber dann hatte sie mich immer schnell einmal herumgedreht, mir den Arm gedrückt und gesagt: „Mutti, mein Haar sieht ja doch wie ein Krähennest aus, wenn ich erst zwei Minuten auf dem Pferd gesessen habe!"

Jetzt sehnte ich mich inbrünstig nach einem klein bißchen gesunder Nachlässigkeit. Ich hätte mich gefreut, wenn ich sie in einer zerknitterten und nicht mehr ganz reinen Bluse gesehen hätte. Aber nein! Lisbeth war eine

Dame geworden. Schrecklich!

Ein paarmal kam sie zu normaler Zeit mit dem Autobus nach Hause. Eines Abends aber fuhr der Zweisitzer wieder vor der Gartenpforte vor, und eine höchst vergnügte Lisbeth mit glühenden Wangen stieg aus.

„Mutti!“ sagte sie. „Könnte ich wohl fünf Kronen als Vorschuß auf mein Taschengeld bekommen?“

„Bist du schon wieder bankrott, Lisbeth?“

„Ja, leider – und ich möchte mir etwas unbedingt kaufen – weißt du, ich gehe morgen abend aus und . . .“

Großer Gott! Also doch wieder!

„Ruhig, Steffi!“ sagte ich zu mir selber. „Sprich jetzt kein unüberlegtes Wort! Bewahre dir um Gottes willen Lisbeths Vertrauen!“

„Warum nicht? Zwanzig Kronen können wir wohl locker machen“, sagte ich und holte meine Tasche. Derartige Ersuchen von Lisbeths Seite gehörten durchaus nicht zu den Seltenheiten. „Ist es indiskret, wenn ich dich frage, worin du das Kapital anlegen willst?“ fragte ich. Ich bemühte mich, den leicht spöttischen, aber gutmütigen Ton beizubehalten, den Lisbeth seit je an mir gewöhnt war.

„Nagellack“, sagte Lisbeth.

„Ah – so?“ sagte ich. „Glaubst du, er steht dir?“

Die Fingernägel hatten nämlich mit Lisbeths sonst so stürmischer Entwicklung zu einer Dame nicht Schritt halten können. Sie waren noch immer treuherzig kurz geschnitten, und alles eifrige Bürsten und Reinigen hatte sie nicht völlig von den Spuren der Gartenarbeit und des

Motorrades zu befreien vermocht.

„Du meinst ja selber, Nagellack wäre ganz nett, wenn man abends ausginge ..."

„Tja – wenn du eine hübsche und diskrete Farbe findest, so ..."

„Ingrid Henningsen hat auch in der Reitschule hochrote Fingernägel!"

„Wer ist Ingrid Henningsen?"

„Natürlich eine aus der Quadrille."

Ich brauchte nicht mehr zu fragen. Lisbeths Tonfall sagte alles. Sie war bis zum Überlaufen voll von Eifersucht. Ich segnete die unbekannte Ingrid Henningsen und wünschte ihr, sie möchte dem jungen Boor so erfolgreich den Kopf verdrehen, daß er mein kleines Mädchen darüber vergaß.

„Du kannst dir ja mal den Lack ansehen, den ich auf dem Frisiertisch stehen habe. Vielleicht kannst du die Ausgabe für eine neue Flasche sparen."

Lisbeth lachte.

„Du bist doch sehr verständnisvoll, Mutti!"

„Danke, meine Kleine. Kann ich das bitte schriftlich bekommen?"

Lisbeth lachte. Es war etwas Kurzatmiges, Gespanntes, Warmes an meinem jungen Mädchen.

„Was für ein Unfug soll dann morgen angestellt werden?"

„Theater. Und hinterher Souper."

„Die ganze Totte von der Reitstunde?"

„Aber nein! Bloß Erling und ich."

Dieser verflixte Erling! Da blickte ich voller Hoffnung auf Ingrid Henningsen, und dennoch hatte der Bursche Lisbeth zu einem Theaterabend mit anschließendem Souper eingeladen! Natürlich spielte er die beiden Mädchen gegeneinander aus, hielt sie in Atem, machte sie eifersüchtig aufeinander und stachelte sie an... Oh! Hätte ich dem Burschen doch Daumenschrauben anlegen können!

„Lisbeth! Verzeih deiner sehr langweiligen und moralisierenden Mutter – aber denkst du auch daran, daß du in einem Monat in die Oberprima versetzt werden sollst?"

„Natürlich denke ich daran. Du brauchst keine Angst zu haben. Es wird schon ordentlich werden."

Lisbeth war nicht schlecht in der Schule. Sie pflegte sich mit Geistesgegenwart, Instinkt und schnellem Denken durch alle Schwierigkeiten hindurchzuwinden. Ich sagte also nichts mehr. Erst mußte ich mit Heming reden. Ich hätte wer weiß was dafür gegeben, wenn ich das für den nächsten Tag geplante Souper hätte verhindern können. Natürlich konnte ich Lisbeth ganz einfach verbieten zu gehen. Doch wozu hätte das geführt? Sie würde verschlossen werden und das Gefühl haben, ungerecht behandelt zu sein. Vor allem hätten wir dann ihre wundervolle Offenheit verloren.

Aber war es nicht doch ein unverantwortliches Risiko? Während Lisbeth ihre Schulaufgaben machte, legte ich diese Frage Heming vor. Er überlegte mit gerunzelter Stirn. Und als Lisbeth zum Abendessen herunterkam, hatte er augenscheinlich seinen Plan fertig.

„Na, du umworbene junge Dame!" begrüßte er sie lachend. „Ich höre, du willst morgen wieder ausgehen und die Stadt unsicher machen."

„Ja, und die Landstraße auch", ergänzte Lisbeth.

„Daran zweifle ich nicht. Aber im Ernst, Lisbeth. Ich hasse es übrigens, ein ernstes Wort zu sprechen. Ich habe das Gefühl, das kleidet mich nicht."

„Nein, es kleidet dich ungewöhnlich schlecht", stimmte Lisbeth zu.

„Aber leider muß ich dennoch ein ernstes Wort mit dir sprechen. In Anbetracht deiner Jugend und in Anbetracht deiner bevorstehenden Versetzung muß ich bitten, zu angemessener Zeit zu Hause zu sein."

„Was meinst du mit angemessener Zeit?" fragte Lisbeth vorsichtig.

„Tja . . .", sagte Heming. „Sollen wir sagen: um zwölf?"

„Nein, Vati! Wo denkst du hin? Soll ich fast im gleichen Augenblick aufbrechen, in dem das Essen aufgetragen wird?"

„Gut. Sagen wir also halb eins."

„Ja – aber Vati! – Soll ich etwa zu Erling sagen, ich dürfe nicht länger ausbleiben? – Er lacht mich ja aus!" – Lisbeths Stimme brach.

Jetzt mischte ich mich ein.

„Aber Lisbeth, bist du so unerfahren? Natürlich sagst du nicht, daß du nicht länger bleiben darfst. Das würde sich ja furchtbar dumm anhören! Selbstverständlich sagst du, du wärest müde und wolltest gern nach Hause! Du brauchst sicherlich nicht einmal zu lügen, denn soweit ich dein Schlafbedürfnis kenne, möchte ich wetten, daß du schon lange vor halb eins todmüde bist."

Heming warf mir einen schnellen, dankbaren Blick zu.

Lisbeth würgte an dem Problem.

„Es ist so scheußlich peinlich . . ."

„Aber nein, Lisbeth! Es ist eine durchaus ehrliche Sache, wenn man sagt, man sei müde und wolle nach Hause."

„Geht es nicht, daß ich – um ein Viertel nach eins komme? Es macht wirklich wenig Vergnügen, fortzugehen, bevor geschlossen wird. Deshalb . . ."

„Bedaure. Ob Vergnügen oder nicht, spielt keine Rolle. Wir müssen sonst nämlich leider das nächste Mal, wenn du wieder ausgehen willst, glatt nein sagen."

Lisbeth biß sich auf die Lippe, und ihr Mund verzog sich trotzig. Ich strich ihr über das Haar. „Es ist nicht ganz einfach, jung zu sein, Lisbeth."

„Nein, das wissen die Götter!" brach Lisbeth aus.

„Besonders dann nicht, wenn einem früher nie etwas verboten wurde", fuhr ich fort.

„Und da müßt ihr gerade diesen Augenblick wählen, um mir etwas zu verbieten . . ." Lisbeths Mund zitterte jetzt verdächtig.

„Glaubst du, wir tun es aus Bosheit?"

„Nein – aber aus übertriebener Besorgnis. Ihr traut mir nicht!"

„Unsinn!" erklärte Heming kategorisch. „Wir wollen dich zu angemessener Zeit im Bett haben, weil du noch ein Schulmädchen bist. Wir verlassen uns auf dich, Lisbeth. Und das weißt du. Du hast uns nie zu etwas anderem Veranlassung gegeben. Gott sei Dank! Und eben weil du immer ehrlich gewesen bist und weil wir uns immer auf dich verlassen haben, finden wir es sehr verdrießlich, daß wir dir jetzt etwas verbieten müssen. Aber etwas Rücksicht auf deine Gesundheit müssen wir schließlich doch nehmen."

Seine Stimme war ruhig und gleichmäßig, ja geradezu warm, und er blickte Lisbeth gutmütig an.

„Wie du da redest, Vati!" sagte Lisbeth besänftigt. „Aber was bist du doch im Grunde für ein großartiger Kerl!"

Und wieder verlebten wir einen Abend voller Angst. Ich war mutlos und unglücklich und schrecklich ratlos.

„Gott sei Dank sind bald Sommerferien", sagte Heming.

„Ich glaube, das beste ist, du fährst dann sofort mit beiden Kindern nach Geilo. Ich komme nach, sobald ich mit den Abiturienten fertig bin."

„Ja, wenn wir nur diese Zeit gut überstehen", seufzte ich. „In einem Monat kann viel geschehen, Heming."

„Im Grunde", sagte Heming, „hätte ich wohl Lust, Lisbeth das Zusammensein mit diesem Boor zu verbieten."

„Ja – und gleichzeitig das Vertrauensverhältnis zwischen ihr und uns für Zeit und Ewigkeit zu zerstören! Vergiß nicht die Geschichte von der verbotenen Frucht!"

„Eben daran denke ich ja gerade", sagte Heming. „Und deshalb tue ich nicht, was ich am liebsten tun würde.

Nun ja! Wenn das Mädchen nur um halb ein Uhr nachts zu Hause ist! Dann werden wir ja sehen, wie wir die Sache weiter anpacken müssen."

Heming beugte sich über den Stapel Rechenhefte, und ich machte mich seufzend an die Übersetzung einer englischen Novelle.

Vorsichtig knipste ich die Nachttischlampe an. Die Uhr war eins. War Lisbeth gekommen, ohne daß ich es gehört hatte? Ich blieb noch etwas liegen. Heming schlief tief. Es gelang mir, das Zimmer so leise zu verlassen, daß ich ihn nicht aufweckte. Ich starrte auf die offenstehende Tür von Lisbeths Zimmer. Es war leer. Dann schlich ich mich nach unten und ging ins Wohnzimmer. Ich wußte, daß ich nicht würde schlafen können, solange Lisbeth nicht zu Hause war.

Kurz vor halb zwei sah ich das Licht der Scheinwerfer, bis Lisbeth hereinkam. Ich nahm sie in der Halle in Empfang.

„Nanu?" sagte Lisbeth. „Was ist denn los? Das ist ja ganz neu, daß du aufbleibst und auf mich wartest! Ich muß schon sagen, du bist neuerdings eine sehr besorgte Gluckhenne geworden!"

„Komm einen Augenblick ins Wohnzimmer, Lisbeth!" sagte ich. Sie folgte mir in die Stube.

„Es ist jetzt halb zwei, Lisbeth."

Sie blinzelte mit den Augen in das Licht der Lampe.

„Ja, weißt du, die Zeit verging so schnell – und gerade als ich aufbrechen wollte, spielten sie einen Tango, und da konnte ich nicht widerstehen – aber wir fuhren direkt nach Hause, Mutti. Ehrenwort, obwohl Erling drängte, wir sollten noch eine kleine Spazierfahrt machen – aber ich sagte, ich wäre müde und müsse früh aufstehen – ich bin also immerhin ziemlich vernünftig gewesen, wenn ich auch etwas später komme – und außerdem . . .“

„Außerdem – was?“

„Außerdem soll Erling jetzt verreisen – und ich kann längere Zeit nicht mit ihm zusammensein – er fährt nämlich nach England . . .“ Mein Herz hüpfte vor Freude.

„Wirklich? Fährt er nach England? Ja, siehst du, so ist es, wenn einer ein großer Schiffsreeder ist. Es handelt sich wohl um eine Geschäftsreise?“

„O ja! Sie haben in England ein neues Schiff gekauft. – Wie ich ihn beneide! – Wenn ich denke, daß er eine Reise macht, während ich für die Versetzung büffeln muß . . .“

„Deine Reisezeit wird schon noch kommen, Lisbeth.“

„Eigentlich ist das alles doch ein furchtbarer Blödsinn, Mutti. Stell dir doch vor: Wenn ich mich verheirate, kann ich mit meinem Abitur überhaupt nichts anfangen.“

„Man kann nie wissen. Vielleicht hast du gar keine Lust, dich zu verheiraten . . .“

Lisbeth blickte mich mit einem wunderlichen Ausdruck in den Augen an.

„Erling sagt, wir passen fabelhaft zusammen. Du ahnst gar nicht, wie gut wir zusammen tanzen. Und du – er sagt, es müsse Spaß machen, mit mir zusammen zu reisen, weil ich so tüchtig in den Sprachen wäre, und ..."

Was war das mit Lisbeth? Ihre Stimme klang leicht verschleiert, ihre Augen flatterten etwas unruhig ... Ich schnupperte. Ein fremdartiger Geruch ging von ihr aus. Alkohol!

Kinder und Betrunkene sagen die Wahrheit, dachte ich. Lisbeth war natürlich nicht betrunken, aber daß sie unter dem Einfluß von Alkohol stand, unterlag keinem Zweifel. Und ein Kind war sie auch. Vielleicht war das, was in diesem Augenblick aus ihr heraussickerte, die Wahrheit ...

Ich verschloß daher die Augen vor der Tatsache, daß es kurz vor zwei Uhr war, und ließ sie reden.

„... und er sagt, ich würde mich in einem Nerzpelz hübsch ausnehmen – und dann fragte er, ob ich einen Pelz hätte – aber ich habe ja keinen – und dann noch Nerz – so eine verrückte Frage – aber er war doch sehr lieb, als er das sagte. – Mutti, findest du nicht auch, daß es sehr flott aussieht, wenn ein Mann einer Dame die Hand küßt? Und er sagte, ich hätte eine so süße kleine Hand, und er fragte, ob ich nie einen Ring trüge! Du, Mutti, darf ich mir einen Ring von ihm schenken lassen? Würdest du das sehr sonderbar finden? Du hast ja auch nichts gesagt, als Morten mir die Armbanduhr schenkte."

Ich hörte mit klopfendem Herzen zu.

„Sag mal, Mutti", fuhr Lisbeth fort, „warst du noch ungeküßt, als du siebzehn Jahre alt warst? Ich bin es nämlich nicht, weißt du. – Denke dir, als ich geboren wurde, warst du genauso alt, wie ich jetzt bin. Damals wußtest du nicht, daß du mich zur Tochter bekommen würdest. Ich möchte wohl wissen, wie alles geworden wäre, wenn nicht Vater – ich meine mein erster Vater – gestorben wäre. Ich hatte ihn furchtbar lieb. Ich habe Vati auch furchtbar lieb, aber darum habe ich Vater doch nicht vergessen."

Lisbeth sprach jetzt sehr undeutlich, und bei dem letzten Satz wurde ihre Stimme von Tränen erstickt. Mir lief es kalt über den Rücken.

„So, meine Kleine, jetzt gehen wir zu Bett. Es ist zwei Uhr, und um halb acht mußt du aufstehen. Komm."

„Nenne mich nicht Kleine, Mutti." Sie war kaum noch zu verstehen.

Ich hätte weinen mögen, als ich, den Arm um ihre Schultern gelegt, mit ihr nach oben ging. Sie lehnte sich eng an mich. Mein kleines Mädchen! Wie sie mich jetzt brauchte! Noch nie hatte sie meiner so sehr bedurft.

Den Gedanken an die Auseinandersetzung, die folgen mußte, schob ich von mir. Ich hatte etwas Zeit zum Aufatmen gewonnen. Der Taugenichts sollte verreisen.

Wenn das Schiff bloß in der Nordsee einen Maschinendefekt bekommen und auf unbestimmte Zeit an Ort und Stelle herumtreiben wollte! Wenn der junge Boor sich doch bei einem Bummel in England das Bein brechen, in ein englisches Krankenhaus begeben und sich mit einer englischen Krankenschwester verloben wollte!

Lisbeth stolperte auf der Türschwelle.

„Ich bin wohl etwas beschwipst, Mutti", murmelte sie mit einem um Entschuldigung bittenden Lächeln.

„Es sieht beinahe so aus", sagte ich. „Komm! Ich werde dir das Kleid aufknöpfen."

„Kleider mit Knöpfen auf dem Rücken sind so unpraktisch", murmelte Lisbeth.

Sie schlief schon, als ich die Bettdecke über sie breitete.

Samstag abend zu Hause

„Hast du gehört, wann Lisbeth nach Hause gekommen ist?" fragte Heming.

„Ja", sagte ich. „Ich war unten und nahm sie in Empfang. – Heming, ich bin so erleichtert! Erling Boor verreist!"

„Gratuliere. Möge er auf immer fortbleiben! Aber sag mal, wann kam sie ..." Er brach ab, sah mich an, wandte sich um und blickte in den Spiegel. Er schien von dem Umbinden des Schlipses völlig in Anspruch genommen zu sein.

Da begegneten sich unsere Augen im Spiegel. Er lächelte.

„Ich werde dich schonen. Mir etwas vorlügen willst du nicht und mir erzählen, wann Lisbeth nach Hause kam, willst du auch nicht. Stimmt's?"

„Heming, es ist schrecklich, mit dir verheiratet zu sein! Du liest in mir wie in einem offenen Buch!"

Der Schlips saß, wie er sitzen sollte, Heming drehte sich um und gab mir einen Kuß.

„Sein Lieblingsbuch kennt man in der Regel auswendig", sagte Heming. „Soll ich jetzt über unser kleines Mädchen Gerichtstag halten? Was meinst du?"

„Ich weiß es nicht", sagte ich, und ich wußte es tatsächlich nicht. Heming zog die Jacke an.

„Ist es Bequemlichkeit oder Feigheit oder vernünftige Pädagogik, wenn wir keinen Ton sagen?"

Mir fiel ein Stein vom Herzen.

„Vernünftige Pädagogik", stellte ich fest. „Sorgen wir dafür, daß Lisbeth es jetzt, wo das Fahrwasser frei ist, so schön wie nur möglich hat! Suchen wir ihr klarzumachen, daß das Leben auch ohne flotte Automobile, elegante Soupers und Verehrer wie Erling lebenswert ist."

„Gut", sagte Heming. „Also kein böses Wort. Hilf mir, bis zehn zu zählen, wenn es mir gar zu sehr in den Fingern juckt."

„Ich habe in der letzten Woche mindestens bis zu einer Million gezählt", seufzte ich.

Die Unterhaltung am Frühstückstisch wurde in der Hauptsache von Peik bestritten. Lisbeth war blaß und aß wenig, machte aber wiederholte Angriffe auf den Milchkrug.

„Bist du gestern in dem tollen Auto gefahren, Lisbeth?" erkundigte sich Peik.

„Ja", sagte Lisbeth.

Peik dachte lange und gründlich nach.

„Du hast es gut, daß du darin fahren kannst", sagte er schließlich.

„Du kannst auch in einem solchen Auto fahren, wenn

du einmal groß bist“, antwortete Lisbeth.

„Dauert es lange, bis ich groß bin?“ Peik richtete ein Paar kugelrunde, blaue und erwartungsvolle Augen auf seine Schwester.

„Das wird wohl noch eine ganze Weile dauern.“

Er kaute eine Weile eifrig.

„Morten sagt nicht, daß ich zu klein bin“, bemerkte er schließlich.

„Morten hat auch kein Auto“, sagte Lisbeth, und jetzt gefiel mir ihr Tonfall nicht.

Ich sah es Heming am Gesicht an, daß ein Unwetter heraufzuziehen drohte. Ich wandte mich daher schleunigst an meinen Sohn und sagte: „Kannst du auf französisch bis zehn zählen, Peik?“

„Natürlich. Un, deux, trois ...“, begann Peik stolz. Ich fing Hemings Blick ein.

Er lächelte breit.

„Kommt Morten bald?“ fragte Peik.

„Du kannst ihn ja fragen“, sagte ich. „Schau doch bei ihm hinein, wenn er aus der Schule gekommen ist, und erkundige dich, ob er morgen bei uns zu Abend essen will. Es ist ja Samstag.“

„Bekommen wir dann Ernasalat, Mutti?“

„Wenn du Erna darum bittest.“ Ernasalat ist die Spezialität unseres Hauses, und niemand, außer Erna selber, weiß, wie er gemacht wird. Aber sie weiß es dafür gründlich, und wäre sie nicht schon ohnedies in unserem Bekanntenkreis sehr beliebt gewesen, so hätte der Salat allein genügt, ihr Beliebtheit zu sichern.

„Kann nicht Marianne auch kommen?“ fuhr Peik fort. Seine Gedanken waren offensichtlich von der bevorstehenden Gesellschaft völlig in Anspruch genommen.

„Aber gewiß doch. Furchtbar gern. – Siehst du Marianne heute, Lisbeth?“

„Was?“ sagte Lisbeth, indem sie sich mit Mühe ihren Träumereien entriß.

Ich wiederholte meine Frage.

„Das weiß ich nicht“, sagte Lisbeth gleichgültig.

„Dann kannst du in den Kindergarten gehen und Marianne fragen, Peik“, sagte ich. „Sage ihr, wir veranstalten morgen einen gemütlichen Abend. Nicht wahr, Lisbeth? Meinst du nicht auch, es wird sehr gemütlich werden?“

„Was? – Oh – o ja“, sagte Lisbeth.

Sie hatte keine Ahnung, was ich sie gefragt hatte.

Nachdem Lisbeth sich um acht hingelegt und elf Stunden ununterbrochen geschlafen hatte, war sie einigermaßen ausgeruht. Sie sah am Samstag morgen wieder menschlich aus und nahm an den Vorbereitungen zum Abend teil. Peik hatte seine Spazierfahrt mit Morten gemacht und erschien mit einem strahlenden Gesicht, das hier und da mit Motoröl beschmiert war. Marianne und Heming fanden einander in gemeinsamer Begeisterung über ein neues Buch, und Erna legte die letzte Hand ans Werk. Da läutete das Telefon. Heming wurde verlangt.

„Ah – guten Abend – nein, doch nicht die Spur – tja – es ist ja nicht ganz einfach, eine solche Frage stehenden

Fußes zu beantworten – ja, ich weiß. Aber höre mal, Sunde, wenn du Zeit hast, dann schau doch bei uns herein. Wir können dann darüber sprechen. – Nein, Unsinn, das tust du durchaus nicht. Im Gegenteil. – Nein, aber wir warten, und du ißt dann mit uns zusammen. – Abgemacht. – Nein, das sind wir nicht. Wir haben das Haus voll von jungen Leuten. Du paßt gut zu der Gesellschaft. – Fein. Ich freue mich, daß du kommst."

Ich legte sofort ein neues Gedeck auf den Tisch.

„Ein Kollege von mir", sagte Heming. „Oder richtiger gesagt, ein künftiger Kollege. Zum Herbst wird er angestellt. Ein netter Mensch. Nils Sunde heißt er."

„Kommt er an unsere Schule?" fragten Morten und Lisbeth gleichzeitig.

„Ja. Ihr müßt also einen guten Eindruck machen. Vielleicht bekommt ihr ihn vom Herbst an in Mathematik."

„Fein", sagte Morten.

„Uff!" sagte Lisbeth. Das Wort Mathematik löste bei ihr immer ein „Uff!" aus.

„Wohnt er hier in der Gegend?" fragte ich.

„Vorläufig noch nicht", sagte Heming. „Jetzt ist er gerade hier, um eine Unterkunft zu suchen. Er hat angerufen, weil er mit mir etwas besprechen wollte. Peik, lauf doch mal an die Gartenpforte und sieh dich nach einem Mann auf einem Rad um. Er hat ein braungebranntes Gesicht und trägt eine Brille. Wahrscheinlich fährt er langsam, weil er auf die Hausnummern achten muß. Wenn du ihn siehst, dann sage ihm, daß wir hier wohnen."

„Gewöhnliches Rad oder Motorrad?" fragte Peik hoffnungsfreudig.

„Gewöhnliches. Er will sich fit trimmen. Nun hau ab!"

„Ach so", sagte Peik. Er rieb sich nachdenklich das Motoröl etwas besser ins Gesicht und zog ab, um sich auf seinen Ausguckposten zu begeben.

Nils Sunde war stämmig und untersetzt, nicht gerade groß, aber gut gebaut. Seinem Aussehen nach mochte er um die Dreißig sein. Seine Augen funkelten munter hinter den Brillengläsern.

„Dich schickt der Himmel!" sagte Heming. „Es fehlt uns gerade ein Kavalier – oder vielmehr: Es wird uns einer fehlen, sobald Peik sich hingelegt hat. Steffi, darf ich dir meinen Kollegen Sunde vorstellen? – Meine Frau. – Meine Tochter Lisbeth, – eine künftige Schülerin, Sunde; mach dich auf das Schlimmste gefaßt! – Morten Gran, auch ein künftiger Schüler; aber du wirst an ihm mehr Freude haben als an meiner Tochter. – Marianne Vesterholm, eine junge Freundin des Hauses – mein Sohn Peik!"

„Das hat sich ja großartig getroffen", sagte Nils Sunde. „Der Abend ist gar zu schön, um jetzt schon in die Stadt zurückzuradeln. – Darf Ihr Mann denn so etwas tun, gnädige Frau? Ich meine, daß er Ihnen im letzten Augenblick einen Gast ins Haus schleppt, mit dem Sie überhaupt nicht gerechnet hatten?"

Ich lachte.

„Wir lassen uns nie von unerwarteten Gästen einen Schreck einjagen. Was meinst du, Marianne?"

„Ihr seid unvergleichlich“, sagte Marianne.

„Hier kann einer zu jeder Zeit kommen und jede beliebige Bitte vorbringen“, erklärte Morten. „Ob es sich nun um ein Mittagessen oder um die Benutzung des Telefons oder um Aushilfe mit einer Fahrradpumpe oder um ein Bad handelt oder . . .“

„Übernimm dich nicht, Morten!“ unterbrach Heming. „Und nun wollen wir sehen, daß wir etwas in den Magen bekommen! Peik, wasch dich! Mach schnell, sonst essen wir dir den ganzen Ernasalat auf!“

Bei Tisch saß ich rechts von Nils Sunde. An seiner linken Seite hatte er Marianne, während Lisbeth ihm gegenübersaß. Lisbeth war jetzt ganz munter und gut aufgelegt. Sie zeigte sich von ihrer allerliebsten Seite, war entzückend unverschämt gegen Heming und mich, entzückend aufrichtig gegen Morten, entzückend nett zu Marianne und – entzückend zu Sunde.

Sunde beherrschte sich eine ganze Weile, aber unsere Freimütigkeit machte ihm Mut, und schließlich fuhr es aus ihm heraus: „Ich bitte um Entschuldigung, daß ich frage – aber wie . . .“

„. . . in aller Welt können Sie eine so große Tochter haben?“ fiel Lisbeth ihm ins Wort. „Wir sind auf diese Frage hier im Hause vorbereitet! Also: Vati ist sechsunddreißig, Mutti vierunddreißig, und ich bin siebzehn. Und nun müssen Sie ihre Gesichtsmuskeln beherrschen, damit wir es Ihnen nicht ansehen, daß Sie ‚aha!‘ denken, denn Sie müssen wissen, daß es dabei gar kein ‚Aha!‘ gibt. Ich bin nämlich ein Adoptivkind und nicht einmal ein hoffnungsvolles. Ich bin der größte Kummer meiner Eltern und schrecklich schlecht erzogen, aber im Grunde bin ich vielleicht ganz gut, denn man sagt, ich hätte ein goldenes Herz."

Nils Sunde brach in ein schallendes Gelächter aus.

„Vielen Dank für die ausführliche Erklärung!" sagte er.

„Ich bin kein Adoptivkind", bemerkte Peik todernst.

„Was bist du denn?" fragte Nils Sunde. „Von wo haben Vati und Mutti dich geholt?"

Peik warf ihm einen unendlich verachtungsvollen Blick zu. „Die haben mich nicht geholt", antwortete er sehr ruhig. „Die haben mich gekriegt."

Ich gab es auf, mich wegen meiner schlecht erzogenen Kinder zu entschuldigen.

Sunde amüsierte sich königlich. Plötzlich wandte er sich an Marianne.

„Und Sie? Sie sind weder ein Adoptivkind noch eine künftige Schülerin?"

„Weder das eine noch das andere. Leider. Ich bin wohl gar nichts."

Peik sah auf, und seine Augen leuchteten.

„Du bist Marianne", sagte er.

„Wir ziehen uns ins Privatleben zurück", verkündete Heming, als der Ernasalat bis auf die letzte Spur verschwunden war und verschiedene andere gute Dinge ihm Folge geleistet hatten. „Aber wir werden uns beeilen und bis zum Kaffee mit unserer Besprechung fertig sein. Steffi, leihst du uns ‚Paneuropa' aus?"

Nils Sunde machte ein verständnisloses Gesicht.

„Es ist das Arbeitszimmer meiner Frau“, erklärte Heming. „Der Ort, an dem sich alle europäischen Sprachen begegnen. Hier in unserem Haus, mußt du wissen, hat auch die Frau ein Arbeitszimmer. Übrigens: ‚Paneuropa‘ war Lisbeths witziger Einfall.“

„Nein, hör mal, das war meiner“, wandte Morten ein. Nils Sunde lachte; der Ton in unserem Haus erschreckte ihn nicht länger.

Morten, der keinen Radioapparat sehen kann, ohne an den Knöpfen zu drehen, machte sich ungeniert über unser Gerät her und ruhte nicht eher, als bis er eine verrückte Jazzkapelle erwischt hatte.

Da läutete das Telefon. Es war ein andauerndes, aufdringliches Läuten. Ich nahm den Hörer ab. „Ferngespräch für Fräulein Skar.“ Großer Gott! Unser kleines Mädchen war jetzt ein Fräulein geworden! Von wo, in aller Welt, rief der Bursche wohl an? Es konnte ja niemand anders sein als der junge Boor, denn wer sonst wohl kam auf den Gedanken, ein Ferngespräch für „Fräulein“ Skar anzumelden?

Lisbeth hatte hektisch rote Rosen auf den Wangen. Morten schaltete den Radioapparat aus. Marianne blieb mit einer Tasse in der Hand und mit erhobenem Kopf stehen. Peik, der zur Abwechslung neben dem Hundekorb niedergekniet war und Tass eine lange Rede hielt, verstummte und verharrte regungslos, ohne die Hand von dem Nacken des Hundes fortzunehmen. In ‚Paneuropa‘ wurde es still. Das ganze Haus lauschte. Ein

Ferngespräch für Lisbeth.

Nervös ergriff Lisbeth die Hörmuschel: „Hallo – hallo – Ja, ich bin am Apparat. – Hallo – Ich höre nichts. – Scheußlich – Ja, jetzt höre ich dich – Nein, es rauscht so – Bist du schon weit? – Du mußt lauter reden – Bist du schon angekommen? – Du mußt lauter sprechen – Ja, natürlich – Doch ist es wahr – Ja, danke, fein – gleichfalls – sicherlich – Ja, immerzu, kannst du glauben – den ganzen Tag – Nein, da schlafe ich – Doch, manchmal. – Nein, das mußt du selber wissen – Bist du verrückt? – Glaubst du, ich wage das? – Nein, das kann ich nicht sagen – Nein, nicht jetzt – Nein, Erling, nicht jetzt – Ja – Ja – Ja! – Glückliche Reise weiterhin! Auf Wiedersehen – Nein, das mußt *du* sagen – Auf Wiedersehen . . .“

Das Haus erwachte aus seinem Dornröschenschlaf. Marianne stellte die Tasse auf den Tisch, Morten drehte am Radio.

Peik streichelte Tass, und von „Paneuropa“ drang der Klang gedämpfter Stimmen herüber. Einen Augenblick später kehrten die beiden Pädagogen, vom Kaffeeduft angelockt, in das Wohnzimmer zurück.

„Nun, Lisbeth? – Weißt du, an wen du mich erinnerst?“

„Glücklicherweise nein“, sagte Lisbeth.

„An den Kontorchef, der so furchtbar laut sprach. ‚Was ist denn mit ihm los?‘ fragte der Direktor. ‚Er spricht mit London‘, sagte die Sekretärin. ‚Weshalb benutzt er denn da nicht das Telefon?‘ sagte der Direktor.“

Nils Sunde und Marianne lachten.

„Ich vermisse deine Zustimmung, Morten", sagte Heming.

„Ha!" sagte Morten. „Das sagte nämlich mein Großvater auch, als er die Geschichte zum erstenmal hörte."

„Erkläre mir bloß eines, Skar", erkundigte sich Nils Sunde grinsend. „Ist dies der übliche Ton auf eurer Schule?"

„Gott bewahre!" sagte Heming. „Nur in unserem Haus."

„Vati und Mutti sind nämlich nicht alt genug, um große Kinder zu haben", warf Lisbeth ein. „Sie sind gleichzeitig zu jung und zu alt. Eine verfluchte Situation."

„Lisbeth, die Grenzen sind in unserem Haus ziemlich weit gesteckt, wie du weißt, aber bei ‚verflucht' liegt die Grenze unbedingt."

„Auf welcher Seite von ‚verflucht'?" fragte Lisbeth unerschütterlich.

Heming sank neben Marianne auf einen Stuhl. „Ich suche bei dir Trost, Marianne", seufzte er, „Lisbeth wird nicht ein Nagel zu meinem Sarg, sie wird der ganze Deckel. Deine sanfte Fraulichkeit muß die Sorgenfalten ausbügeln, die meine Tochter in meine Stirn eingegraben hat. Mit wem hast du übrigens gesprochen, Lisbeth?"

„Mit einem meiner Freunde. Er rief von der Nordsee aus an. Übrigens ziemlich schlechte Verbindung."

Der Klang in ihrer Stimme war so unecht, daß ich ihn ekelhaft gefunden hätte, wenn er nicht im Grunde so lächerlich gewesen wäre.

Ich warf Heming schnell einen Blick zu.

„Wie viele Stücke Zucker, Heming?“ beeilte ich mich zu fragen. „Eins – zwei – drei ...“

„... vier, fünf, sechs, sieben, acht, neun, zehn“, fiel mir Heming ins Wort. „Danke, keinen Zucker, Steffi.“

Es gab noch mehr Leute, die Mariannes sanfte Fraulichkeit bemerkten. Nils Sunde setzte sich neben sie, und die beiden plauderten gedämpft und gemütlich auf dem Sofa, während Morten und Lisbeth freundschaftlich und eifrig miteinander am Radioapparat stritten.

Dann wurde es Zeit für Peik, ins Bett zu gehen. Er machte feierlich die Runde und sagte gute Nacht. Bei Nils Sunde machte er halt und blickte ihn forschend an.

„Stell dir vor, du hättest einen tollen Wagen!“ sagte Peik.

„Ja, stell dir das vor!“ sagte Nils Sunde.

„Nur dumme Menschen haben so einen Wagen“, fuhr mein Sohn fort. Mit dieser unergründlichen Bemerkung trat er ab und schloß die Tür.

Morten und Lisbeth einigten sich am Radio schließlich auf ein französisches Tanzorchester. Sie schoben den Tisch beiseite, um eine Tanzfläche zu schaffen. Sie tanzten glänzend zusammen, aber sie hatten ja auch, abgesehen von der gemeinsam besuchten Tanzschule, eine dreijährige Übung auf Jugendgesellschaften hinter sich.

„Wenn es sein muß, so muß es sein“, sagte Heming. „Marianne, erweisest du mir die große Ehre?“

„Jetzt gilt es, zu zeigen, was man kann“, lachte Nils

Sunde.

„Trauen Sie sich, Frau Skar?"

Ich traute mich. Nils Sunde tanzte gut.

„Sie müssen musikalisch sein", sagte ich. „Sie haben einen so guten Rhythmus."

„Wissen Sie nicht, daß fast alle Mathematiker musikalisch sind?" lächelte Nils Sunde. „Das ist doch nur logisch."

„Wieso?" fragte ich verständnislos.

„Mathematik und Musik sind beide vollendete Harmonien", sagte Sunde. „Eine Fuge von Bach ist ein ebenso großes Wunder wie die höhere Mathematik."

„Oh!" sagte ich. „Ich muß ehrlich gestehen, daß ich Bach ebensowenig kenne wie ich etwas von der höheren Mathematik weiß."

Jetzt verlangte Lisbeth, mit ihrem Vater zu tanzen, und Morten war so ritterlich, mich zu engagieren. Dann tanzte Marianne mit Nils Sunde.

Marianne redet nie, wenn sie tanzt. Ich warf einen Blick auf sie. Wie sie in dem Tanz völlig aufging! Leicht wie eine Feder war sie, und sie richtete sich gehorsam und feinfühlig nach ihrem Partner. Er schwieg ebenfalls, aber seine Augen hingen an ihrem Gesicht. Nachdem er zwischendurch meine redselige Tochter ein paarmal geschwungen hatte, kehrte er zu Marianne zurück. Und bei ihr blieb er.

Morten und Heming gingen in den Keller, um Weißwein, Selterswasser und eine Dose Früchte zu holen. Dann wurde in der Küche gebraut und gekostet, und wir erfreuten uns an einer großen kühlen Bowle.

Die Zeit verging. Es war schon über Mitternacht hinaus, als unsere Gäste aufbrachen.

„Ich werde dich nach Hause fahren“, sagte Morten höflich.

„Das geht wohl schlecht“, lächelte Marianne. „Ich kann in diesem Kleid nicht auf dem Motorrad sitzen ...“

„Kein Grund zur Besorgnis, Morten“, sagte Nils Sunde, und seine Stimme war tief und warm. „*Ich* bringe Marianne nach Hause.“

Nils spricht sich aus

„Niemand kennt den Weg des Fisches im Meer, den Flug eines Vogels unter dem Himmel oder den Weg eines Mannes zu einer Jungfrau“, lautet ein altes Sprichwort.

Was die beiden ersten Dinge angeht, so erkläre ich mich einverstanden, was aber das dritte angeht, so glaube ich einigermaßen im Bilde zu sein. Jedenfalls war es mir völlig klar, wie Nils Sunde den Weg zu Marianne fand. Denn fortan wiederholte er den Besuch bei uns so oft wie möglich. Das lag weder an mir noch an seinen pädagogischen Gesprächen mit Heming, ebensowenig konnte man annehmen, daß er durch Lisbeths Unwiderstehlichkeit oder Peiks unverhohlener Begeisterung angezogen wurde. Lisbeth hatte er schon am ersten Abend mit einem gutmütigen Lächeln dort eingereiht, wo sie tatsächlich hingehörte – nämlich auf der gleichen Linie wie Morten: künftige Schülerin, nettes und unbefangenes junges Mädchen. Marianne hingegen ...

Und Marianne ging ja als graue Katze bei uns aus und ein. Es dauerte nicht viele Tage, so war Nils eine ebenso graue Katze. Mit großer Freude nahmen wir ihn unter uns auf. Wir konnten ihn alle gut leiden, und er fügte sich ebenso natürlich in unser tägliches Leben wie Marianne. Man fühlte sich wohl in seiner Gegenwart. Immer hatte er etwas Drolliges und Interessantes zu erzählen, und immer hörte er aufmerksam zu, wenn andere erzählten. Die Wogen der Unterhaltung gingen bei uns oft recht hoch, und das war sehr amüsant.

Das allerbeste aber war, daß Lisbeth wieder in unseren häuslichen Kreis hineingezogen wurde. Sie war nicht länger so zerstreut und geistesabwesend, kurz, sie vergaß, daß sie die Dame zu spielen wünschte. An dem Tag, an dem sie sich am Mittagstisch mit einer blanken Nase, zerknüllten Bluse und ungebändigtem Haar einfand, hätte ich sie vor Freude umarmen können. Und als sie eines Nachmittags ihre Schulaufgaben und das Aufräumen vergaß, um mit Morten eine lange Motorradfahrt zu machen, und von unten bis oben von Schmutz bespritzt nach Hause kam, wurde sie von uns allen mit strahlendem Lächeln in Empfang genommen.

Von dem jungen Boor redete keiner mehr, weder Lisbeth, noch Heming, noch ich. Was Lisbeth dachte, weiß ich nicht – oder wußte ich jedenfalls damals nicht.

Wir hofften, daß die Geschichte mit der Englandreise des Herrn Schiffreeders ein Ende gefunden hätte. Die Stimmung war entsprechend. Lachen und Scherzen gaben in dieser Zeit unserem Heim das Gepräge. Die tägliche Arbeit ging glatt von der Hand, und die Abende waren immer recht gemütlich. Ganz wie früher.

Es war, als hätte Lisbeth sich wiedergefunden. Sie nahm an unseren Gesprächen teil. Sie war lieb und nett zu Peik und zärtlich zu Heming und mir. Ihre Augen glänzten vor gesunder und verständnisvoller Neugierde und vor Interesse, wenn sie auf Nils und Marianne blickte.

Ich erkannte jetzt endlich mein liebes kleines Mädchen wieder, Gott sei Dank!

„Du, Mutti", sagte sie eines Tages, als sie sich im Gegensatz zu ihrer Gewohnheit freiwillig zum Strümpfestopfen hingesetzt hatte, „ich finde, es ist merkwürdig mit Marianne."

„Wie meinst du das?"

„Ja ..." Lisbeth fädelte einen unwahrscheinlich langen Faden in die Nadel. „Ich finde, sie ist – munterer geworden, sieht jetzt fröhlicher aus – findest du nicht auch?"

„Ja", sagte ich. „Glücklicherweise."

„Es ist ja jetzt, seit sie Nils kennt, nur natürlich. Aber sie hatte sich auch schon vor dieser Zeit verändert. Glaubst du, das liegt an uns, Mutti? Manchmal glaube ich es. Sie ist nicht mehr so allein, weißt du."

„Sicher, du hast recht, Lisbeth."

„Aber kannst du es verstehen, weshalb sie nie etwas von sich selbst erzählt? Ich glaube fast, sie hat etwas furchtbar Trauriges erlebt. Meinst du nicht auch?"

„Ja", sagte ich. „Es ist immer traurig, das Kind von geschiedenen Eltern zu sein, weißt du."

„Ja – a...", sagte Lisbeth nachdenklich. Sie führte die Hand in einen Strumpf und seufzte hörbar, als ihre Finger aus einem Riesenloch herausfuhren.

„Aber es ist genauso, als hätte Marianne etwas ganz besonders Schlimmes erlebt – oder etwas – worüber sie sich schämt – oder etwas, wovon sie Komplexe bekommen hat, so daß sie – es verdrängt." Ich mußte lächeln.

„Beschäftigst du dich mit Psychoanalyse, Lisbeth?"

„Ja, das tue ich vielleicht. Das mit den Verdrängungen ist wirklich merkwürdig. Wenn es einem widerstrebt, an etwas zu denken, so zwingt man sich, nicht daran zu denken. Nicht wahr? Man versteckt es tief im Unterbewußtsein und verschließt es da."

„Hast du vielleicht schon selber diese Erfahrung gemacht?" fragte ich. Ich hörte Lisbeth gern philosophieren und wollte, daß sie weitersprāche.

„Ja", sagte Lisbeth. Sie lachte leicht und wurde rot. „Wenn einer zum Beispiel eine Dummheit gemacht hat, dann vermeidet er es, an sie und an alles, was mit ihr in Verbindung steht, zu denken. Das ist wohl das, was man Verdrängung nennt?"

„Ja, so kann man es wohl ausdrücken."

„Zum Beispiel", sagte Lisbeth, „einmal bei einem Tanzvergnügen war da ein Junge, der mich küßte. Ich weiß wahrhaftig nicht, wie es zuging. Es war gräßlich dumm von mir, mich von ihm küssen zu lassen. Und hinterher bereute ich es – oder jedenfalls ärgerte ich mich fürchterlich darüber. Und der Junge ging auf die Handelsschule und hatte ein Muttermal auf der rechten Backe. Und weißt du, seither mag ich Menschen mit einem Muttermal auf der Backe nicht sehen, und ich verabscheue es, wenn Jungen von der Handelsschule sprechen. Das ist ja richtig blöde, aber so geht es mir nun einmal. Kannst du das verstehen, Mutti?"

„Ja, das kann ich gut verstehen."

Lisbeth ließ den Strumpf sinken und sah mich an.

„Hast du auch so etwas erlebt, Mutti?"

„Du meinst, daß ein Junge mich geküßt hat?"

„Ach, daran dachte ich eigentlich nicht gerade. Sei unbesorgt! Du brauchst mir keine Rechenschaft abzulegen. Denk daran, daß du mein großes Vorbild bist. Da wär es doch fürchterlich, wenn ich alles, was du verkehrt gemacht hast, zu wissen bekäme. Das würde ja meinen Respekt vor dir herabmindern." Lisbeths Augen funkelten vor Schelmerei.

„Was würde da herabgemindert? Ich verstehe nicht recht."

„Mein Respekt", sagte sie.

„Aber, liebe Lisbeth! Existiert dieses Wort denn überhaupt in deinem Wortschatz?"

„O ja. Weißt du, auf eine Art habe ich schon vor dir Respekt."

Ich lachte.

„Das muß wohl eine besondere Art sein?"

„Ja, aber du hast meine Frage nicht beantwortet. Hast du solche – solche Verdrängungskomplexe erlebt?"

Das war eine indiskrete Frage. Aber Lisbeth war mir gegenüber offen. Sollte ich da nicht ihr gegenüber ebenfalls offen sein?

„Ja, du, das habe ich wohl. Und ich fürchte, ich bin mit ihnen noch immer nicht fertig geworden."

„Hast du so furchtbare Dummheiten gemacht, Mutti?"

„Ich war einmal sehr nahe daran, eine ganz entsetzliche Dummheit zu begehen, Lisbeth. Eine Dummheit, die mein Leben zerstört hätte – und das deine auch."

Lisbeth nickte.

„Ich weiß, was du meinst."

„Wirklich?"

„Ich glaube jedenfalls, daß ich es weiß. Aber es ist jetzt lange her. Nicht wahr?"

„Ja, zehn Jahre."

„Und du gibst dir alle Mühe, an diese Dummheit nicht mehr zu denken?"

„Ja, ich . . ."

Aber unser Gespräch wurde unterbrochen.

Draußen hörte man ein fürchterliches Gebrüll. Schnelle, unsichere Schritte. Dann flog die Tür auf, und Peik kam mit einer Beule auf der Stirn, einer Schramme auf der Nase und einem mit Blut beschmierten Gesicht laut heulend hereingestürzt.

Das Unglück war nicht so groß, wie es zunächst aussah. Peik wurde gewaschen und bekam ein Pflaster auf die Nase, einen kühlenden Umschlag auf die Stirn und ein Stück Schokolade zum Trost. Weder Lisbeth noch ich verloren die Nerven. Dafür war mein unternehmungslustiger Sohn schon zu oft mit Beulen und Schrammen angelaufen gekommen. Trotz seinen jungen Jahren kann er in dieser Hinsicht mit Stolz auf eine Reihe von Heldentaten zurückblicken.

Und dann kam Nils und berichtete mit strahlender Miene eine große Neuigkeit, die indessen nicht unerwartet kam.

„Abgesehen von Mariannes Mutter", sagte Nils, „seid ihr die ersten, die es zu wissen bekommen."

„Wann werdet ihr heiraten?" fragte Lisbeth.

„Tja", sagte Nils. „Du kannst dir schon in allernächster Zeit zum Brautjungfernkleid Maß nehmen lassen, Lisbeth. Die Sache ist nämlich, daß ich eine schöne Dreizimmerwohnung mit Küche, Bad und Balkon bekommen kann. Sogar ganz in der Nähe der Schule. Für mich allein ist sie aber viel zu groß. Daher erhebt sich die Frage, ob wir nicht . . ."

„Eine Ursache muß der Tod ja haben", meinte Lisbeth. Ich sah es ihr an, daß ihr Köpfchen bis zum Rande mit Kleidermustern angefüllt war, und sie schwankte sicher sehr stark zwischen Wickenblüten und blaßroten Nelken.

„Das Schlimmste ist", sagte sie, „daß Marianne die Frau meines Lehrers werden soll. Du meine Güte! Was ist das hier für ein Durcheinander von Generationen! Wenn Mutti und Vati Freunde haben, die etwas jünger sind als sie selber, und wenn ich Freunde habe, die etwas älter sind, so begegnen sie sich in der Mitte, und dann gehen die Generationen ganz ineinander über, und dann ..."

„... dann bleiben wir alle miteinander jung", lachte Nils. „Ja, ja. Lisbeth, du hättest einen strengen Vater mit einer Goldbrille und Glatze und eine Mutter mit Wohltätigkeitsversammlungen und Kaffeekränzchen haben müssen; die hätten sich wenigstens bei dir einen angemessenen Respekt verschaffen können, aber so ..."

„Hilfe!" sagte Lisbeth. „Von zwei Übeln ziehe ich das kleinere vor. Eltern mit goldenen Brillen und Kaffeekränzchen müssen noch schwerer zu erziehen sein als Eltern mit kurzen Hosen und leichtsinnigen Redensarten."

„Entschuldige, Lisbeth", protestierte ich. „Hast du schon jemals leichtsinnige Redensarten aus unserem Munde gehört?"

„O nein, aber ihr fallt wenigstens nicht um, wenn ihr jemand in dieser Weise sprechen hört, und ihr könnt doch folgen, wenn es euch auch schwerfällt."

Lisbeth versetzte mir einen freundschaftlichen Klaps auf die Backe und zog sich laut pfeifend zurück. Sie wollte ausnahmsweise einmal für die Schule arbeiten. Es war ihr nämlich mittlerweile aufgegangen, daß die Versetzung gefahrdrohend näherrückte.

„Ja, Steffi", sagte Nils. „Jetzt gedenke ich einmal richtig abscheulich zu dir zu sein."

„Das ist hübsch von dir", lachte ich.

„Ich bin indiskret und garstig, das gebe ich zu, aber es geschieht in guter Absicht und auf freundschaftlicher

Basis. Vergiß das nicht!" Nils' Gesicht wurde plötzlich ernst. „Es geht mich ja schließlich nichts an, Steffi – aber wenn du siehst, daß ein Mensch im Begriff ist zu ertrinken, dann springst du ins Wasser und versuchst ihn zu retten – ob er dich nun etwas angeht oder nicht. Stimmt's?"

„Wer ist im Begriff zu ertrinken, Nils?"

„Lisbeth", sagte Nils.

Ich biß mir auf die Lippe.

„Ich höre, daß sie mit dem jungen Boor verkehrt. – Hör mal, Steffi, habt ihr – ich meine dich und Heming – habt ihr denn ganz und gar den Verstand verloren? Ihr könnt doch unmöglich ein siebzehnjähriges Mädchen auch nur eine Sekunde mit so einem Menschen allein lassen?"

„Weißt du denn etwas wirklich Ungünstiges von ihm, Nils?"

„Wirklich Ungünstiges? – Gott helfe mir! Es gibt nichts anderes von ihm zu berichten."

„Ja, wenn wir nur mit dem Finger auf etwas Bestimmtes zeigen könnten ... Aber Lisbeth sagt mit Recht, Erling könne nichts für seinen reichen Vater, und es wäre ja schließlich kein Fehler, wenn ein Mann, der ein elegantes Auto hat, in sie verliebt sei ..."

„Verliebt!" rief Nils, und wenn er sich nicht sehr beherrscht hätte, dann hätte er in diesem Augenblick sicher auf den Tisch geschlagen. „Erling Boor ahnt ja gar nicht, was Liebe ist, Steffi! Ihr müßt Lisbeth kategorisch jedes Zusammensein mit dem Burschen verbieten. Hörst du mich?"

„Ja, Nils, aber wohin würde es wohl führen? Lisbeth ginge sofort zu Erling Boor, um sich zu beklagen. Und er würde uns dann empört fragen, was in aller Welt das heißen solle."

„Und deshalb müßt ihr warten, bis das Unglück geschehen ist, nicht wahr? Vergiß nicht, Steffi, daß Boor sehr gut aussieht. Einem siebzehnjährigen Mädchen muß es in den Kopf steigen, daß ein solcher Mann ihm den Hof macht. Kannst du dir vorstellen, was es für Lisbeth bedeutet, in einem vornehmen Restaurant zu sitzen und Champagner zu trinken, während sich ihre Altersgenossinnen in der Konditorei mit Limonade begnügen müssen? Verbietet ihr kurz und gut . . ."

Ich unterbrach ihn. „Wir haben Lisbeth nie etwas verboten, Nils. Wir haben immer alles mit ihr besprochen. Wir haben sie davon überzeugt, daß es dumm ist, dieses oder jenes zu tun, und sie hat uns stets recht gegeben. Deshalb haben wir bisher ihr uneingeschränktes Vertrauen genossen, und das wollen wir uns nicht verscherzen."

Jetzt wurde er wirklich heftig. „Zum Teufel mit dem Vertrauen! Dann laßt eure Lisbeth nur ruhig mit dem angeheiterten Boor in seinem Wagen fahren, laßt sie zu einer Tageszeit Alkohol trinken, zu der sie längst im Bett liegen müßte – nein, Steffi, du mußt verstehen, daß so etwas ganz und gar unmöglich ist. Selbst wenn Lisbeth Hausarrest bekommen muß – lieber das, als ein Zusammensein mit diesem Erling Boor!"

„Und dann wird sie fragen, was das bedeuten soll. Sie

wird sagen, sie könne doch sonst zusammen sein, mit wem sie wolle ..."

„Gewiß. Aber in welchen Formen? Sie kann mit nach Hause bringen, wen sie will. Laßt sie also in Gottes Namen auch den jungen Boor mit nach Hause bringen. Dann könnt ihr das Zusammensein doch wenigstens überwachen. Laßt die beiden hier bei euch tanzen, gebt ihnen etwas Gutes zu essen und zu trinken, mache alles so gemütlich wie du kannst. Steffi – denn du *kannst* es – und paßt das dem jungen Herrn Schiffsreeder nicht, so mag er ruhig abdampfen – so weit weg wie nur möglich!"

Ich merkte, daß ich rot geworden war. Ich fühlte mich von allem, was Nils sagte, getroffen.

„Nils, jetzt ist der Bursche ja in England, und ich finde, es sieht so aus, als sei Lisbeth wieder in das alte Geleise gekommen ..."

„So? Das findest du?" platzte Nils heraus. „Wie viele Briefe glaubst du, mag sie wohl schon aus England bekommen haben? Überlege es dir einmal. Wer hier im Hause holt die Post?"

„Lisbeth", sagte ich.

„Ja, Lisbeth. Und ahnst du, wie viele Englandbriefe in das Schließfach gekommen sind?"

„Ahnst du es denn, Nils?"

„Ich ahne es, Steffi. Ich wohne im selben Haus wie Fräulein Daloey von der Post. Sie hat mir erzählt, sie finde es merkwürdig, wie viele Auslandsbriefe die kleine Lisbeth bekomme. Ja, dies ist Geklatsch, Steffi, ich weiß es wohl – aber ich kann den Gedanken nicht ertragen, daß Lisbeth in ihr Unglück rennt."

Ich überlegte einen Augenblick.

„Es ist gut, daß du mir das mitgeteilt hast", sagte ich. „Ich hatte ja gehofft, Boors Reise würde dem allem ein Ende machen – aber wenn Lisbeth dauernd Post von ihm erhält, dann ... Ich werde sofort mit Heming sprechen. Und ich verspreche dir, wenn Lisbeth bisher nichts geschehen ist, dann soll ihr auch weiterhin nichts geschehen. Jedenfalls nicht von seiten Erling Boors!"

Nils lachte. „Gut, daß du Vorbehalte machst", sagte er. „Lisbeth ist ein zu aufrichtiges und kluges Mädchen für den Burschen. Laß sie sich normal entwickeln, laß sie mit Gleichaltrigen verkehren und laß sie nach Hause einladen, wen sie will ..."

„Das hat sie immer gedurft", sagte ich.

„Dann halte es weiter so", sagte Nils. Er machte jetzt wieder ein ernstes Gesicht. „Weißt du, Steffi, ihr seid zu jung, um mit dieser Sache fertig zu werden. Ihr seid zu jung, um eine siebzehnjährige Tochter zu haben. Bisher ist es gutgegangen, weil einfach keine Schwierigkeiten aufgetreten sind. Aber in dem Augenblick, da die Schwierigkeiten kommen – ja, dann seid ihr also zu jung. Ihr habt nicht die Erfahrungen, ihr habt nicht die richtige Überlegenheit und Autorität, nicht ..."

„... goldene Brillen und Kaffeekränzchen", sagte ich.

„Richtig!" sagte Nils. „Und wenn Lisbeth ins Unglück gerät, dann verdient nicht sie Prügel, sondern ihr: du und Heming. Daß du es nur weißt!"

Als Heming und ich uns am Abend hingelegt hatten, berichtete ich ihm, was Nils gesagt hatte. Er hatte die Hände im Nacken verschränkt und hörte stirnrunzelnd zu.

„Ja", sagte er schließlich. „Nils hat recht. Aber er begreift wohl nicht ganz, wie schwierig das für uns ist. Eines aber können wir jedenfalls tun. Wir können das Examen als Vorwand benutzen, um Lisbeth das Bummeln zu verbieten. Natürlich in aller Freundschaft. Sie wird für den Rest des Sommers mit dem Reitunterricht aussetzen. Wir sagen, sie könne im Herbst den Unterricht wieder aufnehmen.

Auch mit dem Tennis muß sie vorläufig aufhören. Da das Tennisspielen mit Erling Boor ja nichts zu tun hat, kann das Verbot sie nicht verletzen. Dann verbieten wir ihr jede Art von Soupers, Tanzvergnügen und nächtlichen Autofahrten – jedenfalls vorläufig, bis sie versetzt ist."

„Und dann fahren wir mit dem ersten Zug nach Geilo in die Ferien", ergänzte ich.

„Richtig!" sagte Heming. „Im übrigen, Steffi, schäme ich mich wie ein Hund. Es ist wirklich schlimm, daß wir ruhig zugesehen haben, wie ein siebzehnjähriges Mädchen sich zum Souper einladen ließ, Champagner trank und zur nächtlichen Zeit herumbummelte. Abgemacht – wir müssen nun zu einem kategorischen Verbot übergehen. Aber weißt du ...", jetzt lächelte Heming, indem er mir – fast als schäme er sich – einen verstohlenen Blick zuwarf, „ich bringe es einfach nicht fertig, Lisbeth gegenüber einen gebieterischen Ton anzuschlagen. Sie ist immer unser kleiner Kamerad gewesen, weißt du – und es widerstrebt mir, der gestrenge und unerbittliche Vater zu sein ..."

„Mir geht es genauso", gestand ich. „Aber wir müssen, Heming. Das heißt, wir können natürlich versuchen, die Sache mit ihr zu besprechen. Es wäre das beste, wenn wir uns mit ihr auf eine friedliche Weise einigen könnten – aber nützt das nicht, so ... so ..."

„... so sehen wir uns gezwungen, auf den Tisch zu schlagen, ob wir nun Lust haben oder nicht", ergänzte Heming mit einem Seufzer.

„Eines ist auf jeden Fall gut", sagte ich, „daß wir beide uns einig sind!"

Ein Abend mit Herrn Boor

Ich mußte fast über mich selber lachen; aber ich hatte tatsächlich Herzklopfen, als der nächste Tag, an dem die Schlacht geschlagen werden sollte, gekommen war.

Gleich nach dem Mittagessen ging es los.

„Nun hör einmal zu, Lisbeth", sagte Heming mit ruhiger und freundlicher Stimme. „Ich glaube fast, es wird das beste sein, du gibst das Tennisspielen und Reiten für den Sommer auf. Ich habe so leise das Gefühl, als müßtest du unbedingt für die Versetzung arbeiten."

„Ja, aber ich kann doch beides ganz gut miteinander

vereinen", wandte Lisbeth ein.

„Nein", sagte Heming. „Es wird zuviel für dich. Vergiß nicht, Lisbeth, daß du das Gymnasium besuchst – und ich weiß so ungefähr, wie es mit dir auf der Schule steht."

„Du denkst nur an die Mathematik", entgegnete Lisbeth. „In der Mathematik werde ich auch nicht besser, wenn ich aufhören soll, Tennis zu spielen und zu reiten."

„Sag das nicht", meinte Heming. „Du weißt, daß Tennis und Reiten, und was du sonst alles unternimmst, deine Gedanken ziemlich stark in Anspruch nehmen. Also, wie gesagt, bis zum Herbst setzen wir damit aus."

Lisbeth sah eher verwundert als empört aus. Dies war etwas Neues für sie. Jetzt war der Augenblick gekommen, mich einzumischen. Ich konnte unmöglich Heming die Sache allein ausfechten lassen.

„Und noch eines, Lisbeth", sagte ich. „Du mußt versuchen, früher ins Bett zu kommen. Du brauchst eine Menge Schlaf. Vorläufig nimmst du keine Einladung mehr an – hörst du? Zuerst die Versetzung – und dann das Vergnügen."

Lisbeth ist nicht dumm – beinahe hätte ich gesagt: leider. Sie sah uns an – zuerst Heming, dann mich, und dann wieder Heming. Sie kniff einen Augenblick den Mund zusammen. Und als sie ihn wieder zum Sprechen öffnete, hatte ihre Stimme einen unverschämten Tonfall.

„Oh! – Ja so! Da also liegt der Hund begraben!"

„Hier liegt kein Hund begraben, Lisbeth. Sei vernünftig! Ein siebzehnjähriges Mädchen kann nicht gleichzeitig Sport treiben, auf den Bummel gehen und für die Versetzung arbeiten. Deshalb meinen wir, du solltest dich vorläufig auf die Schule konzentrieren."

„Merkwürdig, wie besorgt ihr plötzlich geworden seid", sagte Lisbeth spitz. „Früher habt ihr alles mir selber überlassen, und es ist auch ganz gut gegangen."

„Früher hast du auch erheblich mehr Interesse für die Schularbeiten gezeigt als in der letzten Zeit. Wir haben uns nicht eher eingemischt, als es unbedingt notwendig wurde. Nicht wahr?" Lisbeth verzog trotzig den Mund.

„Übrigens ist es ein furchtbarer Unsinn, noch weiter aufs Gymnasium zu gehen", bemerkte sie plötzlich. „Angenommen, ich verheirate mich früh, dann kann ich das Abitur ja gar nicht gebrauchen."

„Besser, man hat etwas, was man nicht gebrauchen kann, als man braucht etwas, was man nicht hat", sagte Heming. „Du mit deinen Kenntnissen in den sprachlichen Fächern – es wär ja noch schöner, wenn du nicht das Abitur machen wolltest. Übrigens ist es erst ein paar Monate her, daß du sagtest, du wolltest so tüchtig in den Sprachen werden wie die Mutter und Lehrerin am Gymnasium werden, wie ich es bin."

„In ein paar Monaten kann viel geschehen", sagte Lisbeth. „Und im übrigen werde ich die Versetzung schaffen – auch wenn ich weiterhin reite und hin und wieder mal am Abend ausgehe."

„Gut", sagte Heming. „Dann mußt du so freundlich sein, ein Verbot hinzunehmen. Du darfst nicht reiten, nicht Tennis spielen und nicht am Abend ausgehen, solange du nicht versetzt bist."

„Ich bin kein Schoßkind! Diese Besorgtheit ist wirklich rührend, daß muß ich schon sagen, aber glaubt mir, es kleidet euch verdammt schlecht, plötzlich Eltern mit Goldbrille zu spielen!"

Die Tür krachte hinter ihr ins Schloß.

Heming fuhr hoch. „Das soll doch . . .!" Er wollte ihr nachlaufen; aber ich hielt ihn zurück.

„Warte Heming! Das muß für heute genügen. Sie ahnt ja nicht, wie unverschämt sie war. Aber sie verträgt nicht mehr auf einmal."

Heming setzte sich wieder hin und seufzte so schwer, daß ich lachen mußte.

„Laß uns auf alle Fälle froh sein, daß der erste Schritt getan ist", sagte ich. „Wenn wir über die Zeit bis zum Beginn der Sommerferien nur gut hinwegkommen, so wird alles viel leichter."

Beim Abendessen war Lisbeth stumm und mürrisch. Als wir fertig waren und Peik im Bett lag, kam es: „Soll das heißen, daß ich morgen nicht Quadrille reiten darf? Es ist zu spät, noch abzusagen, und ich kann nicht mehr ersetzt werden. Wenn es aber nicht acht sind, ist die Quadrille ja nicht möglich."

Heming und ich wechselten schnell einen Blick. Erling Boor war in England. Warum sollte Lisbeth also nicht noch einmal Quadrille reiten?

„Wir wollen nicht starrsinnig sein", sagte Heming. „Geh also morgen zur Reitstunde. Aber richte dem Reitlehrer aus, daß du erst nach den Ferien wiederkommst."

Lisbeth antwortete nicht, aber ich stellte in ihrem Gesicht einen Ausdruck der Erleichterung fest.

Sie kam vom Reiten zu normaler Zeit nach Hause und war sichtlich gut gelaunt. Heming war fortgegangen. Als Lisbeth und ich nach dem Abendessen allein waren, konnte sie sich nicht länger beherrschen.

„Sieh mal hier, Mutti!"

An ihrem festen braunen Arm glitzerte ein Armband, ein sehr schönes Armband aus Gold, das geschmackvoll gearbeitet war.

„Hast du es heute bekommen?"

„Ja. Erling hat es aus England mitgebracht. Ist es nicht hübsch?"

„O doch", sagte ich. „Sehr hübsch. Aber Lisbeth ..."

„Uff, Mutti, ich weiß, was du sagen willst. Daß es nicht angeht, von einem Herrn Geschenke anzunehmen. Doch das ist eine altmodische Auffassung. Niemand nimmt das heute mehr so feierlich. Und du, Mutti, – ich will dir etwas Feines erzählen. Daran kannst du vielleicht sehen, daß es zwischen Erling und mir nicht bloß eine flüchtige Bekanntschaft ist."

Ihre Augen glänzten, ihre Wangen glühten. Noch nie hatte ich mein Kleines Mädel so schön gesehen.

„Du – Erling baut sich ein Schiff. Ein Schiff, das sein persönliches Eigentum ist. Du weißt ja, die anderen Schiffe gehören der Firma. Aber dieses wird Erlings eigenes Schiff. Sechstausend Tonnen. Und – es könnte möglich sein, daß ich dieses Schiff taufe! Mit Sektflasche und allem. Und wer ein Schiff tauft, erhält ein Diamantenarmband und ein großes Bukett. Und vielleicht kommt es in die Wochenschau. Hast du da nicht Respekt vor mir, Ma? Denke dir, du kannst da vielleicht sagen: ‚Ja, das junge Mädchen, das Boors neues Schiff getauft hat, ist meine Tochter.'"

Respekt? Ich konnte mir viele Dinge denken, die eher geeignet gewesen wären, mir Respekt vor Lisbeth einzuflößen. Und viele Dinge, über die ich mich mehr gefreut hätte, als darüber, daß meine siebzehnjährige Tochter in der Wochenschau mit einem Blumenstrauß und einer Flasche schäumenden Sektes unter dem Bug von Erling Boors Schiff zu sehen sein sollte.

„Weshalb sagst du, ‚vielleicht'?" sagte ich matt. „Es ist also nicht bestimmt?"

Ein Schatten glitt über Lisbeths Gesicht.

„Erling sagte ‚vielleicht'. Es müssen wohl manche Rücksichten genommen werden. – Aber ich weiß nicht, warum er ‚vielleicht' gesagt hat. Ich . . ."

Mein Herz war voller Sorgen, als ich meine Tochter anblickte.

Ich wußte es nämlich.

Die Explosion erfolgte am Samstag.

Lisbeth hielt sich in ihrem Zimmer auf, Peik war bei seinem Busenfreund Jan, und Heming und ich faulenzten friedlich im Wohnzimmer und waren mit keiner größeren Sorge beschäftigt als mit der Frage, ob wir vor dem Abendessen noch einen Spaziergang machen sollten.

Da hörten wir auf der Treppe tastende Schritte. Heming und ich wechselten einen Blick. Ich trat an die nur angelehnte Tür und blickte hinaus.

„Hallo, Lisbeth! Wo willst du hin?"

„Bloß etwas rausgehen."

„Komm doch einen Augenblick herein!"

Sie kam – sehr langsam und sehr zögernd. Sie hatte ihren Mantel an und raffte ihn fest zusammen.

„Wo willst du hin?"

„Bloß etwas raus."

Mein scharfer Blick entdeckte ihr neues Kleid unter dem Mantel.

„Etwas raus? In *dem* Kleid?"

„Ja – es ist Samstag ... und ich kann ja morgen lange schlafen ... da macht es wohl nichts, wenn ich etwas ausgehe ..."

Heming richtete seine Augen voll und sehr ernst auf Lisbeth.

„Wir hatten uns dahin geeinigt, daß du am Abend überhaupt nicht ausgehst, solange du nicht versetzt bist."

„Wir waren uns durchaus nicht einig! Ihr allein habt das gesagt!"

„Jawohl. Und wir meinten es auch so. Zieh dir ein anderes Kleid an, Lisbeth. Ein Wort ist ein Wort. Du gehst heute abend nicht aus."

„Aber Vati – jetzt wartet Erling auf mich ... das heißt, er ist sicher auf dem Weg hierher, um mich abzuholen ... du willst doch wohl nicht etwa, daß ich zu ihm sagen soll, ich *dürfe* nicht ausgehen ..." Ihre Stimme zitterte.

„Du kannst sagen, was du willst, meine Liebe. Du

hattest Zeit genug, schon im voraus dankend abzulehnen."

„Aber Vati!" Lisbeths Worte waren verzweifelt und flehentlich. „Ich – ich konnte doch nicht ahnen, daß ihr etwas einwenden würdet, da es doch ein Samstag ist. – Und jetzt kommt Erling – und ich soll sein Schiff taufen ... Glaubt ihr vielleicht, ich darf ein Schiff taufen, wenn ich wie ein Kind – wie ein kleines Schulmädchen behandelt werde ..."

Jetzt brauste Heming auf.

„Du bist ein Schulmädchen, und deshalb wirst du wie ein Schulmädchen behandelt. Zweimal ist es dir geglückt, uns zu überrumpeln, Lisbeth. Ein drittes Mal geht das nicht. Jetzt gehe sofort nach oben und zieh das Kleid aus. Du kannst in deinem Zimmer bleiben oder in die Wohnstube kommen – ganz wie du willst – aber aus dem Bummel heute abend wird nichts."

Lisbeth wurde ganz weiß im Gesicht. Sie blickte abwechselnd auf Heming und auf mich. Dann trampelte sie auf den Fußboden und schrie: „Ihr seid gemein! Plötzlich findet ihr, daß es Spaß macht, die strengen Eltern zu spielen! Und ich soll das nun ausbaden! In der letzten Sekunde zu kommen und mir etwas zu verbieten – und mich vor einem Freund lächerlich zu machen – das ist so gemein, so gemein ..."

Lisbeth kam nicht weiter. Eine sehr kräftige Hand hatte sich um ihren Nacken geschlossen. *„Du* bist gemein, Lisbeth!" sagte Heming unheimlich ruhig. „Du hast rechtzeitig Bescheid bekommen. Wenn du trotz unserem Verbot hingehst und Einladungen annimmst, mußt du auch die Folgen tragen."

Tränen stürzten aus Lisbeths Augen. Sie weinte vor Wut und Scham, vor Enttäuschung und Demütigung.

„Was soll ich zu Erling sagen – was soll ich sagen . . ."

„Kopfschmerzen pflegen eine sehr gute Entschuldigung abzugeben", schlug Heming trocken vor. „Übrigens, wenn es so ist, daß er dich abholt, dann mag er hereinkommen und mit uns zu Abend essen. Dagegen ist natürlich nichts einzuwenden."

„Dann ist es doch genau dasselbe, wenn wir auswärts essen."

„Nein, es ist *nicht* dasselbe."

Im Grunde tat mir Lisbeth leid. Gewiß: sie hatte sich das alles selber zuzuschreiben, aber der Kummer, den man sich selber zuzuschreiben hat, ist nicht am leichtesten zu ertragen.

„Lisbeth", sagte ich. „Jetzt mußt du einmal praktisch denken. Entweder du gehst nach oben und bleibst in deinem Zimmer, und wir sagen dann zu Boor, daß du krank seist – oder du wäscht dir die Augen, kämmst dir das Haar, nimmst ihn selber in Empfang und bittest ihn zum Abendessen. – Also? – Du kannst wählen."

Lisbeth machte ein Gesicht, als müsse sie eine Portion Essig hinunterschlucken. Dann machte sie eine Kehrtwendung und fuhr aus der Tür. Kurz darauf hörten wir sie im Badezimmer plätschern. Sie hatte gewählt.

Mir kam eine Idee. Ich ging mit dem Telefon nach Paneuropa, weil man mich nicht hören konnte, wenn ich von dort aus sprach, und rief Morten an. Der Himmel stand mir bei. Er war zu Hause.

„Morten", sagte ich. „Schließe deine Bücher, zieh dir ein reines Hemd an und komm her! Wenn du Nils und Marianne mitbringen kannst, ist es ausgezeichnet. Aber vergiß nicht, daß ihr rein zufällig kommt. Ich habe euch nicht eingeladen. Verstanden?"

„In Ordnung, Steffi", sagte Morten.

Heming ging zur Gartenpforte, als der Achtzylinder vorfuhr. Was er sagte, weiß ich nicht, aber vermutlich hat er mit freundlichem und bestimmtem Lächeln erklärt, seine Tochter müsse für die Versetzung arbeiten. Jedenfalls kam er Seite an Seite mit Erling Boor anmarschiert. Ich seufzte hinter der Gardine, versah mich mit meinem höflichsten Lächeln und empfing unseren Gast.

Anfangs war es gar nicht so schlimm mit ihm. Er berichtete von seiner Englandfahrt und von seinen vielseitigen Interessen. Ich pflege – das war sein Lieblingswort. Er pflegte zu fliegen, er pflegte es so einzurichten, daß er eine Spritztour nach Paris machen konnte, und er pflegte im „Carlton" und im „Ritz" zu wohnen. In meiner Jugend „pflegte" ich auch so mancherlei; aber das war nun lange her. Jetzt saß ich hier geborgen in meinem Häuschen, hatte den prächtigsten Mann von der Welt, zwei anstrengende Kinder, eine tüchtige Hausgehilfin und einen gesetzten alten Hund zur Gesellschaft und konnte es gar nicht besser haben.

Ich ging hin und wieder einmal in die Küche, um die

Vorbereitungen zum Abendessen zu überwachen. Es war keine einfache Sache, sich auf drei Gäste vorzubereiten und dabei den Eindruck zu erwecken, als hätte ich sie nicht erwartet.

Ich hatte Erna ein Wort ins Ohr geflüstert. Sie war der Lage durchaus gewachsen.

Da ging die Tür auf, und meine Tochter zeigte sich in einer neuen Aufmachung. Und in was für einer Aufmachung! Mein Lippenstift, mein Nagellack, meine neuen Strümpfe! Mein neues Kleid, nicht ihr eigenes, mit einer Schleife vorn, und der Rock war von einer lächerlichen Weite für sie! Ein Paar Ohrclips – weiß Gott, woher genommen – und selbstverständlich das neue Armband!

Heming und ich tauschten einen schnellen Blick aus. Großer Gott! War das unser kleines Mädchen? War das die gleiche Lisbeth, wie im Kittel, mit einem Band um das Haar, mit aufgeriebenen Händen und blanker Nase?

„Prima, daß du da bist!" rief Lisbeth, während sie Boor die Hand reichte.

„Ganz meinerseits!" antwortete der junge Schiffsreeder; worauf er und Lisbeth einander tief und bedeutungsvoll in die Augen blickten.

„Ich hätte eigentlich per Telefon Bescheid geben sollen", erklärte Lisbeth. „Es war aber schon zu spät. Es hätte doch nicht mehr geklappt."

„Hat nichts zu sagen."

Eine normale Unterhaltung; aber sie klang wie angelernt aus Lisbeths Mund und schmerzte in meinen

Ohren wie falsche Musik.

„Welch niedliches Armband Sie unserer Tochter mitgebracht haben, Herr Boor!“ sagte ich. „Es ist nur gar zu elegant für ein junges Mädchen.“

„Nicht der Rede wert, gnädige Frau. Nur ein kleines Reiseandenken . . .“

Die Augen des jungen Schiffsreeders schätzten mich schnell ab.

Er witterte die Lage. Wir schwiegen – ein unbehagliches Schweigen.

Gottlob! An der Gartenpforte wurden frohe und wohlbekannte Stimmen vernehmbar.

„Hei!“ sagte Heming. „Das ist fein! Da hätten wir drei Katzen beieinander!“

„Katzen?“ Erling Boor schaute fragend auf.

„Die grauen Katzen“, erklärte ich. „Lisbeths und unsere gemeinsamen Freunde. Sie gehen hier wie graue Katzen aus und ein.“

Ich winkte ihnen durch das Fenster zu.

„Ich stieß hier in der Nähe zufällig auf Nils und Marianne“, erklärte Morten. „Und da wurden wir uns einig, euch aufzusuchen. Wir haben nämlich alle drei Appetit auf etwas besonders Gutes! Hast du etwas zu Hause, Steffi?“

„Es wird wohl nichts weiter übrigbleiben, als meine fetteste Konservendose zu schlachten“, lachte ich. „Kommt herein, Kinder! – Darf ich vorstellen . . .?“

Wie mir Marianne schon erklärt hatte, hatte sie Erling Boor als kleinen Jungen kennengelernt. Es sah aber nicht so aus, als erinnere er sich daran, und in seiner Miene war auch nichts zu lesen, als er ihren Namen hörte. Das war im Grunde genommen gut.

Unser Sohn fand sich erst kurz vor dem Abendessen ein. Er trug alle Spuren eines soeben überstandenen Kinderfestes – Schokolade rings um das Mäulchen und auf der Matrosenbluse, Cremeflecke auf der Hose und Löcher auf den weißen Strumpfknien. Nils und Morten begrüßte er nach Männerart, Marianne aber genoß den seltenen Vorzug, mit einer flüchtigen Umarmung bedacht zu werden. Dann wandte er sich Erling Boor zu und packte seine ganze eisgekühlte Bildung aus.

„Wie alt bist du denn?“ fragte Boor.

„Sechs und ein halbes Jahr“, sagte Peik höflich.

„Gehst du schon zur Schule?“

„Ich soll zum Herbst beginnen“, antwortete Peik.

Erling Boor machte ein ratloses Gesicht. Sein Gesprächsstoff, soweit er sich bei einem Sechsjährigen verwenden ließ, war erschöpft.

Eine unheimliche Erinnerung tauchte in meinem Innern auf: Carl Lövold und die siebenjährige Lisbeth. Er hatte denselben Tonfall gehabt, hatte dieselben Fragen gestellt und dieselben höflichen, aber kühlen Antworten bekommen. Carl Lövold, den ich damals heiraten wollte – und vor dem mich Lisbeth bewahrt hatte. Meine Augen glitten zu Heming hinüber.

Peik erklärte, er wolle nichts zu Abend essen, und niemand nötigte ihn. Seine Appetitlosigkeit war ein Beweis dafür, daß er bei seinem Freund Jan alles bekommen hatte, was er brauchte.

„Willst du schon zu Bett gehen, Peik", fragte Nils.

„O nein", sagte Peik. „Es ist ja heute Samstag. Da darf ich bis neun aufbleiben."

„Was hast du denn vor?"

Peik sandte einen sehnsüchtigen Blick durch das Fenster. Dann betrachtete er forschend Erling Boor, wandte sich aber doch an Nils: „Ich könnte vielleicht aufpassen, daß niemand das Auto anfaßt, während ihr eßt."

Es folgte eine Pause. Der Autobesitzer reagierte nicht.

„Ich meine, ich könnte ja im Auto sitzen und aufpassen, daß keiner von den Jungen zu nahe herankommt – und wenn einer kommt, dann könnte ich ja auf die Hupe drücken, so daß Herr Boor es hört."

„Herr Boor!" sagte Peik. Auch Lisbeth hatte damals Carl nur „Herr Lövold" genannt.

Herr Boor hörte absolut nicht.

Die Pause erfüllte die Luft. Wir warteten. Und wir warteten vergebens.

„Nein, weißt du was, Peik", sagte Morten. „Ich glaube fast, es wäre besser, wenn du mir einen Dienst erweisen würdest. Willst du so nett sein? In der Tasche an meinem Motorrad liegt ein verstellbarer Schraubenschlüssel – du weißt doch, wie er aussieht? – Also schön. Glaubst du, du könntest mir den Sattel abschrauben? Er steht nämlich schief. Eine Feder ist nicht in Ordnung. Wenn du damit fertig bist, könntest du den ganzen Sattel herbringen. Willst du das für mich tun, Peik?"

„Klar!“

Peik strahlte über sein ganz mit Schokolade beschmiertes Gesicht, und ich – ich konnte es nicht unterlassen, Morten, ohne daß die andern es sahen, geschwind einmal über das Haar zu streichen.

„Wir kriegen jetzt eine Wohnung“, sagte Nils beim Abendessen. „Wir haben Schwein gehabt! Zwei Zimmer, Bad und Küche in einem Haus, das ursprünglich ein Einfamilienhaus war. Bei einem älteren Ehepaar. Die Wohnung wurde eingerichtet, als der Besitzer in der schlechten Zeit eine Zwangseinquartierung bekam ...“

„Was ist eine Zwangseinquartierung?“ wollte mein wissensdurstiger Sohn wissen.

Heming erklärte es. „Weißt du, Leute die große Häuser hatten, mußten nach dem Krieg mit ein paar Zimmer weniger auskommen, damit noch eine zweite Familie da wohnen konnte. Es war ja nicht immer schön, aber in schlechten Zeiten muß man ja anderen Menschen helfen!“

„Wenn man schlau war, konnte man es vermeiden“, lächelte der junge Boor. „Meine Eltern haben es fein geschafft. Sie gaben an, daß meine Tante mit drei Kindern bei uns wohnte – das heißt natürlich, nur offiziell.“

„Das haben sie aber prima gemacht!“ rief Lisbeth. Ihre Augen hingen voller Bewunderung an Erling Boor.

„Aber sagen Sie mir eins, Herr Boor“, sagte Heming, und seine Stimme war eisig höflich. „Die Villa Ihrer Eltern ist ja sehr geräumig. Wäre es damals undenkbar gewesen, ein paar Fremdenzimmer einer obdachlosen

Familie zur Verfügung zu stellen? Einem kinderlosen Ehepaar zum Beispiel?"

„Wie lange, glauben Sie, wäre das Ehepaar kinderlos geblieben?" fragte Boor kühl zurück.

„Schließlich ist es auch ärgerlich, fremde Menschen in ein hübsches Haus aufnehmen zu müssen", warf Lisbeth ein.

Ich blickte sie an, und dachte dabei an den Splitter vom Teufelsspiegel in Andersens Märchen. Ich kannte Lisbeth nicht wieder. Ja, wenn jemand einen Teufelssplitter ins Auge bekommen hatte, so war es mein Mädchen.

„Ich hatte damals einen Klassenkameraden", sagte Nils langsam. „Er wohnte zwei Jahre lang nicht bei den Eltern. Die Mutter mit einem Säugling wohnte bei den Großeltern, die anderen Kinder bei Onkel und Tanten die es selbst beengt hatten. Der Junge schlief in einem Schlafsack auf dem Fußboden im Flur bei entfernten Verwandten. Die Sache hatte also auch eine andere Seite, und zwar eine ziemlich düstere."

„Aber Kinder brachten sie zur Welt", sagte Erling Boor. „In dem Punkt waren sie vollkommen unverantwortlich, und außerdem meine ich ..."

„Unverantwortlich?" fuhr Morten auf. Sein Gesicht war krebsrot vor Wut. „Und *ich* nenne es verantwortungslos, wenn ..."

„Noch etwas Marmelade, Morten?" sagte ich laut und schob ihm die Schale direkt unter die Nase. Es gelang mir, seine Augen aufzufangen, und der Blick, den ich ihm sandte, war ein Blick mit gefalteten Händen.

Er biß sich auf die Lippe. Dann blinzelte er mir zu. Und ich faßte auf der Stelle den Entschluß, ihm zum Geburtstag den besten Tennisschläger aller Zeiten zu schenken.

Marianne öffnete den Mund und lenkte das Gespräch geschickt und freundlich auf Herrn Boors Englandreise. Sie fragte ihn ein wenig über die dortigen Verhältnisse aus, und wir lauschten höflich seinen Äußerungen über die elenden Zustände und das miese Essen in England.

„Ich ziehe nun einmal, wenn ich in London bin, eine gute Portion ‚Ham and eggs' zum Frühstück vor", schloß er. „Von schönen Worten wird man nicht satt."

„Ist es immer das Wichtigste auf der Welt, daß man satt wird?" sagte Marianne. Aber sie sagte es so leise, daß Erling Boor es nicht hörte.

Ich war froh, als wir mit dem Essen fertig waren. Zu gleicher Zeit kam auch Peik von der Veranda herein. Sein Gesicht war krebsrot – das heißt der Teil seines Gesichts, der unter dem Motoröl sichtbar war. Er hatte auf der Stirn eine gewaltige Schramme, und seinen Matrosenanzug rangierte ich im stillen aus.

In den Armen hielt Peik die Siegestrophäe – den Beweis, daß er imstande war, jeglichen Auftrag auszuführen: den Motorradsattel.

„Nein, wie bist du tüchtig!" sagte Morten. „Du mußt mir nun aber auch helfen, wenn ich die Feder festmache. Glaubst du, du kannst es?"

Ob Peik es glaubte! Hätte er in diesem Augenblick

den Auftrag bekommen, einen Rennwagenmotor zu reparieren, so hätte er sich sofort mit Todesverachtung und Selbstvertrauen an die Arbeit gemacht.

„Bekommen wir keinen Likör zum Kaffee, Mutti?“ fragte Lisbeth. Sie hatte eine Zigarette im Mund und machte sich nachlässig in einem Sessel breit. Sie war so unausstehlich, daß mir beinahe übel wurde.

„Nein, so grausam bin ich nicht“, antwortete ich. „Wir haben einen Autofahrer und einen Motorradfahrer unter uns. Und da sollten wir anderen Alkohol trinken, während die beiden zusehen müssen?“

Es sah so aus, als wollte Erling Boor etwas sagen. Aber er besann sich noch im letzten Augenblick.

Lisbeth wurde rot und biß sich auf die Lippe. Dann zerdrückte sie die Zigarette. Ich ahnte, daß sie ihr abscheulich schmeckte. Aber was tut man nicht alles, um erwachsen zu wirken? Fahrig begann sie, am Radioapparat zu drehen. Tanzmusik klang auf. Ich war froh darüber. Denn so entgingen wir der Anstrengung, Herrn Boor zu unterhalten. Lisbeth drehte sich in seinen Armen. Ihr Blick hing an seinem Gesicht. Ihre Augen glänzten.

Kurz darauf forderte Boor mich auf. Er tanzte gut. Und er strömte einen Duft aus, einen bekannten, aber in keiner Weise angenehmen Duft – der mich in eine Zeit zurückversetzte, die ich am liebsten vergessen hätte ... Carl Lövold ... Der Duft nach englischem Tabak und Rasierwasser ... Ja, ich wurde in die Zeit vor zehn Jahren zurückversetzt, in die Zeit meiner Erniedrigung, in die schrecklichste Epoche meines Lebens, als ich im Begriff gewesen war, mich selber zu verraten und Lisbeth für eine gesellschaftliche Stellung und für Geld zu verkaufen. Ich fühlte, wie sich meine Wangen bei diesem Gedanken röteten, während ich mich mechanisch von Erling Boor führen ließ. Und als er sprach, erinnerte obendrein auch seine Stimme an Carl – die leicht verschleierte Stimme. „Sie tanzen wundervoll, Frau Skar! Wie ein junges Mädchen!" Er drückte mich an sich, automatisch und ohne sich dabei etwas zu denken, wie er es wohl bei all seinen Partnerinnen zu tun pflegte.

Hörte dieser Tango denn niemals auf? Das Radio spielte – und spielte ...

„Es ist kaum zu glauben, daß Sie die Mutter meiner kleinen Freundin sind – so jung und ..."

Ich fand die Sprache wieder. „Ja, nicht wahr? Aber Lisbeth ist ja auch im Grunde für Sie zu jung."

Boor näherte seinen Kopf dem meinen.

„Finden Sie? Lisbeth wirkt doch schon wie ein erwachsenes Mädchen – geistig und körperlich – eine Siebzehnjährige ist heute kein Kind mehr ..." Hier folgte eine verwickelte Tanzfigur. Dann fuhr er fort: „Die Zeiten haben sich geändert, Frau Steffi. Und Sie sind doch auch noch so jung – Sie müßten uns verstehen ..." Seine Stimme wurde noch verschleierter: „Aber machen Sie sich keine Sorgen. Lisbeth ist bei mir gut aufgehoben. Besser als bei anderen. Ich bin nicht wie die jungen Männer heutzutage. Ich kenne die Verantwortung ..."

Es folgte ein leises, aufreizendes und zugleich wohlklingendes Lachen. Mir schauderte bei dem Gedanken, was ein solches Lachen bei einem unerfahrenen kleinen Mädchen bewirken konnte.

Gott sei Dank! Der abscheuliche Tango war zu Ende. Erling Boor küßte mir die Hand. „Tausend Dank für den Tanz – Frau Steffi!"

Nils und Marianne brachen auf. Einen Augenblick durchzuckte mich ein schrecklicher Gedanke. Wenn der Bursche bloß nicht dablieb, nachdem die anderen gegangen waren. Aber ich machte die Rechnung ohne Nils. Denn Nils wandte sich mit recht freundlichen Augen an Erling Boor:

„Würden Sie wohl so freundlich sein, mich in die Stadt mitzunehmen?"

Der junge Schiffsreeder konnte nicht gut nein sagen. So gab es denn kein privates Gutenachtsagen an der Gartenpforte. Denn alle gingen gleichzeitig. Nils machte es sich, während er ein paar bewundernswerte Worte über das Auto äußerte, auf seinem Sitz bequem; Lisbeth aber stand neben dem Wagen und trippelte unruhig auf ihren hohen Absätzen. Dann fuhren sie. Nils hatte ein riesiges Opfer gebracht. Statt seiner begleitete Morten Marianne nach Hause.

Stubenarrest

„Nein“, sagte Heming.

Lisbeth zerknüllte wiederum das Taschentuch. Ihre Augen standen voller Tränen.

„Aber Vati, es – sind doch so viele Menschen beieinander. – Wenn es sich nur um Erling und mich gehandelt hätte, dann könnte ich es verstehen . . .“

„Es interessiert mich nicht, ob du es verstehst oder nicht. Ich habe ‚nein‘ gesagt, und dabei bleibt es. Eine Tour nach Boors Hütte kommt überhaupt nicht in Frage. Hast du mich verstanden?“

Da brach denn der Niagarafall los. Sie weinte dermaßen, daß sie am ganzen Leibe bebte.

„Hör mal, Lisbeth“, sagte Heming. „Es tut mir leid, daß du es dir so zu Herzen nimmst; aber das läßt sich nicht ändern. Aus der Hüttentour wird nichts. Das ist eine Tatsache. Und mit einer Tatsache muß man sich immer abfinden.“

Dann ging Heming, und ich war mit meiner verzweifelten Tochter allein.

„Mutti“, schluchzte Lisbeth. Ihr Gesicht war ganz geschwollen vom vielen Weinen. „Mutti, kannst du Vati nicht erklären, daß – daß . . .“

„Nein, meine Kleine“, sagte ich. „Das kann ich nicht, und das will ich auch nicht. Ich bin ganz derselben

Meinung wie Vati."

„Aber hör doch nur, Mutti. Wir sind unser mindestens sechs Personen, vielleicht acht. Und in der Hütte ist viel Platz. Und . . ."

„Hilft alles nichts, Lisbeth. Und wenn ihr fünfzig wäret, so änderte das auch nichts."

„Und nun hat Erling die anderen eingeladen – wir sollten drei oder vier Paare sein, sagte er . . ."

„Hör mal, Lisbeth", sagte ich. „Weshalb rechnet er in Paaren? Weshalb drei Paare und nicht sechs Personen?"

Lisbeth blickte auf und blinzelte mit den geschwollenen Augenlidern.

„Jetzt – jetzt bist du gemein, Mutti."

„Nein, das bin ich nicht, Lisbeth. Ich sehe nur der Wirklichkeit ins Auge. Seitdem du selber blind geworden bist, muß ich versuchen, für dich zu sehen."

„Weißt du, was du bist? Du bist mißtrauisch. So ist es! Und dabei habe ich dir doch nie eine Veranlassung dazu gegeben! Du wirst kein Mädchen finden, das ihren Eltern gegenüber so offen ist, wie ich es gewesen bin! Aber jetzt fängst du an, ängstlich zu werden! Und warum? Bloß weil Erling reich ist und älter als ich. Sei unbesorgt, ich kann allein auf mich aufpassen!"

„Lisbeth!" sagte ich. „Du sprichst so häßlich zu mir, daß du eine Ohrfeige verdient hättest. Aber lassen wir das! Erinnerst du dich noch an den Abend, als du von eurem Treffen nach Hause kamst und ich dir ins Bett half?"

„Bist du wirklich mit dem Unglücksabend noch immer

nicht fertig?“

„Schweig still und laß mich ausreden. An jenem Abend erzähltest du eine ganze Menge Dinge, und es war kein Vergnügen, es anzuhören. Du warst nämlich, gelinde gesagt, beschwipst. Und eine Mutter, die einer beschwipsten siebzehnjährigen Tochter ins Bett hat helfen müssen, wird nun einmal ängstlich. Was aber meine Gefühle gegenüber dem jungen Mann angeht, der dafür sorgt, daß ein siebzehnjähriges Mädchen sich einen Rausch antrinkt . . .“

„Soll Erling nun auch daran schuld haben? Er konnte doch wirklich nicht wissen, daß ich an jenem Abend so wenig vertrug. Ich hatte fast nichts gegessen – daher – und außerdem war ich gar nicht berauscht, ich war bloß in Stimmung.“

„So? Letzten Endes tragen also Vati und ich die Schuld. Wenn du das hast sagen wollen, so stimme ich dir bei. Wir haben dir gegenüber verantwortungslos gehandelt. Es geschieht uns daher ganz recht, daß wir uns nun mit diesen Schwierigkeiten auseinandersetzen müssen. Aber es hat keinen Zweck, Lisbeth, daß wir weiter darüber sprechen. Aus der Hüttentour wird nichts. Punktum.“

Plötzlich trocknete Lisbeth sich die Tränen ab. In ihre Augen trat ein böser Ausdruck. Sie blickte mich starr an, und ihre Stimme klang hart und häßlich, ja, geradezu unheimlich, als sie sagte: „Findest du, daß das Spaß macht?“

„Spaß? Wie meinst du das?“

„Ich meine, ob es Spaß macht, die strenge Mutter zu

spielen. Wäre ich deine richtige Tochter, so würdest du es niemals übers Herz bringen, so zu sein. Aber ich bin ja bloß ein Adoptivkind – aus dem Armeleuteviertel. Ich eigne mich gut dazu, daß man mit mir herumexperimentiert. Und jetzt macht es dir zur Abwechslung einmal Spaß, streng mit mir zu sein."

Ich war aufgestanden, und ich fühlte, wie alles Blut mir aus dem Gesicht wich.

„Lisbeth!"

Aber Lisbeth fuhr hemmungslos fort, und ihre Stimme war ganz heiser vor Erregung: „Wäre ich ein richtiges Fräulein Skar, dann wäre der Schiffsreeder ein passender Umgang für mich, nicht wahr? Aber ich bin ja bloß adoptiert, und da paßt sich das nicht. O ja, es ist nicht ganz einfach, ein Adoptivkind zu haben! Aber weißt du, dafür trägst du auch keine so große Verantwortung. Damit kannst du dich trösten . . ."

„Lisbeth – Lisbeth!" Ich schrie sie laut an, und sie mußte etwas in meinem Gesicht gesehen haben, denn ganz plötzlich machte sie eine Kehrtwendung und verschwand.

Ich aber warf mich auf das Sofa, drückte mein Gesicht in ein Kissen und schluchzte hemmungslos. Ich weiß nicht, wie lange ich so gelegen hatte, als ich eine gütige Hand auf meinem Kopf spürte.

„Meine Steffi!"

„Heming!" Ich schmiegte mich an ihn.

„Ich habe Lisbeths letzte Worte gehört, Steffi. Bleib ruhig, meine Liebe! Das Kind ist wie verhext."

„Heming – was – was hast du mit Lisbeth gemacht?“

„Ich habe sie eingesperrt.“

„Wo?“

„In ihrem Zimmer. Die Tür zum Bad ist offen. Sie hat ein geräumiges und bequemes Gefängnis.“

„Aber . . .“

„Sie bleibt dort, bis sie dich um Verzeihung bittet.“

„Nein, Heming – nein! Ich will keine erzwungene Entschuldigung haben. Und außerdem – was nützt es, wenn sie mich um Verzeihung bittet?“

„Eine Strafe muß sie haben, Steffi. Ich kann sie doch nicht gut übers Knie legen.“

„Nein! Um Gottes willen nicht!“

„Also bleibt nur Hausarrest. Jetzt gehe ich zu ihr hinauf und nehme in ihrem Zimmer einige kleine Veränderungen vor. Alle Bücher kommen weg – mit Ausnahme der Schulbücher. Und dann kannst du ihr Abendessen zurechtmachen und auf ein Brett stellen.“

„Jetzt bist du hart, Heming.“

„Es muß sein. Die Sache muß ein Ende haben.“

„Ich bin so verzweifelt, Heming.“

„Ich auch. Wir haben es im guten versucht und nichts damit erreicht. Nun bleibt uns nichts anderes übrig, als hart auf hart zu setzen.“

„Aber verlang doch bloß nicht, Heming, daß sie mich um Verzeihung bittet! Ich halte das nicht aus.“

„Wie du willst, meine Liebe. Ich kann es ja im Grunde gut verstehen.“

*

Ich brachte Lisbeth ein Brett mit Butterbroten. Sie lag ausgestreckt auf ihrem Bett und starrte auf die Decke. Als ich hereinkam, rührte sie sich nicht.

„Bitte, Lisbeth."

Keine Antwort. Ich betrachtete sie einen Augenblick und ging dann hinaus, ohne etwas zu sagen.

Der Sonntag war schrecklich. Heming war unerbittlich. Der Hausarrest sollte bis Montag morgen dauern. Bei Tisch gähnte uns Lisbeths leerer Platz entgegen. Ich brachte ihr das Essen, und ich war so schwach und weichherzig, daß ich ihr die besten Stücke von dem Huhn und eine riesige Portion Nachspeise gab.

Erst spät am Abend, als ich zu ihr hinaufging, um das Brett zu holen, auf dem ich ihr das Abendessen gebracht hatte, sprach sie.

„Ich will das Abitur nicht machen."

„Weshalb nicht?" fragte ich.

„Ich mag nicht mehr hier bei euch sein. Es bleibt mir daher nichts anderes übrig, als daß ich heirate, sobald ich achtzehn bin."

„Nach den norwegischen Gesetzen kannst du nicht heiraten, solange du nicht einundzwanzig Jahre alt bist – ich meine: du kannst nicht ohne unsere Erlaubnis heiraten."

„Und die werdet ihr mir nicht geben?"

„Nein, die werden wir dir nicht geben."

„Habt ihr etwa die Absicht, mich vier Jahre lang in meinem Schlafzimmer einzusperren?"

„Nein. Wir gedenken, morgen wieder ein normales

Leben anzufangen. Glaubst du, dieser Tag ist für uns angenehm gewesen?"

„Jedenfalls angenehmer als für mich!"

Ich setzte mich zu ihr. Sie rückte zur Seite.

„Lisbeth", sagte ich. „Jetzt bist du ruhig. Kann ich jetzt mit dir reden?"

„Bitte schön. Rede nur!"

„Wenn du fähig bist, vernünftig zu überlegen, dann wird es dir klarwerden, daß sowohl Vati wie auch ich dich unsagbar liebhaben. Glaubst du, wir würden uns sonst so viele Sorgen machen? Wir meinen beide, daß das Zusammensein mit Erling Boor für dich – nun ja: nicht wünschenswert ist. Es wird eine Zeit kommen – und sie kommt bald –, da du dein eigener Herr bist. Dann kannst du machen, was du willst, zusammensein, mit wem du willst, und – und dich verheiraten, mit wem du willst. Aber noch tragen wir die Verantwortung für dich, und wir müssen unserem Gewissen folgen. Kannst du das nicht einsehen, Kind?"

Lisbeth antwortete nicht.

„Komm nun auf keine dummen Gedanken, Lisbeth. Wir können dich natürlich nicht zwingen, für die Versetzung zu arbeiten. Aber was gewinnst du, wenn du es nicht tust? Wir müssen dann ein Internat ausfindig machen, wo wir dich hinschicken können. Ist es nicht besser, du bleibst zu Hause und arbeitest? Laß vorläufig alle anderen Zukunftspläne beiseite. Können wir uns nicht dahin einigen?"

Lisbeth blickte mich an. Der Ausdruck ihres Gesichts

war leer und leblos.

„Internat?“

„Ja. Das bliebe als einziger Ausweg.“

Sie saß eine Weile stumm da und überlegte.

„Schön“, sagte sie endlich. „Ich werde mich also auf die Versetzung vorbereiten. Aber ihr müßt dann euer Versprechen ebenfalls halten. Zum Herbst fange ich mit dem Reiten und Tennisspielen wieder an.“

„Ja. Dagegen wäre wohl nichts einzuwenden.“

Sie richtete ihre Augen auf mich und schien mit sich selbst zu kämpfen. Sie wollte wohl etwas sagen, brachte es aber nicht heraus. Dann kam es: „Gestern sagte Vati, ich solle dich um Verzeihung bitten.“

„Nein, Lisbeth. Das sollst du nicht. Eine erzwungene Entschuldigung will ich nicht haben.“

„Ich bin noch immer böse, daß du es nur weißt. Ich finde es zwar verdammt schäbig, daß ihr mir die Hüttentour nicht erlauben wolltet, aber das letzte, was ich gestern zu dir sagte – das – das tut mir leid. Und du weißt, daß ich es nicht so gemeint habe.“

„Gott sei Dank, Kind, daß du das sagst.“

„Ich weiß sehr wohl, daß du mich liebhast. Und natürlich habe ich auch dich lieb. Aber ich verstehe nur nicht, weshalb du dich so sehr dagegen auflehnst, daß ich mit Erling Boor verkehre.“

„Das ist es ja, Lisbeth – du verstehst es nicht. Und deshalb müssen Vater und Mutter für dich denken. Trotz allem sind wir älter als du. Du kannst ruhig über unsere gelegentlichen Versuche, gewissenhafte Eltern zu sein, lachen."

„Ich bin nicht zum Lachen aufgelegt", sagte Lisbeth. „Und jetzt ist es sicher das beste, ich studiere Geometrie."

Die Zeit, die jetzt folgte, war alles andere als vergnüglich. Lisbeth war nicht direkt unhöflich, aber kurz angebunden und wortkarg. Sie bereitete sich auf die Versetzung vor, war nett zu Peik und höflich zu Marianne und Nils. Aber die Wärme war aus ihrem Wesen verschwunden, und ihre Gedanken weilten oft in weiter Ferne.

Eines Tages war sie zufällig sofort am Telefon, als Erling Boor anrief. Sie schloß sich in Paneuropa ein. Von dort führte sie ein sehr langes Gespräch. Sie hatte blanke Augen, sah angeregt und beinahe fröhlich aus, als das Gespräch endlich zu Ende war.

An diesem Abend und an den nächstfolgenden ließen wir sie nicht aus den Augen.

Als Erling dann wieder anrief, ging Heming an den Apparat und war sehr höflich und bestimmt: „Meine Tochter hat für die Schule zu arbeiten. Ich will sie nicht stören, sie schreibt morgen eine Arbeit in Mathematik."

Geänderte Reisepläne

Die Tage schlichen dahin. Ich bestellte Eisenbahnfahrkarten nach Geilo und sorgte für den Proviant. Wir wollten am selben Tag, an dem Lisbeth ihre letzte

Schulstunde hatte, mit dem Nachtzug reisen. Aber drei Tage vor Ferienbeginn erwachte Peik am Morgen mit Fieber und Übelkeit und einem verdächtigen Ausschlag. Er hatte Masern bekommen, und wir konnten nicht reisen.

„Wenn jemals eine Kinderkrankheit zur Unzeit gekommen ist, so diese“, sagte ich, als der Doktor seine Diagnose gestellt hatte. „Was machen wir jetzt, Heming?“

Heming dachte lange und angestrengt nach.

„Eldbjörg“, schlug er vor.

Eldbjörg ist seine Schwester, die in Göteborg verheiratet ist. Heming meldete ein Ferngespräch an und bekam bald Verbindung. Eldbjörg ist einverstanden. Zwei Tage später kam eine außerordentlich nett gehaltene Einladung an Lisbeth, sie solle auf ein paar Wochen nach Göteborg kommen. Der Brief war diplomatisch abgefaßt und enthielt keinerlei Anspielung auf unser Telefongespräch.

Wir legten Lisbeth den Brief beim Frühstück vor.

„Pah!“ sagte sie.

„Wie bitte? – Weißt du auch, was du sagst? Wie viele junge Menschen würden dich wohl beneiden? Wie gern würden sie im Sommer nach Schweden fahren, statt hier zu Hause herumzulaufen! Ich glaube, ich kann für dich sogar einige schwedische Kronen beschaffen – für Obst und für Schokolade.“

„Ich will lieber hierbleiben und zum Baden nach Bygdö und Ingierstrand fahren“, sagte Lisbeth.

„Einen Augenblick!“ sagte Heming. „Selbstverständlich reist du zu Eldbjörg, wenn sie dich einlädt. Du darfst sogar fliegen. Das hast du doch immer gern gewollt.“

Lisbeth murmelte etwas. Ich fragte sie nicht, was sie gesagt habe, aber ich glaubte das Wort „Bestechung“ gehört zu haben. – Sie ging langsam zur Verandatür.

„Wo willst du hin?“

„Sonnenbrandöl holen.“

„Willst du gleich zwei Brote mitbringen?“

„Gern!“

Sie holte ihr Rad, das unter der Veranda stand, und schwang sich in den Sattel. Ich blickte ihr sinnend nach. Sonnenbrandöl! Hm! Neben dem Laden war ein Telefonkiosk . . .

Als Lisbeth zurückkam, war sie offensichtlich viel besserer Stimmung. Sie bemühte sich aber nach Kräften, es zu verbergen. Beim Abendessen kam es: „Sagtest du, ich solle fliegen, Vati?“

„Ja, das sagte ich.“

„Das muß Spaß machen.“

„Natürlich macht es Spaß.“

„Wann soll ich denn reisen?“

„In ein paar Tagen, denke ich. Worauf willst du noch warten?“

„Aber – ich habe doch keine ordentlichen Shorts – und kein anständiges Kleid für den Sommer.“

„Gott soll dich bewahren! Du reist doch nicht in einen vornehmen Badeort!“

„Nein, aber nach Schweden – und ich werde da wohl

auch etwas ausgehen ..."

Der Gedanke, daß aus der Reise etwas wurde, machte mich so glücklich, daß ich eine Gewaltlösung für diese Schwierigkeit fand: „Was meinst du, Lisbeth? Du könntest das hellgelbe Kleid von mir bekommen, dann bist du doch für alle Fälle gerüstet."

Lisbeth riß die Augen auf. „Das hellgelbe? Das neue?"

„Ich denke, es wird dich kleiden; und dann ist die Angelegenheit für dich ja geklärt. Ich werde dir auch so viele schwedische Kronen besorgen, daß du dir in Göteborg hübsches Badezeug kaufen kannst. Bist du jetzt zufrieden?"

„Aber ja! Ich ... Natürlich bin ich zufrieden!" – Lisbeths Augen glänzten.

Kurz bevor Lisbeth mit funkelnden Augen und mit meinem besten Koffer in der Hand zum Flugplatz fuhr, bekamen wir den Bescheid, daß sie mit Mühe und Not durch das Nadelöhr geschlüpft und probeweise versetzt worden war.

Sie sah etwas beschämt aus, aber die Freude über das hellgelbe Kleid war so groß, daß sie alles andere überwog. Und Heming und ich waren über Lisbeths Reise nach Schweden so glücklich, daß wir durch die Finger sahen und den Skandal mit Fassung hinnahmen. Denn ein Skandal war es bei den guten Fähigkeiten, die Lisbeth besaß!

So standen wir nun, die Köpfe in den Nacken gelegt, auf dem Flugplatz und blickten dem silberglänzenden Vogel nach, der Kurs nach Süden nahm und genau die

Hälfte von dem, was uns auf der Welt am teuersten war, an Bord hatte. Die andere Hälfte lag mit glühendem und rotgetüpfeltem Gesicht auf dem Krankenlager. Aber Peik ging es immerhin doch nicht so schlecht, daß er nicht eine bis ins einzelne gehende Beschreibung der Erlebnisse auf dem Flugplatz verlangt hätte.

Er lauschte andächtig und erklärte am Schluß, jetzt wolle er gern ein Glas Zitronenlimonade haben, und wenn er groß sei, wolle er Flieger werden.

Der Friede senkte sich auf unser Heim herab. Peik war ein braver Patient. Marianne kam an jedem Nachmittag und erzählte Märchen, und er lauschte mit offenen Augen und Ohren. Nils löste Marianne von Zeit zu Zeit ab. Die ganze Szene erinnerte mich lebhaft an die Zeit, als Lisbeth Scharlachfieber gehabt hatte und abwechselnd von Heming und mir betreut worden war.

Von Lisbeth kam eine begeisterte Postkarte: „Dies schreibe ich hoch oben in der Luft. Die Flugzeugkabine liegt ganz ruhig, aber die Stewardeß sagt, ich müsse den Bleistift benutzen, denn der Füllfederhalter könnte wegen des Luftdruckes lecken. Wir haben ein Brett mit Kaffee und Kuchen auf dem Schoß. Ich will künftig immer fliegen. Mit Gruß, Lisbeth."

Dann kam eine Karte aus Göteborg mit einer sehr genauen Beschreibung einer blaugetüpfelten Badeausrüstung, die Schuhe, einen Sonnenschirm und alle möglichen sonstigen Dinge umfaßte.

Und dann kam Morten auf Besuch.

„Sieh dich vor, Morten“, warnte ich. „In unserem Hause wimmelt es von Masernbazillen.“

„Zum Teufel mit allen Bazillen!“

„Aber Morten! Seit wann pflegst du denn zu fluchen?“

„Seit heute!“ sagte Morten finster. „Und ich gedenke damit fortzufahren. Sprich mir nicht von unschuldigen Masernbazillen, wenn der Höllenbazillus Erling Boor mit dem Auto nach Schweden gefahren ist!“

Wir blickten einander sprachlos an. Endlich gewann Heming die Fassung wieder.

„Ist das sicher, Morten?“ fragte er.

„Ja, leider. Hör zu! Ich hatte vorgestern in der Werkstatt mein Motorrad stehen, und da sah ich das Auto, das dem Bazillus gehört. Ihr wißt, es ist leicht zu erkennen. Außerdem hatte ich mir die Nummer gemerkt. Es hatte einen stark verbogenen linken Kotflügel, und ich dachte, wie gut es doch sei, daß Lisbeth fort ist. Heute war ich wieder in der Werkstatt, und als ich auf Boors Auto zu sprechen kam, sagte der Aufseher: ‚Wie der Mann fährt! Ich kann mir nicht denken, daß er ganz nüchtern war, als er den Kotflügel derartig zurichtete. Ich möchte wohl wissen, wie es ihm erst ergehen mag, wenn er in einem fremden Land fahren muß.‘ ‚Wo fahren muß?‘ fragte ich verwundert. ‚Ja‘, sagte der Aufseher. ‚Er ist vorgestern nach Schweden gefahren. So wie ich ihn kenne, hat er auch da ein Mädchen sitzen . . .‘“

Morten schwieg. Heming und ich tauschten einen schnellen Blick aus.

„Ich habe einen gültigen Paß“, sagte ich. Und dann

eilte ich zum Telefon.

Ich hatte Glück. In dem Flugzeug, das am nächsten Morgen abfliegen sollte, war ein Platz frei. Ich überließ Peik Mariannes und Ernas Obhut. Er zeigte sich nicht gerade von der männlichsten Seite, als er hörte, daß Mutti verreisen wolle. Seine Tränen flossen reichlich und ungehemmt. – Aber leider – so falsch sind die Männer – ließ er sich unanständig schnell trösten, als Marianne ihm versprach, zu uns überzusiedeln und in Lisbeths Bett zu schlafen, das zu diesem Zweck in Peiks Zimmer gestellt werden sollte.

Diesmal war ich es, die zum Flughafen gebracht wurde. Ich kletterte mit schwerem Herzen in den Silbervogel.

„Nein, Steffi! Ist das eine Überraschung!" sagte Eldbjörg, als ich am frühen Vormittag bei ihr erschien. „Was führt dich denn nach Göteborg?"

Ich hatte keine Neigung, meine Tochter bloßzustellen. Daher sagte ich ihr dasselbe, was ich auch zu Lisbeth sagen wollte: Ich sei von meinem Verleger wegen einiger Übersetzungen nach Stockholm gerufen worden und hätte den Umweg über Göteborg gemacht, weil ich gern Lisbeth mitnehmen wolle.

„Lisbeth schläft noch", sagte Eldbjörg. „Sie war gestern abend mit einem norwegischen Freund zusammen, der ganz überraschend mit seinem Wagen gekommen war. Und es ist wohl etwas spät geworden. – Ja, junge Leute wollen sich amüsieren . . ."

Ich überlegte blitzschnell. Was hatte Heming zu Eldbjörg gesagt? – Nicht mehr, als unbedingt notwendig gewesen war. Eldbjörg wußte wohl, daß uns daran lag, Lisbeth für eine Weile fortzuschicken, aber die Reichweite unserer Sorgen ahnte sie nicht.

„Du bleibst doch wohl erst ein paar Tage hier?" erkundigte sich Eldbjörg. „Eilt es denn so sehr, daß du nach Stockholm kommst?"

„Ja, leider", log ich. „Ich muß morgen vormittag zu einer Besprechung. Ich nehme das Kind mit und fliege heute nachmittag."

„Das ist aber schade", sagte Eldbjörg. „Aber selbstverständlich ist es für Lisbeth eine große Sache, Stockholm kennenzulernen. Ich denke, sie wird sich sehr freuen, wenn sie hört, daß ihre Mutter hier ist."

Wenn Lisbeth Freude fühlte, dann gelang es ihr auf jeden Fall, sie sich nicht anmerken zu lassen. Sie stand mit schläfrigen, blinzelnden Augen, in einen funkelnagelneuen und sehr eleganten Morgenrock gehüllt, an der Tür. Eldbjörg war nach oben gegangen und hatte mich mit Lisbeth allein gelassen.

„Aber, in des Himmels Namen!" sagte Lisbeth. „Was machst du denn hier?"

Ich küßte sie auf die Backe, und sie fand sich mit Anstand darein – vielleicht war sie zu müde, um zu protestieren. Dann packte ich dieselbe Geschichte aus: Ich müsse nach Stockholm und deshalb . . .

„Und Peik?" sagte Lisbeth. „Konntest du ihn denn allein lassen?"

Ich erzählte ihr, es gehe Peik ganz gut, und Marianne sei bei ihm.

„Und nun geht also dein Wunsch in Erfüllung, Lisbeth, und du bekommst wieder Gelegenheit zu fliegen. Am Nachmittag fliegen wir nach Stockholm."

„Nein, danke. Ich will lieber hierbleiben."

„Unsinn!" sagte ich. „Du bist wohl nicht richtig wach. Stockholm, Lisbeth! Weißt du, was das bedeutet? Wir werden ein paar Tage bummeln gehen, sobald ich das Geschäftliche erledigt habe."

„Nein, danke", sagte Lisbeth.

„Sei nicht töricht. Geh jetzt und zieh dich an!"

„Ich will nicht reisen", sagte Lisbeth.

„Weshalb nicht?" fragte ich.

Wir standen einander gegenüber und sahen uns in die Augen. Wir waren beide unbeugsam entschlossen, zu kämpfen, und keiner von uns wollte nachgeben.

„Das weißt du", sagte Lisbeth.

Ich bedachte mich eine Sekunde.

„Jawohl, Lisbeth. Ich weiß es. Und du weißt, daß ich es weiß. Also reisen wir!"

„Nein", sagte Lisbeth.

„Wir reisen", beharrte ich. Es war, als spürte ich in mir Hemings Stärke. Heming konnte hart sein, wenn es darauf ankam. Nun lag das Ganze in meinen Händen, nun mußte ich den Kampf allein führen.

„Diesmal gebe ich nicht nach", sagte Lisbeth. „Zuerst verfrachtet ihr mich nach Göteborg . . ."

„Von alledem können wir später reden. Geh jetzt und

zieh dich an!"

Lisbeth machte eine Kehrtwendung. Ich war sehr überrascht.

Sollte es so leicht gehen?

Die Zeit verging. Schließlich sah ich mich nach ihr um. Lisbeth war zu Bett gegangen und hatte sich die Bettdecke bis zum Kinn heraufgezogen.

„Lisbeth", rief ich. Und ich hörte, daß meine Stimme gefahrdrohend klang. „Du stehst auf – und zwar sofort!"

„Ich habe Kopfschmerzen", sagte Lisbeth. „Ich kann nicht."

Jetzt war ich böse und hatte Mühe, mich zu beherrschen.

„Ja, Lisbeth, diesmal werde ich meinen Willen durchsetzen. Komm mir jetzt nicht mit dummem Gerede, sonst – sonst passiert ein Unglück!"

„Bist du . . ."

„Ich meine, was ich sage. Da kommt Eldbjörg gerade die Treppe herauf. Stehst du jetzt auf, oder soll ich sie bitten, hereinzukommen und dich festzuhalten?"

Lisbeth biß sich auf die Lippe. Sie war krebsrot vor Wut. Sie schleuderte das Bettuch beiseite und krabbelte aus dem Bett.

„In zehn Minuten bist du fertig angezogen", sagte ich. Dann verließ ich das Zimmer.

Wenn ich behaupten wollte, der Flug nach Stockholm sei ein Genuß gewesen, so wäre das eine glatte Lüge. Lisbeth und ich saßen nebeneinander und sprachen kein Wort.

Bei der Ankunft in Bromma war Lisbeths Gesicht verschlossen. Sie reagierte nicht die Spur auf den Zauber Stockholms in der Abendsonne.

Ich hatte wohlüberlegt im besten Hotel der Stadt ein schönes Doppelzimmer mit Bad bestellt. Wir versanken fast bis zu den Knöcheln in weichen Teppichen, und die Kratzfüße und Bücklinge der Angestellten nahmen kein Ende. Heimlich schielte ich nach Lisbeth und sah mit Befriedigung, daß sie das alles, wenn auch widerstrebend, genoß.

Dann waren wir allein im Zimmer. Ich entwarf in Gedanken meinen Feldzugsplan: Zeige Lisbeth jetzt, daß auch ihre Mutter die Welt kennt! Zeig ihr, daß nicht bloß Erling Boor weitgereist und erfahren ist! – Und zeige ihr, daß eine welterfahrene Frau durchaus nicht hochmütig und überheblich sein muß. Versetze dich in die Zeit deiner vielen Reisen zurück, Steffi, in deine Jugendtage!

Lisbeth kannte mich nur als Mutter und Hausfrau. Jetzt sollte sie mich anders kennenlernen.

„Ich denke, wir nehmen eine Dusche, bevor wir soupieren", sagte ich. Ich gebrauchte mit Absicht das Wort soupieren. Jetzt galt es, meiner dummen kleinen Tochter zu imponieren. Ich klingelte also nach dem Stubenmädchen und bat sie, sie möchte unsere Koffer auspacken, während wir uns fertig machten.

Zu meinen Fertigkeiten gehört, daß ich das Schwedische ziemlich fließend spreche. Lisbeth wußte das nicht und spitzte die Ohren. Ich lachte im stillen. Daß ich aus dem Finnischen und dem Portugiesischen übersetzte, war für sie etwas ganz Natürliches – es war ja mein tägliches Brot –, aber daß ich mit einem schwedischen Stubenmädchen schwedisch sprach und sie bat, die Koffer auszupacken, das imponierte meinem kleinen Mädchen.

„Das gelbe Abendkleid ist leider noch etwas verknittert", sagte das Stubenmädchen bedauernd. Sie hielt Lisbeths gelben Traum in den Händen.

„Da muß ich Sie wohl bitten, es zu plätten", antwortete ich. „Denn meine Tochter braucht das Kleid heute abend." Lisbeth horchte auf. Es machte mächtigen Eindruck auf sie, daß wir in einem vornehmen Hotel wohnten und daß ihr Abendkleid von einem höflichen Stubenmädchen gebügelt wurde ... Nicht nur dein Erling lebt so, meine Kleine! dachte ich grimmig. Aber vielleicht merkst du jetzt den Unterschied.

Ich telefonierte mit dem Portier und bat ihn, in „Bellmannsro" einen Tisch zu bestellen. Lisbeth stand mit offenem Munde da. Es wurde ihr immer schwerer, die kühle Ruhe zu bewahren. Es prickelte in ihren Nerven vor Spannung, das war nicht zu übersehen.

Dann zogen wir uns an, und ich erhob keinen Einwand, als Lisbeth sich etwas zaghaft meines Puders und Parfüms bediente – ja, ich bot ihr sogar einen ziemlich kräftigen Nagellack an, der einen lustigen Gegensatz zu ihrem Kleid bildete. Ich wies den Portier telefonisch an, ein Auto für uns zu bestellen, und ich ließ mir von einem herbeieilenden dienstbaren Geist meinen Pelzmantel um die Schultern legen – ich tat das alles mit Berechnung, bewußt und schamlos. Freilich, schamlos. Es war eine Komödie, die ich spielte.

Lisbeth machte sich mit steigender Verwunderung und nervösen Fingern über die Artischocken her. Beim Rehbraten war es ihr nicht länger möglich, steif und stumm dazusitzen. Ihr Gesicht strahlte. Sie genoß die Situation. Und mir fuhr es durch den Kopf: war sie denn daran nicht gewöhnt? Sie, die mit Boor ausgegangen war, die Champagner getrunken und in Bars getanzt hatte? Ich wagte nicht zu fragen. Noch nicht. Ich stieß mit Lisbeth an. Ich hatte einen weichen Weißwein gewählt, der indessen den Vorteil hatte, daß er in Kühlern gebracht und in höchst dekorativen und unnatürlich hochstieligen Gläsern serviert wurde. Lisbeth genoß offensichtlich.

Und in diesem Augenblick stand mir das Schicksal bei, in einer Weise, wie es höchst selten der Fall ist. Genau der Mensch, den ich in dieser Minute am allerbesten gebrauchen konnte, kreuzte meinen Weg – der einzige Mensch, der geeignet war, dem Abend den letzten Schliff zu geben.

Dieser Mensch war der Graf.

Der Graf war ein Freund meines Vaters aus der Pariser Zeit. Er war etwas jünger als Vater gewesen, und wir hatten ihn zu Hause immer nur „den Grafen" genannt und über seine Eitelkeit etwas gelächelt. Er war harmlos und ein netter und umgänglicher Mensch, mit dem man gern zusammen war – aber sein blaues Blut war gar zu auffallend blau, und er hielt etwas gar zuviel auf seinen

Titel. Möglicherweise weil sein Ursprung sich etwas im Nebelhaften verlor.

Er hatte sich in all den Jahren kaum verändert. Ein stattlicher und vornehmer Mann von fünfzig Jahren. Unsere Blicke begegneten sich einen Augenblick. Er stutzte und schien unschlüssig. Da lächelte ich, und nun kam ihm die Erinnerung.

„Ah – Fräulein Sagen!"

„Herr Graf!"

Lisbeth wäre um ein Haar der Rehbraten in die falsche Kehle geraten.

„Welche Überraschung! Wie geht es Ihnen, Fräulein Steffi, pardon, Frau Steffi? Wohnen Sie in dem schönen Stockholm?" Ich erklärte ihm die Sachlage, lächelte und bemühte mich, so bezaubernd wie möglich zu sein. Im Innern aber sandte ich den einsichtsvollen Mächten, die mir den Grafen in den Weg geschickt hatten, eine Danksagung.

„Herr Graf – gestatten Sie – Meine Tochter."

Ein zartes Erröten. Lisbeth hatte es jetzt völlig den Atem verschlagen.

Der Graf setzte sich zu uns. Nichts lieber als das. „Herr Ober – einen Stuhl! Speisekarte! – Aber, gnädige Frau – daß Sie eine erwachsene Tochter haben – eine so charmante Tochter! Sie sehen ja wie die Zwillingsschwester Ihrer Tochter aus . . ."

Ich begegnete Lisbeths Augen. Es stand in ihnen eine Bitte zu lesen. Ich lächelte. Mein kleines Mädchen! Nein, ich sage nichts. Du bist mein – du bist mein kleines Mädchen! Laß die Leute glauben, was sie wollen – laß sie andeuten, daß da etwas nicht stimmt, wenn man mit siebzehn Jahren Mutter wird – ich lasse dich nicht im Stich, mein liebes Mädchen.

„Ja“, sagte ich lächelnd. „Alle sagen, wir sehen einander ähnlich.“

Wir speisten, wir unterhielten uns angeregt, sogar auf französisch. Auch Lisbeth plauderte und führte sich sehr damenhaft auf.

„Ja“, sagte der Graf, „wer sich jetzt in zwei Personen teilen – oder wer mit beiden Damen gleichzeitig tanzen könnte ...“

„Ich tanze nicht“, log ich frech. „Ich bin erst kürzlich krank gewesen und muß etwas vorsichtig sein. Meine Tochter tanzt sicher gern.“

Meine Tochter tanzte gern.

Ich habe Lisbeth mit Morten tanzen sehen. Ich habe sie in ihren süßen und anspruchslosen Kleinmädchenkleidern gesehen, habe sie beim Tanzen plappern und lachen hören. Ich dachte an jenen Abend, als sie von der Gartenpforte zurückkehrte, und ihr Gesicht leuchtete, daß man es ihr schon von weitem ansah: Nun war es geschehen – jetzt hatte sie ihren ersten Kuß bekommen ... Ich hatte sie mit ihren Freunden aus dem Gymnasium tanzen sehen – fröhlich und munter und jung und sportmäßig, ein wenig naseweis redend, ein gesundes und normales junges Mädchen ... Ich hatte sie unnatürlich und aufgedonnert gesehen, als sie mit Erling Boor tanzte, ich hatte das abscheuliche Kichern gehört und die hektische Röte auf ihren Wangen gesehen, ich hatte gehört, wie selbst der Klang ihrer Stimme verzerrt und verroht war . . .

Aber jetzt sah ich eine neue Lisbeth. Sie war jung und schlank, und es war etwas bebend Weiches und Erwartungsvolles an ihr. Ein scheues Lächeln, eine staunende Freude in den Augen, ihr Auftreten war sicher und gleichwohl etwas fragend.

Der Tanz war zu Ende. Der Graf führte Lisbeth an den Tisch zurück. Sie war nicht unnatürlich aufgeregt und auch nicht befangen. Ihr Arm lag leicht und natürlich auf dem Arm des Grafen, und sie bewegte sich ruhig und sicher.

Als der Kaffee kam, lehnte Lisbeth lächelnd den Likör ab. „Ich glaube fast, ich vertrage nicht mehr", sagte sie. Mein kleines Mädchen war ganz natürlich geworden. Ob sie es wohl gewagt hatte, zu dem jungen Boor zu sagen, sie vertrage nicht mehr?

Liebe, kleine Lisbeth! Erst jetzt sehe ich, was für ein Schatz du bist, erst jetzt erkenne ich, was alles in dir steckt! Großer Gott! Was hätten wir um ein Haar durch unsere unverzeihliche Verantwortungslosigkeit angerichtet! Ich gelobte mir selbst, daß Erling Boor Lisbeth zum letzten Male gesehen haben sollte.

Die Uhr war eins, als uns der Graf mit vollendeter Galanterie vor dem Hotel aus dem Auto half, uns beiden die Hand küßte und dann noch ein paar äußerst höfliche und wohlgesetzte Worte sprach.

Wir kleideten uns schweigend aus. Aber dieses

Schweigen war ein wohltuendes Schweigen: voller angenehmer gemeinsamer Erinnerungen.

Der Abend war ein Erfolg gewesen.

„Du darfst nicht vergessen, dir die Haut zu reinigen", sagte ich, indem ich ihr die Reinigungscreme reichte. „Mit Puder und Creme im Gesicht zu Bett zu gehen, weißt du."

„Das ist wahr", sagte Lisbeth.

Sie trat vor den Spiegel und stand in ihrem blauen Pyjama neben mir.

Sie betrachtete sich selbst. Dann begegneten uns im Glase unsere Augen.

„Nun, Lisbeth?"

„Ja? – Was nun?"

„Ach, nichts. Ich wollte nur gern wissen, ob du dich gut unterhalten hast."

Lisbeth rieb sich energisch mit der Creme ein.

„O ja. Es war sehr nett."

Sie wischte sorgfältig die Creme ab.

„Ich bin schläfrig, Mutti."

„Das ist auch kein Wunder. Kriech nur gleich ins Bett!"

Als sie in dem großen Bett lag, sah sie wie ein kleines Mädchen aus.

Ich lächelte.

„Worüber lächelst du?"

„Du erinnerst mich an etwas."

„So?"

„Ja, an dich selbst, als du bei mir deinen siebten Geburtstag feiertest und nach dem Mittagessen in meinem Bett schliefst. Das Bett war so groß, und du warst so klein. Genau wie jetzt.“

Vielleicht machten meine Erinnerungen mich etwas sentimental. Ich beugte mich nieder, um Lisbeth auf die Wange zu küssen. Aber sie wandte sich ab und zog die Bettdecke über den Kopf.

„Ich glaube fast, ich schlafe schon“, hörte ich sie murmeln. Da knipste ich das Licht aus und ging leise zu Bett.

Lisbeth braucht viel Schlaf. Ich hatte schon lange wach gelegen, als sie sich rührte. Draußen schien die Sonne, ich war hellwach und hatte Kaffeedurst. Aber ich wollte Lisbeth nicht stören. Zwei Bummelabende hintereinander: Da brauchte sie wirklich ihren Schlaf.

Sie streckte sich, grunzte etwas und schlug die Augen auf. „Aha“, sagte sie und blickte sich um. „Ich wußte gar nicht, wo ich war.“

„Guten Morgen, meine Kleine.“

„Guten Morgen.“

„Hungrig?“

„Ein bißchen.“

„Wollen wir uns Kaffee mit etwas Gebäck bestellen und unseren Appetit für einen Lunch aufsparen?“

„Von mir aus gern. Aber ich möchte lieber Milch als Kaffee haben.“

Das Stubenmädchen brachte uns das Frühstück ans Bett.

„Du hast ja eine flotte Badeausrüstung“, sagte ich.

„Wie wäre es mit etwas Schwimmen und nachfolgendem Lunch?"

Lisbeth hatte nichts dagegen einzuwenden. Sie interessierte sich sehr für die Miniatur-Golfanlage in der Seebadeanstalt Saltsjöbaden, und es bereitete ihr sichtlich einen großen Genuß, in ihrer blaugetüpfelten Badeausrüstung herumzuspazieren. Dann zogen wir uns ins Hotel zurück, um ein Mittagsschläfchen zu halten.

„Sagtest du nicht, du hättest geschäftlich in Stockholm zu tun?" fragte Lisbeth plötzlich.

„Ja, offiziell", sagte ich. „Aber, mein Gott, Lisbeth, weshalb soll ich vor dir Komödie spielen? Du weißt ja recht gut, daß es nur ein Vorwand war."

Lisbeth kniff den Mund zusammen. Und jetzt machte ich eine Riesendummheit.

„War es gestern vielleicht nicht sehr gemütlich, Lisbeth?" sagte ich. „Siehst du nicht ein, daß man sich auch ohne Flirt und übertriebenen Alkoholgenuß amüsieren kann?"

Da sah Lisbeth rot.

„Ach so. Deshalb hast du das alles eingefädelt? Du wolltest mich auf bessere Gedanken bringen? War das der Zweck der Übung? Da kann ich dir nur sagen, daß es zumindest ebenso glänzend war, als ich mit Erling in Göteborg ausging. Das tat ich nämlich. Und gestern dachte ich die ganze Zeit, wie wundervoll es hätte sein können, wenn ich mit Erling in ‚Bellmannsro' gewesen wäre."

„Lisbeth ..." Ich fühlte mich ganz verzagt. Wie konnte ich Lisbeth nur beikommen? „Ist Erling Boor denn in

deinen Gedanken so fest verankert, Lisbeth?"
„Du zweifelst wohl noch immer, daß es zwischen Erling und mir Ernst ist?"
„Sag mir nur eines, Lisbeth! Was findest du denn an Erling Boor eigentlich so überwältigend?"
„Überwältigend? Es macht Spaß, mit ihm zusammen zu sein – und er ist erwachsen – das ist doch etwas anderes als der Verkehr mit den Jungen, wie ich ihn früher gekannt habe – und – aber ich kann dir doch unmöglich beschreiben, wie es ist, wenn man sich verliebt hat. Das mußt du doch selber wissen!"
„Hast du jemals gehört, daß Liebe blind macht?"
„Ja, aber ich bin Erling gegenüber durchaus nicht blind, wenn du das damit sagen willst. Ich weiß sehr wohl, daß er viel erlebt hat und – und ... nun ja, so allerlei – aber deshalb kann er doch sehr gut einmal die Richtige finden. Und ich bin die Richtige für ihn."
„Lisbeth, hör einmal zu. Erinnerst du dich noch, wie er sich über die Zwangseinweisungen äußerte? Weißt du noch, wie idiotisch er über England sprach? Findest du, daß er recht hatte?"
„Er wird doch wohl noch seine Meinung sagen dürfen. Oder nicht?"
Lisbeth war ein Bild des verzweifelten Trotzes.
„Jawohl. Aber hast du irgendwelchen seelischen Kontakt mit einem Mann, dessen Meinung in einem direkten Gegensatz zu deiner eigenen steht?"
„Seelischen Kontakt? Fängst du jetzt an, von Seele zu sprechen? Erling hat mich gern, und ich habe ihn gern.

Das dürfte wohl genügen. Und es nützt dir nicht das geringste, wenn du mir das auszureden suchst – daß du es nur weißt! Und wenn du mich auch mit Gewalt nach Stockholm schleppst und mich mit gutem Essen vollstopfst und mit flotten Kleidern bestichst, so erreichst du damit gar nichts. Du hast zwar die Macht, mich zu zwingen, aber du bewirkst damit nur, daß ich noch viel mehr darauf brenne, mit Erling zusammenzukommen. Und wenn ich wieder zu Hause bin, dann tue ich es auch. Ich sollte auf das Ausgehen verzichten, solange noch Schule war. Jetzt sind Ferien, und dieser Vorwand gilt nicht mehr. Ich ..."

„Lisbeth", sagte ich, und ich war so verzweifelt, daß mir die Worte unkontrolliert aus dem Munde strömten. „Wenn du glaubst, daß wir ruhig zusehen, wie du dich einem gewissenlosen Bummelanten in die Arme wirfst, dann irrst du dich! Erling Boor ist gut bekannt, und seine Taten sind von einer Art ..."

„Ich dulde es nicht, daß du über meine Freunde herziehst!"

„Schweig still, Lisbeth! Jetzt rede ich! Ich verbiete dir, daß du dich mit dem Burschen jemals wieder triffst! Ich habe gesehen, was der Verkehr mit ihm aus dir gemacht hat! Affektiert und albern und unmanierlich bist du geworden! Du bist rein verhext! Weder Vater noch ich kennen dich mehr. Wir haben gehofft, es werde vorübergehen, wir haben uns bemüht, dich zu verstehen ..."

Wir hatten uns beide erhoben und standen uns Angesicht in Angesicht gegenüber. Lisbeths Augen flammten.

Sie bebte vor Wut.

„O ja! Das nenne ich wahrhaftig verstehen! Ihr klebt dermaßen an eurer kleinbürgerlichen Welt, daß ihr den Gedanken nicht zu ertragen vermögt, ich könnte eine gute Partie machen!"

„Lisbeth, sage mir eines, bitte! Bist du mit Erling Boor verlobt? Hat er dir einen Heiratsantrag gemacht?"

„Quatsch! Man macht heutzutage keinen Heiratsantrag mehr."

„Bist du bei ihm zu Hause gewesen? Hast du seine Eltern kennengelernt? – Da siehst du es! – Aber Hüttentouren schlägt er dir vor! Und er kommt nach Schweden gejagt, um mit dir einen Bummel zu machen. Findest du nicht, daß sein ganzes Auftreten dir gegenüber eine grenzenlose Beleidigung ist? Du darfst ‚vielleicht' sein Schiff taufen. Weshalb ‚vielleicht'? Das sollte doch wohl nicht eine Bestechung sein, Lisbeth? Was verlangt er denn als Gegenleistung? Er macht ein siebzehnjähriges Mädchen betrunken."

„Fang nicht immer davon an, daß ich betrunken war! Es war ein Unglück, und dafür konnte Erling nichts! Und du bist so altmodisch und verdrehst alles dermaßen – daß – daß ..." Ihre Stimme brach, und sie begann hemmungslos zu weinen.

Während Lisbeth sich ausweinte, ging ich an das Telefon und erkundigte mich, ob es möglich sei, noch am selben Abend Plätze für das Flugzeug nach Oslo zu bekommen. Das Flugzeug war ausverkauft, aber der Portier besorgte Fahrkarten für den Nachtzug. – Einen Grund zur Verlängerung des Aufenthaltes in Schweden sah ich nicht. Er war zur Genüge nervenzerrüttend gewesen. Wir packten unsere Koffer, und mit Rücksicht auf Lisbeths vom Weinen gerötetes und geschwollenes Gesicht bestellte ich das Essen auf das Zimmer.

Es wurde ein ungemütliches Abendessen.

Lisbeth war während der Mahlzeit stumm.

Als das Stubenmädchen abgeräumt hatte, blieb uns immer noch eine halbe Stunde bis zum Aufbruch. Da brach sie los: „Ich muß schon sagen, du hast deine Sache großartig gemacht! Zuerst sollte ich auf Tod und Leben von zu Hause weg – bilde dir nur nicht ein, ich hätte nicht Lunte gerochen, als die plötzliche Einladung von Eldbjörg kam – dann werde ich von Göteborg weggeschleppt, und nun faßt du innerhalb einer halben Stunde den Entschluß, mit mir wieder nach Hause zu hetzen!"

Ich war jetzt so müde und erschöpft, daß ich zornig wurde. „Jawohl! Und wem anders als dir selbst hast du das zu verdanken? Ich will dir sagen, Lisbeth, daß ich es nachgerade müde werde, dir zuzureden, in der Hoffnung, du würdest schließlich doch noch Vernunft annehmen."

„Dann laß es doch bleiben! Ich habe weiß Gott nichts dagegen."

„Ich begreife nur eines; wenn ich verhext bin, so bin ich es nicht allein! Und ich begreife, daß ich mich nach einer Stellung umsehen muß, damit ich von zu Hause fortkomme. Je eher, je besser! – Es ist nicht auszuhalten, wenn ihr anfangt, die strengen Eltern zu spielen – es ist nur lächerlich – nur lächerlich! Hörst du es?"

Ich merkte, daß ich die Hand erhoben hatte. Aber ich beherrschte mich. Lisbeth hatte es indessen doch gesehen. Und plötzlich fing sie wieder an zu weinen. Wie Bäche stürzten ihr die Tränen aus den Augen.

Kleine Lisbeth! Wenn ich nur ein bißchen klüger gewesen wäre, dann hätte ich begriffen, warum du weintest! Der Zweifel und die Unruhe hatten sich bei dir eingeschlichen. Tief im Unterbewußtsein warst du dir darüber klar, daß Heming und ich recht hatten, und deshalb warst du trotzig, deshalb weintest du aus ohnmächtiger Wut.

Der Zug rollte durch den Sommerabend. Lisbeth lag im Oberbett, ich im Unterbett. Kein Wort wurde zwischen uns gewechselt. Ich erinnerte mich, wie Lisbeth schon einmal in einem Oberbett gelegen hatte. Das war vor zehn Jahren in der blauen Kammer der Berghütte gewesen. Ich sah die kleine blaugewürfelte Gestalt vor mir, wie sie die Leiter hinauf und herunter kroch, und ich hörte die fröhliche kleine Stimme, die so glücklich und vertrauensvoll geplappert hatte.

Lisbeth war auch jetzt in Blau gekleidet. In ihrem flotten hellblauen Seidenpyjama kletterte sie die Leiter ins Oberbett hinauf. Aber weder von einem Lächeln noch von vertrauensvollem Plaudern war etwas zu merken.

Es war ein qualvolles Schweigen. Wir lagen jede in ihrem Bett und wußten, daß die andere nicht schlief. Und es war warm im Abteil. Ich hatte Kopfschmerzen. Erleichtert atmete ich auf, als es Morgen wurde. Ich erhob mich zuerst, wusch mich und machte mir das Haar.

„Ich warte auf dich im Gang, Lisbeth. Wir gehen dann zum Frühstück in den Speisewagen."

„Danke. Ich bin nicht hungrig."

„Wie du willst."

Ich machte keinen Versuch, ihr zuzureden. Ich kenne den Appetit meiner Tochter und weiß sehr gut, wie sie in den nächsten Stunden bis zu unserer Ankunft daheim leiden mußte.

Aber ich ließ sie leiden. Wollte sie hungrig und trotzig im Abteil herumsitzen, so sollte sie es nur ruhig tun.

Dann erzählte Marianne

„Hat man wohl so etwas gesehen?" rief Marianne. „Vorgestern bist du abgereist, und jetzt bist du schon wieder hier!"

„Ja", sagte ich. „Und dabei war ich sowohl in Göteborg als auch in Stockholm. Wie geht es Peik?"

„Gut. Wir sind nur stark im Zweifel, ob wir, wenn wir einmal groß sind, lieber Chauffeur oder Flieger werden sollen. Er hat mir auch erzählt, Brautführer zu sein sei dumm. Er ist aber bereit, auf meine Hochzeit zu kommen – vorausgesetzt, daß es Eis zum Nachtisch gibt."

Marianne wandte sich an Lisbeth. „War's schön in Göteborg, Lisbeth?"

Lisbeth murmelte etwas und verschwand. Sie nahm

direkten Kurs auf die Speisekammer. Marianne und ich wechselten einen Blick, und ich seufzte. In den nächsten Stunden aber belegte mich Peik völlig mit Beschlag.

Ich wurde aus Lisbeth nicht klug. In der Woche, die nun folgte, blieb sie stumm und verschlossen, und sie nahm sichtlich ab. Sie hielt sich soweit wie möglich in der Nähe des Telefons auf. Aber der Anruf, auf den sie wartete, schien nicht zu kommen.

„Das arme Mädchen", sagte Marianne. „Sie leidet sehr, Steffi."

„Natürlich leidet sie. Glaubst du, ich weiß das nicht? Sie ist schlimm gegen Heming und mich, aber tausendmal schlimmer gegen sich selber. Wir leiden alle miteinander, Marianne – und nur wegen dieser verflixten Geschichte."

Ja, wir litten. Das vertraute, frohe Beisammensein und der Sonnenschein waren aus unserem Haus geschwunden. Aber Peiks Befinden besserte sich glücklicherweise von Tag zu Tag. Die Temperatur war gefallen, und die roten Punkte waren fast völlig verschwunden. Bald sollte er aufstehen. „Peik ist unersättlich", seufzte Marianne eines Nachmittags. „Mein Gehirn ist leer wie eine ausgepreßte Zitrone. Wäre er doch wenigstens so wie andere Jungen, die immer wieder dieselben Märchen hören wollen – aber keine Spur! Der junge Mann will ständig eine neue Geschichte hören!" Ich kannte das schon von früher her. Die Fähigkeit meines Sohnes, geistige Nahrung zu verdauen, steht auf gleicher Höhe mit seinem Appetit auf körperliche Nahrung. Damit ist alles gesagt.

„Habt ihr nicht noch mehr Märchen- oder Bilderbücher im Hause?“ fragte Marianne matt. „Wir kennen jetzt schon die ganze Bibliothek auswendig.“

„Lisbeth“, sagte ich, „wie steht es mit dem Kasten in deinem Wandschrank? Liegen darin nicht noch ein paar alte Bücher?“

„Das sind nur Mädchenbücher.“

„Du bist ein Engel!“ rief Marianne. „Her damit, was es auch sei! – Ich glaube übrigens, man könnte Peik ohne weiteres ein altes Telefonbuch vorlesen.“

„Sehen wir einmal nach, was es ist!“ schlug ich vor.

Der Kasten wurde hervorgeholt und untersucht. Er enthielt tatsächlich einige alte Kleinmädchenbücher und ein paar alte Bilderbücher. Es ging, wie es immer geht, wenn man Bücher durchsieht. Wir blieben sitzen, blätterten und lasen.

Plötzlich sprach Marianne. Ihre Stimme war leiser als sonst, und sie hatte einen merkwürdigen, zittrigen Unterton.

„Lisbeth – wo – wo hast du dieses Buch her?“

Lisbeth warf einen schnellen Blick auf das Buch, das Marianne in der Hand hielt. Es war ein teures, dickes amerikanisches Bilderbuch. Die Gesichter auf dem Umschlag hatte eine ungeschickte kleine Kinderhand mit blauen und roten Brillen versehen.

„Dieses Buch? Das habe ich einmal in Geilo von einem Freund meiner Mutter bekommen. Er war übrigens der widerwärtigste Mensch, der mir je begegnet ist. Ein Ekel! Puh! Schmeiß bloß das saudumme Buch weg!“

Lisbeth sprach mit erhobener Stimme. Ihre Worte waren ganz unverkennbar an mich gerichtet. Es war ihre Revanche: die Quittung für die Charakteristik, die ich von Erling Boor gegeben hatte.

Aber Marianne saß mit einem fernen Blick in den Augen und einem elfenbeinweißen Gesicht auf ihrem Stuhl. Sie hielt das Bilderbuch an sich gedrückt und sagte mit einer seltsamen, toten Stimme: „Lisbeth! Dieses – dieses Buch hat einmal mir gehört. Du – du bekamst es von – meinem Vater."

Wir hatten Erna gebeten, Peik eine Weile Gesellschaft zu leisten, und uns in der Wohnstube niedergelassen. Marianne saß im Sofa neben mir. Sie hielt meine Hand.

„Jetzt will ich erzählen", sagte Marianne.

„Warte einen Augenblick!" sagte ich. „Zuerst möchte ich erzählen. Du sollst wissen, welche Bindung zwischen Carl – zwischen deinem Vater und mir bestanden hat. Wir lernten uns vor zehn Jahren kennen. Wir dachten daran, uns zu verheiraten. Dein Vater war sehr reizend zu mir und – nun ja, wir glaubten, wir wären ineinander verliebt. Aber wir irrten uns. Was mir die Augen öffnete und mir klarmachte, daß wir – ja, daß wir nicht zueinander paßten, war der Umstand, daß Ca . . ., daß dein Vater keine Lust hatte, Lisbeth zu behalten. Er mochte Kinder nicht. Als ich von seiner ersten Ehe und von deiner Existenz erfuhr, Marianne, fand ich es merkwürdig, da ich dich niemals zu sehen bekam, daß dein Vater sich nicht nach dir sehnte. Da wurde Lisbeth krank, und ich hatte Angst, ich könnte sie verlieren. In den langen Nächten, die ich wachend an ihrem Bett verbrachte, wurde es mir klar, was es bedeutete, wenn ich deinen Vater heiratete: ich hätte Lisbeth verraten, und ich hätte das Beste in mir selbst verraten. Die Verlobung mit deinem Vater – denn so muß ich es wohl nennen – war nur auf Eitelkeit, gegenseitige Eitelkeit, gegründet. Ihm gefielen meine Sprachkenntnisse und meine Talente, für die er Verwendung hatte, und mir – mir gefielen wohl seine Höflichkeit und seine Fürsorge und seine gesellschaftliche Stellung und ... Nun ja, es wurde also nichts daraus, und in der Zwischenzeit hatte ich Heming kennengelernt. Und so war es eben aus."

Marianne drückte still meine Hand. Es folgte eine kurze Pause. Lisbeths Augen hingen an meinem Gesicht. Dann wandte sie den Blick ab und betrachtete forschend Marianne.

Marianne schloß die Augen und legte den Kopf zurück. Sie sprach sehr leise. Ihre Stimme schien aus weiter Ferne zu kommen.

„Mein Vater ist reich. Er hat eine gute Stellung und ist mächtig ehrgeizig. Mutter war Schauspielerin. Vater verliebte sich in sie und heiratete sie. Ein Jahr später wurde ich geboren. Wir wohnten in einer schönen Villa außerhalb Bergens, hatten ein Auto mit Chauffeur, einen Tennisplatz, ein großes Segelboot, drei Mädchen, einen Gärtner und – nun ja ... Es war so viel, daß es Mutter den Atem verschlug. Anfangs machte die Pracht großen Eindruck auf sie. Aber gleichzeitig fühlte sie sich beklommen. Vater verlangte, sie solle von der Bühne Abschied nehmen und nur noch Hausfrau und Wirtin sein.

Aber er hatte sich ja in die Schauspielerin verliebt. Jetzt, als die Mutter ihrem Beruf entsagt hatte und Hausfrau geworden war, nahm die Verliebtheit ein Ende. Und nun begann die Kritik. Alles, was Mutter tat, war in seinen Augen verkehrt. Natürlich machte die Arme auch viele Fehler. Das war wohl unvermeidbar. Und so wurde sie nervös und ängstlich und schlaflos und ... sie nahm ab, wurde mager und – freudlos – und war in gar keiner Weise die strahlende Wirtin, die Vater brauchte. Sie machte eine so wenig glückliche Figur, daß es Vater kein Vergnügen mehr bereitete, sie als seine Frau vorzustellen.

Das alles hat Mutter mir selber erzählt. Sie ist sehr gerecht, müßt ihr wissen, sie versucht, Vater zu entschuldigen und die Dinge mit seinen Augen zu sehen.

Nun wollte Vater bei mir nachholen, was er bei Mutter nicht hatte erreichen können. Hatte er keine Frau, auf die er stolz sein konnte, so wollte er wenigstens eine Tochter haben, die imstande war, sein Leben zu teilen. Ich bekam eine französische Gouvernante, aber ich war ganz verzweifelt darüber und weinte, weil ich mit ihr französisch sprechen mußte, anstatt mit meiner Mutter norwegisch zu sprechen. Dann bekam ich ein Pony, vor dem ich im Grunde genommen Angst hatte. Aber reiten sollte ich nun einmal! Ich wurde regelrecht dressiert. Der Erfolg war, daß ich mit acht Jahren unglücklich und verängstigt war. Vor Vater hatte ich eine solche Angst ... aber ihr dürft mich nicht falsch verstehen. Er war nicht im eigentlichen Sinne brutal. Er schlug nie, und er bestrafte mich nie. Er kommandierte bloß, ordnete an und verlangte.

Schließlich wurden Vater und Mutter geschieden. Da verlor Vater alles Interesse für mich. Mutter und ich zogen nach Oslo und wohnten bei Verwandten. Sie versuchte wieder bei einem Theater unterzukommen, aber sie war so lange von der Bühne fort gewesen, und ihr Äußeres hatte so verloren ... Da machte sie den Versuch, Arbeit als Übersetzerin zu erhalten ..." Marianne lächelte und blickte zu mir herüber. „Aber sie war wohl nicht so tüchtig wie gewisse andere Leute ..."

Ich hatte die kleine Szene nicht vergessen und erinnerte mich sehr wohl der kleinen, bleichen und vergrämten Dame, mit der ich in der Tür meines Verlegers zusammengetroffen war.

„Vater hielt es nicht für notwendig, sich unseretwegen in große Unkosten zu stürzen. Es fiel Mutter sehr schwer, ihre Forderungen durchzusetzen. Sie war in diesen Dingen nicht besonders tüchtig, und Vater hatte einen sehr geschickten Rechtsanwalt ... Aber was sollen wir darüber reden – etwas Geld bekamen wir ja. Aber dann kam der Krieg. Ihr wißt ja, wie teuer alles wurde und mit welchen Schwierigkeiten man zu kämpfen hatte. Mutter lernte Putzmacherei. Das war eine Sache, die ihr lag. Sie ist sehr fingerfertig.

Mutter ist der liebste und beste Mensch von der Welt. Sie ist indessen immer gehemmt, wenn sie neue Menschen kennenlernen soll. – Kurz, sie ist voller Minderwertigkeitsgefühle – ich kann es kaum verstehen, daß sie einmal auf einer Bühne getanzt und gesungen und großen Erfolg gehabt hat.“

Ich konnte es verstehen. Ich begriff, daß Carls geistige Tyrannei einem jungen Mädchen alle Lebensfreude nehmen und es zu einer ängstlichen, unsicheren und unglücklichen Frau machen konnte.

„Ich muß zugeben, daß ich gegen Vater bittere Gefühle hege“, fuhr Marianne fort, und jetzt war ihre Stimme fast nur noch ein Flüstern. „Ich war daher froh, als Mutter ihren Mädchennamen wieder annahm und auch ich ihn bekam. Ich heiße lieber Vesterholm als Lövold.“

„Wie geht es deinem Vater jetzt, Marianne?“ fragte ich.

„Er hat wieder geheiratet und sich nochmals scheiden lassen. Es war eine sehr schöne und sehr feine Dame. Sie war wohl auch recht nett – jedenfalls hörte ich das von ihr –, und sie verstand es, als Hausfrau zu repräsentieren, elegant auszusehen und was dergleichen mehr ist. Aber ihr wißt ja: Wenn eine Ehe nur auf Eitelkeit aufgebaut ist, kann das niemals gut gehen.“

Marianne schwieg. Lisbeth blickte sie mit großen Augen an. „Nein, Marianne – ich kann es einfach nicht glauben – du bist die Tochter von ...?“ Sie brach ab. Ich merkte, daß sie die Erinnerung an Carl überkam, und ich dachte daran, wie grenzenlos unsympathisch er ihr gewesen war.

Marianne schwieg. Lisbeth blickte sie mit großen Augen an. „Nein, Marianne – ich kann es einfach nicht glauben – du bist die Tochter von ...“

Marianne lächelte. Es war ein wehmütiges, blasses Lächeln.

„Soll ich dir noch mehr erzählen, Lisbeth?"

„Ja . . ."

„Jetzt erzähle ich dir etwas, Lisbeth. Nur dir! Denke daran."

„Soll ich hinausgehen?"

Ich wollte meine Hand aus Mariannes lösen, aber sie hielt mich fest.

„Nein, Steffi! Du sollst bleiben. Du sollst hören. Aber ich spreche zu Lisbeth."

Ich setzte mich wieder hin.

„Lisbeth", sagte Marianne, „kannst du es verstehen, daß man sich in der Gegenwart eines Menschen höchst unbehaglich fühlen kann? Selbst wenn es ein Mensch ist, der einem nie etwas zuleide getan hat? Kannst du es verstehen, daß man ihm gegenüber dasselbe Gefühl hat, wie wenn man – ja, wie wenn man eine große ekelhafte Spinne sieht?"

„Ja", sagte Lisbeth. „Dieses Gefühl habe ich schon manchmal gehabt."

„Ich auch", sagte Marianne. „Als ich klein war, hatte ich dieses Gefühl, wenn ich nach unten kommen und Vaters Gäste begrüßen sollte. Natürlich waren unter ihnen nette Menschen – das ist es nicht – aber Vater gab in unserem Hause den Ton an. Wie soll ich dir das erklären? – Weißt du, Lisbeth – es war ein flacher Ton, ein Ton ohne Widerhall – ohne Tiefe – es war keine menschliche Wärme in ihm, kein Herz . . . Jetzt, da ich zwanzig Jahre alt bin, versuche ich in Worte zu kleiden, was ich als Kind nur ahnte und fühlte. Verstehst du, Lisbeth? Die Leere, die hohle Schale, die unser Heim im Grunde war ... weißt du, was ich meine?"

„Ja", flüsterte Lisbeth.

„Und dann kam ich – zu euch. Und hier fand ich, wonach ich mich immer mehr oder weniger bewußt gesehnt hatte: die Wärme, die Offenheit, die Freundschaft. Hier wachte ich auf, hier wurde ich meiner selbst bewußt, und hier lernte ich ..." Marianne schluckte, und ihre Stimme wurde ganz rauh, „hier lernte ich Nils kennen ..."

Wieder drückte Marianne mir die Hand. Dann fuhr sie fort. „Eines Tages begleitete ich Vater einmal nach Oslo. Da besuchten wir jemand, der mit Vater befreundet war. Es war ein schrecklich feines Haus, noch feiner als unseres. Aber da, verstehst du – da spürte man die Flachheit und Leere und Kälte noch stärker. Vielleicht war ich ein überempfindliches Kind, ich weiß es nicht – und natürlich hätte ich es damals nicht so erklären können, wie ich mich jetzt ausdrücke – ich weiß nur, daß ich eingeschüchtert und bedrückt war. Ich liebte nicht die flotte Frau, die durch das Zimmer rauschte, und ich liebte nicht den Herrn des Hauses, und ich zuckte zurück, als er mir über den Kopf strich, denn ich fühlte, daß er sich gar nichts dabei dachte, daß er ein Mensch war, der Kinder nicht liebte.

Ich wurde mit seinem Sohn bekannt gemacht – einem kleinen zwölfjährigen Jungen. Wir sollten Limonade und

Kuchen bekommen. Ich saß mit offenem Munde da und machte große Augen, als ich sah, wie der Junge das Stubenmädchen tyrannisierte und herumkommandierte. Plötzlich sagte er, er wolle mir seine kleine Katze zeigen. Er holte das Tierchen und – und ..."

In Mariannes Augen trat ein leidender Ausdruck. Ihre Stimme versagte.

„Wenn es sich um Tierquälerei handelt, so rede bitte nicht weiter!" rief Lisbeth. Ihre Augen waren weit aufgerissen.

„Gut, Lisbeth. Wenn dir das, was ich gesagt habe, genügt, so werde ich nicht weitererzählen. Aber ich möchte nur noch eins sagen: Dieser Junge war Erling Boor!"

Lisbeth sprang auf, blieb stehen und sah Marianne entsetzt an.

„Das ist nicht wahr!"

„Es ist wahr, Lisbeth."

„Aber – er erkannte dich doch gar nicht wieder ..."

„Ich war damals acht Jahre alt, Lisbeth. Jetzt bin ich zwanzig. Und er hatte mich nur das eine Mal gesehen. Er konnte mich kaum wiedererkennen."

Lisbeth schwieg. Alles Blut war ihr aus dem Gesicht gewichen.

„Und weißt du, Lisbeth – als ich kürzlich hier mit ihm zusammentraf – da überkam mich wieder dasselbe Gefühl: das Gefühl von einer Flachheit und Leere. Er brachte die Atmosphäre seines Elternhauses mit. Und von dieser Atmosphäre zu sprechen, habe ich ein Recht, denn es ist dieselbe Atmosphäre, wie sie in dem Heim meiner Kindheit herrschte."

Lisbeth blieb einen Augenblick stehen. Dann wandte sie sich um und ging still hinaus.

Frau Vesterholm hatte dasselbe blasse, etwas farblose Äußere, wie Marianne es gehabt hatte, als ich sie zum ersten Male sah. Ihr Haar war stark ergraut, ihr Gesicht trug die Runzeln, die das Leben selber hineingemeißelt hatte. Enttäuschungen und Nahrungssorgen hatten diesen Meißel unbarmherzig geführt. Aber ihre Augen waren groß, funkelnd und schön, und ihr schlichtes Kleid saß wie angegossen und ließ die Formen ihrer schlanken Gestalt erkennen.

Ich hatte sie regelrecht überrumpelt. Eines Tages machte ich ihr kurz entschlossen, ohne vorherige Anmeldung, einen Besuch. Ich sagte ihr . . . wir wollten sie nicht länger entbehren, zumal ihre Tochter uns doch jetzt so nahestehe. Bevor Frau Vesterholm sich noch richtig hatte fassen können, hatte sie in ihrer Verwirrung unsere Einladung schon angenommen und versprochen, am nächsten Tag zu uns zum Tee zu kommen.

Sie war scheu und still; aber wenn sie einmal lächelte, dann leuchteten ihre Augen auf, und ihr Gesicht bekam einen warmen Ausdruck. Das Gespräch schlich ziemlich träge dahin. Frau Vesterholm war es nicht gewohnt, mit anderen Menschen gesellig zu verkehren. Und sie merkte, daß wir es wußten. Das machte alles noch viel schwieriger.

„Frau Vesterholm", sagte Lisbeth, „sehen Sie es gern, daß Marianne und ich Freundinnen sind?"

Dies war nun eine der seltenen Gelegenheiten, bei denen Mariannes Mutter lächelte. „Danach brauchst du mich wohl nicht zu fragen, Lisbeth!"

„Vati und Mutti sind nämlich von unserer Freundschaft sehr begeistert. Marianne hat auf mich einen guten Einfluß, soweit ich es beurteilen kann..." Ihre Augen blickten schelmisch. „Ich bin nämlich ein unmögliches Kind, müssen Sie wissen! Ich bin ein ganzes Paket von Nägeln zu Vatis und Muttis Särgen. – Aber, wenn Sie es gern sehen, daß Marianne und ich Freundinnen sind, wollen Sie es mir dann nicht erlauben, daß ich Sie Tante Lillian nenne?"

Lisbeth hatte sich ganz Frau Vesterholm zugewandt, und ihr Blick war offen und grundehrlich. Und wieder einmal wurde mir um Lisbeths willen so warm ums Herz.

In Frau Vesterholms Wangen stieg eine schwache Röte. Sie versuchte mühselig, sich zu fassen. Ihre Lippen zitterten einen Augenblick. Endlich aber sagte sie leise und ruhig: „Ich fände das sehr nett."

„Fein!" sagte Lisbeth. „Einfach prima. Außerdem ist Lillian der schönste Name, den ich kenne."

Ich lachte. „Meine Tochter hält nicht besonders viel von Förmlichkeiten", sagte ich. „Ich hoffe, Sie entsetzen sich nicht gar zu sehr über sie, Frau Vesterholm."

Das ängstliche, schwache Lächeln auf Frau Vesterholms Gesicht wich einem vollen, warmen und vertrauenden Glanz. „Nein", sagte sie, „im Gegenteil." Ihre

Augen blieben an Lisbeths Gesicht hängen, und sie wiederholte mit Nachdruck: „Im Gegenteil.“

Das Eis war gebrochen. An jenem Tag, als es Lisbeth gelang, Frau Vesterholm an das Klavier zu locken, und als diese mit einer etwas ungeübten, aber glockenreinen Stimme eine Operettenmelodie sang, beglückwünschten wir uns alle. Und Marianne saß mit großen blanken Augen da und lauschte ...

Ich gelobte mir, es solle nicht bei diesem einen Male bleiben. Denn am Klavier fand Frau Vesterholm sich wieder. Sie gewann das verlorene Selbstvertrauen zurück, und die Zeit ihrer Jugend mit ihrem Lebensmut und ihrer Unbefangenheit wurde in ihr von neuem lebendig. Ich spürte, daß sie ein Mensch war, den ich liebgewinnen würde.

Die Tage vergingen, Peik war wieder wohlauf. In wenigen Tagen sollten wir nach Geilo reisen. Ich beobachtete Lisbeth im stillen. Sie war aufmerksam und höflich, aber es war etwas Verschlossenes an ihr. Sie plapperte und schwatzte nicht so wie früher. Dachte sie noch immer an Erling Boor? Und – was Gott verhüte! – beabsichtigte sie noch immer, ihn zu heiraten! – zu heiraten! – Ach, mein naives, vertrauensvolles Mädchen! Daß sie auch nur eine Sekunde hatte glauben können ...

Mariannes Erzählung hatte auf sie einen tiefen Eindruck gemacht. Von diesem Augenblick an erwähnte Lisbeth den Namen Erling Boor nicht mehr. Kämpfte sie einen inneren Kampf? Wer ihr doch nur hätte helfen können! Wer sie dazu hätte bringen können, daß sie sich offen aussprach!

„Nein“, sagte Heming. „Ich glaube, Lisbeth ist jetzt soweit, daß sie sich allein durchkämpfen kann. Sie leidet sehr, aber wir können ihr erst helfen, wenn sie uns selber darum bittet.“

Sie rannte auch nicht mehr jedesmal, wenn das Telefon läutete, nach dem Apparat. Eines Tages ging ich hin und rief ein paarmal „hallo“, aber am anderen Ende des Drahtes wurde nichts gesagt. Nachdem ich noch einmal „hallo“ gerufen hatte, hörte ich deutlich, wie der Hörer aufgelegt wurde.

„Meldete sich niemand?“ fragte Lisbeth.

„Nein. Ich hörte, daß jemand am Apparat war, aber er legte nur den Hörer auf.“

„So?“ sagte Lisbeth. Ich merkte, daß sie verstohlen nach der Uhr blickte. Vielleicht war sie darauf vorbereitet gewesen, daß zu dieser Zeit ein Anruf erfolgte ...

Verzeih mir, Mutti!

Einige Tage später saßen wir beim Nachmittagskaffee. Heming studierte die Abendzeitung.

„Du lieber Gott!“ rief er plötzlich.

„Was ist?“ fragte ich.

„Ein Autounglück infolge Trunkenheit“, sagte Heming und las vor: „Heute morgen um vier Uhr verunglückte ein Sportwagen, dessen Fahrer stark angetrunken war. Die Windschutzscheibe zerschnitt der jungen Begleiterin das Gesicht. Es besteht Gefahr, daß sie ein Auge verliert. Der Fahrer selber ist verhältnismäßig gut davongekommen. – Ja", meinte Heming, „in solchen Augenblicken findet man es durchaus richtig, wenn ein Autofahrer, der sich in berauschtem Zustand an das Steuer setzt und sich und andere gefährdet, ins Gefängnis wandert."

Lisbeth hatte ihre Augen auf Heming gerichtet. Sie sagte nichts, aber in ihrem Blick stand deutlich eine Frage zu lesen.

„Ein solch gewissenloser Mensch verdiente, daß sein Name in der Zeitung genannt wird", sagte Heming.

Lisbeth wandte die Augen von ihm ab. Es war also keine Antwort auf ihre Frage zu erhalten.

Am Abend kam Nils. Lisbeth war oben in ihrem Zimmer. Daher sprach Nils, ohne erst Umschweife zu machen. „Ihr habt wohl von dem Autounfall gelesen? Ja, es war tatsächlich Erling Boor. Die Dame ist ein Fräulein Henningsen. Die beiden kamen von Boors Hütte. Ich brauche wohl nichts mehr hinzuzufügen."

„Woher weißt du es, Nils?"

„Ich kenne einen Beamten von der Verkehrspolizei. Und es lag mir viel daran, den Namen des Fahrers kennenzulernen."

„Wer soll es Lisbeth erzählen?" Wir blickten einander fragend an. Heming oder ich? Würde Lisbeth uns in ihrer Verzweiflung Schadenfreude vorwerfen? Welche Worte sollten wir wählen? Es galt, vorsichtig zu sein. Lisbeths Wunde war noch frisch.

Marianne stand auf. „Ich tue es." Sie warf einen Blick auf Heming und mich – einen Blick voller Güte und Verständnis. Dann ging sie zu Lisbeth hinauf.

Lisbeth kam zum Abendessen herunter. Ihre Augen waren verdächtig gerötet, und sie sprach wenig. Wir ließen sie in Frieden. Nils und Marianne verabschiedeten sich zeitig. Und Lisbeth sagte gute Nacht. Wie ein kleiner Schatten glitt sie aus der Stube. Sie lief ein wenig in ihrem Zimmer umher. Dann wurde es still.

Heming und ich gingen zu Bett. Aber es war mir ganz unmöglich zu schlafen. Mein kleines Mädchen! Auch sie konnte sicher nicht schlafen! Heming und ich waren ja übereingekommen, daß wir nichts tun wollten, solange Lisbeth nicht selber zu uns kam. Wir wollten uns nicht aufdrängen. Ich kämpfte mit mir selber. Sollte meine Tochter denn wirklich den Kampf ganz allein durchkämpfen? Was für eine Mutter war ich, wenn ich sie in dieser Nacht allein ließ?

Die Zeit verging. Die Uhr schlug zwölf. Ich hielt es nicht länger aus. Lautlos stand ich auf, schlüpfte in meine Pantoffeln und zog den Morgenrock an. Dann überquerte ich auf Zehenspitzen den Gang und öffnete ganz leise die Tür.

Lisbeth lag auf ihrem Bett. Ihr Gesicht war in den Kissen vergraben. Ich setzte mich auf die Bettkante, sagte aber nichts. Da drehte sie sich um, und eine glühendheiße kleine Hand tastete nach der meinen, und sie vergrub ihren Kopf in meinem Schoß. Ihre Stimme war heiser und ganz matt vom vielen Weinen. „Mutti – Mutti – Mutti!"

Ich strich ihr über das Haar. Sie ergriff meine Hand und führte sie an ihre Wange. Es war still im Zimmer. Plötzlich aber fing sie an zu schluchzen. Und während sie meine Hand streichelte, begannen ihre Tränen wieder zu fließen. Von Schluchzen unterbrochen, fing sie endlich zu sprechen an.

„Es ist so grausam, Mutti", schluchzte Lisbeth, „du weißt nicht, wie grausam es ist! – O Mutti, das Schreckliche ist, daß ich es schon lange gewußt habe – eben deshalb war ich in Stockholm so häßlich zu dir – ich wollte es nicht einsehen – ich wollte mich amüsieren – und ich wollte in dem eleganten Auto fahren – und ich wollte das Schiff taufen – und Erling tanzte so gut. Verzeih mir, Mutti! – Kannst du mir verzeihen? – Du weißt, wie lieb ich dich habe – und Vati auch – und Peik – und ich bin so abscheulich zu euch gewesen – aber Mutti, es war so schwer – und es hat furchtbar weh getan – Mutti! – Wenn du nicht nach Göteborg gekommen wärst – dann hätte ich vielleicht gestern nacht in dem Auto gesessen. – Ich wage gar nicht daran zu denken. – Er war am Apparat, weißt du – ich bin ganz sicher – und als ich mich nicht meldete, da hat er gleich eine andere gefunden. – Ach Mutti – es hätte leicht geschehen können, daß ich jetzt mit einem zerschnittenen Gesicht im Krankenhaus läge. – Sei mir nicht böse, Mutti – ich habe dir so viel

Kummer bereitet – aber ich werde es nicht wieder tun – wirklich nicht."

Sie schwieg erschöpft und tränenleer.

Ich legte meinen Arm um sie, und sie barg ihren Kopf an meiner Schulter.

„Beruhige dich, Lisbeth! Gewiß bist du dumm gewesen, aber das waren wir alle. Auch ich war einmal dumm, fürchterlich dumm! – Und damals hast du mich gerettet."

„Mutti . . ." Lisbeth zupfte an den Knöpfen meines Morgenrocks.

„Erzähle mir von Carl Lövold. Wie hast du entdeckt – daß du ihn nicht mehr liebtest?"

„Zunächst fiel mir nur seine Eitelkeit auf. Ich begriff, daß er mich lediglich meines Äußeren wegen schätzte – und meiner Sprachkenntnisse wegen. – Du verstehst mich? Er liebte nicht mich, sondern nur meine Schale."

Lisbeth nickte.

„Sagte er, es müsse Spaß machen, mit dir ins Ausland zu reisen?"

„Ja. – Vielleicht hat das zu dir auch jemand gesagt?"

„Ja."

Sie schluckte. Dann kam eine neue Frage: „Sagte er – er wolle dir gern Schmuck kaufen – und du würdest dich in einem Nerzpelz gut ausnehmen . . .?"

„Ja. Etwas Ähnliches."

„Hörtest du das gern, Mutti?"

„O ja! Jedenfalls zu Anfang. Aber dann kam das mit dir. Weißt du noch, daß du gesagt hast, Carl sei –

dumm? Ich habe es noch deutlich im Ohr, wie er zu dir sprach, Lisbeth. So von oben herab, nicht wahr? Erinnert dich das nicht an etwas?"

Zuerst antwortete Lisbeth nicht. Und als sie schließlich etwas sagte, war es keine direkte Antwort auf meine Frage, sondern das Ergebnis einer Gedankenreihe: „Glaub mir, Mutti – im Grunde fand ich es furchtbar gemein von Erling, daß er Peik an jenem Abend nicht auf sein Auto aufpassen ließ. – Peik war so goldig, als er damit herauskam ..." Lisbeth schluckte wieder.

Ich blieb auf dem Bettrand sitzen. Lisbeth lehnte sich an mich.

„Mutti!"

„Ja?"

„Ich glaube, ich habe dich nie so lieb gehabt wie jetzt."

„Das mußt du nicht sagen, Lisbeth ... Findest du nicht, daß es genügt, wenn einer von uns beiden heult?"

Es folgte eine gesegnete, befreiende Stille. Lisbeth streichelte von Zeit zu Zeit meine Hand. Sie atmete jetzt ruhig, müde und erleichtert.

„Glaubst du nicht, du solltest jetzt etwas schlafen, meine Kleine?"

„Ja – wenn ich kann ..."

„Leg dich hin! Einen Augenblick! Ich werde dir das Kissen wenden. Und dann bleibe ich bei dir sitzen, bis du schläfst."

„Du bist so gut zu mir, Mutti."

„Du weißt doch ganz genau, wie gern ich es tue."

Sie legte sich hin und schloß die Augen. Nach einer

kurzen Weile schlug sie sie wieder auf.

„Jetzt kann Erling wenigstens nicht mehr anrufen. Weil er doch ..." Sie brach ab und schluckte. „Weil er doch ... Glaubst du, er kommt ins Gefängnis?"

Ich kam mir trotz allem wie ein Henkersknecht vor, als ich antwortete: „Ja, das glaube ich. Du weißt ..."

„Ja", sagte Lisbeth.

Ihre Lider wurden schwer. Und ihre Stimme war matt und schläfrig, als sie sagte: „Mutti! Hast du Carl Lövold geküßt?"

„Ja, mein Kind. Das habe ich."

„Viele Male?"

„Ja. Viele Male."

Pause.

„Warum fragst du mich nicht, ob ich Erling geküßt habe?"

„Weil ich weiß, daß du es getan hast."

„Ja. Viele Male."

Noch einmal öffnete sie die Augen.

„Du, Mutti? Wir können nun wohl eigentlich sagen, daß wir quitt sind."

Gleich darauf schlief sie.

Die Prüfung der Abiturienten war überstanden. Heming war frei.

Und Peik hatte die Masern hinter sich. Jetzt konnten wir endlich nach Geilo reisen. Wir luden Morten ein, mitzukommen. Er nahm die Einladung mehr als gern an. Es war, als wäre ein Gewitter über unser Haus hinweggegangen. Die Luft war rein, und die Sonne schien wieder.

Nils, Marianne und Frau Vesterholm kamen am Abend vor der Abreise zu uns, um Abschied zu nehmen.

„Am zwanzigsten August“, sagte Nils. „An diesem Tag müßt ihr wieder in der Stadt sein. Wir möchten Lisbeth und Berit als Brautjungfern haben.“

„Zum Nachtisch gibt es Eis“, erklärte Peik.

„Ja, Peik. Versprochen ist versprochen.“

„Manchmal übernehme ich die Rolle einer Brautjungfer bei meinen Eltern und manchmal bei meinen Lehrern“, sagte Lisbeth. „Armer Nils! Zum Herbst bekommst du mich als Schülerin!“

„War das nicht ein kleiner Gedankensprung?“ fragte Nils gutmütig.

„Durchaus nicht“, lachte Lisbeth. „Es war das Ergebnis einer logischen Gedankenreihe. Wenn du mir am Vormittag schlechte Noten gibst, komme ich am Nachmittag zu euch und mache dir das Leben sauer.“

„Lisbeth, Lisbeth!“ seufzte Nils.

„Wann hast du Ferien, Tante Lillian?“

„In vierzehn Tagen. Ich fahre zu Nils’ Eltern“, lächelte Frau Vesterholm Lisbeth an.

„Und zur Hochzeit am Zwanzigsten kommen wir wieder zusammen“, stellte Heming fest.

„Lisbeth!“ rief Peik. „Warst du auf der Hochzeit von Vati und Mutti!“

„Ja.“

„Es war schäbig von euch, daß ich nicht dabeisein durfte“, sagte Peik.

Als Lisbeth uns an jenem Abend gute Nacht sagte, fragte sie zögernd: „Du, Vati?"

„Ja? Vorschuß auf das Taschengeld oder ein neuer Overall – was ist es?"

„Unsinn. Weder – noch. Aber höre mal, Vati! Morten hat daran gedacht, mit dem Motorrad nach Geilo zu fahren. Könnte ich wohl bei ihm aufsitzen? – Wenn wir sehr früh am Morgen aufbrechen, werden wir es bequem bei Tageslicht schaffen . . ."

Heming und ich blickten einander an. Ich glaube, das strahlende Lächeln, das sich um seinen Mund zog, war ein Spiegel meines eigenen Lächelns.

„Natürlich, Lisbeth. Nichts steht im Wege. Es wird sicher eine sehr schöne Fahrt werden."

Lisbeth strahlte. Beim Gute-Nacht-Sagen drückte sie uns beiden besonders kräftig die Hand.

Aber ich konnte mir eine Bemerkung nicht verkneifen. „Du, Lisbeth!" sagte ich. „Es klingt eigentlich unglaublich komisch, wenn du fragst, ob du etwas darfst."

Lisbeth wurde rot. Dann lachte sie.

„Ja. Vielleicht. Aber seit einiger Zeit habe ich das Gefühl, als hätte ich richtige Eltern bekommen" – sie suchte nach einem passenden Wort, fand aber kein besseres – „ja, ihr seid Eltern geworden."

Sie ging zur Tür, wandte sich an der Schwelle noch einmal um und sagte mit dem guten, schalkhaften Blick vergangener Zeiten: „Das Merkwürdigste aber . . . das Merkwürdigste, wißt ihr, ist . . . ich mag es!"

*

Das Multbeermoor lag rotgolden vor uns. Es war August geworden. In wenigen Tagen sollten wir in die Stadt zurückkehren.

Die ganze Familie pflückte Multbeeren. Auf der Sennalpe standen Mortens Motorrad, mein ganz gewöhnliches Fahrrad und Hemings Rad mit einem Sitz für Peik. Wir hatten einen Eimer und Butterbrotpakete mitgenommen und waren ein gutes Stück über die Heide gewandert.

Oft schon hatten wir gerade dieses Multbeermoor aufgesucht, und immer wurden Heming und ich etwas sentimental, wenn wir hinkamen. Denn dort hatten wir uns einst getroffen, und dort hatte Heming vor Lisbeth gekauert und die Multbeerfingerhüte von ihren Fingerspitzen mit den Lippen abgenommen und verspeist. Oh, ich erinnerte mich so gut an diese Szene. Und ich erinnerte mich an die Gedanken, die mir damals durch den Kopf gegangen waren: Gefährliche kleine Lisbeth – was wird wohl in zehn Jahren aus dir geworden sein?

Jetzt waren die zehn Jahre um. Ich lächelte. Heming kauerte vor Peik und pflückte für ihn. Ich selber ging ein Stück weiter oben über das Moor.

Da entdeckte ich Lisbeth. Sie kauerte neben einem Multbeerhügel. Ihr Gesicht unter dem roten Kopftuch war von der Sonne gebräunt. Sie erhob den Kopf und blickte Morten an. Ihr ganzes Gesicht war ein einziges Lächeln. Morten beugte sich zu ihr herab und aß gelbe Multbeerfingerhüte von ihren Fingern. Und auf einmal fühlte und wußte ich, daß ich ein ganzes Leben durchlebt hatte. Im Laufe von zehn Jahren war eine neue Generation herangewachsen.

Ich blieb stehen und betrachtete Lisbeth und Morten. Siebzehn Jahre alt! Auf der Grenze zwischen Kind und Frau. Welch wundervolles Alter!

Morten aß die letzte Multbeere von Lisbeths kleinem Finger, aber er ließ die Fingerkuppe nicht sofort los.

Und Lisbeth lachte ihn an.